우리는 왜
시국선언을
하는가

우리는 왜 시국선언을 하는가

윤석열 정부
1년간의 분노와
저항의 기록

김성진 외 6인 지음

민들레북
BOOK

분노와 저항의 격문,
이를 외면해선 안 되는 이유

이명재
시민언론 민들레 대표

〈시민언론 민들레〉의 '민들레북'이 첫 책으로 시국선언 모음집을 내놓는 것은 시국선언을 더욱 온전히 전달하고자 하려는 의도에서입니다. 시국선언문들은 지금의 한국 현실에 대한 진단서이며 고발장이자 국민 함성의 집결이며 나라의 주인으로서의 주권선언입니다. 그러나 이 고발과 함성은 한국 언론에 의해 제대로 알려지지 않고 외면되고 있습니다. 그것은 민심에 대한 외면이며 '역사'의 누락입니다.

이것이 시민언론 민들레, 다른 언론들이 듣지 않는 것을 듣고 보지 않는 것을 보는 민들레, 다른 언론이 말하지 않는 것을 말하는 민들레가 이 책을 내게 된 이유입니다.

시국선언문들은 지금의 한국 사회에 대한 한 요약입니다. 윤석열 정권의 국정에 대한 압축된 평가서입니다. 국민의 분노와 저항의 격문입니다. 어느 선언문이 밝혔듯 민생은 파탄나고, 경제는 침몰하며, 외교는 굴욕이고, 평화는 위기에 처하고, 정치는 실종됐으며, 민중은 탄압받는 현실에 대한 보고서입니다. 집권 초기부터 상식에서 한참 벗어난 기이한 행실과 국정 운영으로 나라를 위기에 빠트리고 국민을 사지로 내몰고 있는 대통령에 대한 비판과 규탄이며, 무능하고 무지한 대통령에 대한 퇴진 명령입니다.

시국선언은 그런 점에서 또 다른 언론이기도 합니다. 언론 없는 시대의 진짜 언론 역할을 하고 있는 것입니다. 그러므로 민들레와 시국선언의 만남인 이 책은 시민언론과 시민의 만남이자 언론과 언론 간의 만남이기도 합니다.

민주주의와 사회정의를 지향하는 한국 사회 지식인과 국민의 의사 분출인 시국선언은 한국 현대사에서 중요한 국면마다 큰 전환점을 만들어 왔습니다. 1960년 4.19와 4.25 대학교수단의 성명과 시위가 '독재자의 하야'를 가져왔던 것을 그 기원으로, 1987년 6·10 민주항쟁, 2017년 박근혜 탄핵에 이르기까지 시국선언을 통한 현실과 역사에의 참여는 면면히 이어졌습니다.

이제 다시 시국선언의 물결을 불러내고 있는 것은 지금의 총체적 난국과 파행입니다. 파행을 넘어 파국이며 파탄이라고 해야 할 윤석열 정권 1년간이었습니다. 윤석열 정부의 막무가내 행태는 날이 갈수록 더욱 극심해지며 '막장'으로 치닫고 있는 상황입니다. 국민의 삶은 갈수록 피폐해지고 있습니다. 그러나 비판과 저항의 기운과 힘도 그만큼 커지고 있습니다.

비판과 저항의 분출인 시국선언은 특히 윤석열 대통령의 대일 굴욕외교를 계기로 그야말로 폭발했습니다. 3월에 시작돼 5월을 거쳐 6월에 접어들면서 그 불길은 더욱 맹렬해졌습니다. 대학가와 시민사회, 문화예술계, 여성단체 등에서 시국선언이 매일같이 나오고 있습니다.

특히 종교계와 해외동포들의 시국선언은 더욱 주목할 필요가 있습니다. 천주교, 개신교, 불교, 원불교 등 주류 종교계가 동시에 시국선언을 내고 있습니다. 천주교 정의구현전국사제단은 3월 20일 전주시 풍남문 광장에서 '검찰독재 타도와 매판매국 독재정권 퇴진 촉구' 시국미사 봉헌을 시작으로 전국을 돌며 미사와 선언을 이어가는 중입니다. 정의구현사제단의 시국미사는 2014년 3월 '부정 불법 당선 대통령 박근혜 사퇴와 국정원 해체를 촉구하는 시국미사' 이후 9년 만입니다. 사제단의 시국미사, 개신교의 '윤석열 정부 1년에 부치는 기독교 목회자 시국선언', 불교계의 '윤석열 퇴진 사부대중 야단법석' 등에서 신부와 목사와 승려들은 "어리석은 대통령과 정권은 자신들의 죄업을 돌아보라"며 준열히 꾸짖습니다.

나라 밖에서 전해오는 시국선언에는 해외동포들의 나라 걱정의 심경이 담겨 있어 더욱 절절합니다. 캐나다 한인동포들이 6.10 민주항쟁 제36주년을 맞아 토론토에서 연 '윤석열 정권 퇴진촉구 및 일본 후쿠시마 방사능 오염수 방류 규탄집회'에서는 "조국이 무너져 내리고 있다"라는 탄식이 나왔습니다. 동포들은 "몸은 비록 타국에서 살고 있지만 우리의 조국 대한민국을 늘 마음에 품고 살아가고 있는 우리 재외 동포들은 독립운동가들과 애국선열들의 희생으로 일구어 놓은 대한민국의 민주주의와 국격을 윤석열 정부가 단숨에 추락시키고 있는 것이 참으로 개탄스럽고 조국의 앞날이 심히 걱정된다"고 통렬한 심정을 토해놓고 있습니다.

최근 몇 달간의 시국선언 봇물의 원천에는 '촛불행동'이 2022년 4월부터 매주 토요일 광화문에서 윤석열 퇴진과 김건희 특검을 요구하는 촛불집회를 여는 한편 매일같이 내놓은 논평과 시국선언이 있습니다. 그보다 앞서 대통령 선거 직전 〈부끄러운 서울대인 선언〉에서 동문 출신 윤석열 대통령 후보에 대해 "우리 사회의 상식과 양식을 무례한 구둣발로 짓밟으려는 이가 한국호를 이끄는 대재앙을 도저히 두고 볼 수가 없어 우리 동문들이 먼저 나서서 이를 막으려 한다고 분명하게 밝힌다"고 했을 때부터 지금의 시국선언의 물결은 이미 예고된 것이기도 합니다.

그와 마찬가지로 지금의 선언들은 앞으로의 한국 사회의 미래에 대한 예견이자 경고이며, 그래서 그 같은 파국을 막기 위한 국민들의 긴급행동입니다.

검찰독재, 민생 위기, '강제동원 해법'과 후쿠시마 오염수 투기, 반노동, 이태원 참사에 대한 사과와 진상규명, 대통령 부인 김건희 씨의 숱한 의혹에 대한 수사, 언론탄압을 규탄하는 각계의 시국선언은 무너진 민주주의를 되살리고 한반도의 평화와 국민의 주권 회복을 위한 것입니다. 어느 성명에서 밝힌 것처럼 그것은 또한 2017년 미완의 촛불혁명을 완수하려 다시 촛불을 드는 결연한 마음과 각오입니다.

우리 현대사의 물줄기를 바꿔 왔던 시국선언은 그 이전으로 거슬러 올라가면 조선 시대 선비들의 목숨을 건 상소와도 통합니다. 대한민국 민주주의의 성장은 그 주체와 내용을 더욱 넓혀 온 과정이기도 합니다. 정권의 퇴행과 역주행이 과거 어느 정권보다 극심한 지금, 그에 맞서는 시국선언은 지식인들의 발언을 넘어서 모든 시민의 목소리로 확산되고 있습니다. 그런 점에서 2023년의 시국선언은 시민들의 시민선언이자 주권선언이며, 평범한 시민들의 합심과 연대의 합창입니다.

시민들의 시국선언 분출은 한편으로 언론이 부재한 현실의 산물입니다. 윤 정권의 폭주는 특히 언론의 도움을 받아 더욱 가속도가 붙고 있습니다. 권력의 실정失政과 악정惡政에 대해 언론은 비판과 감시는커녕 윤 정권 예찬과 칭송에 거의 일치단결하는 모습입니다. 시국선언으로 표출되는 국민의 분노의 함성을 외면하고 있습니다.

시국선언에 대한 언론보도의 현실이 어느 신문의 기사에 나와 있습니다.

'종교계의 비판을 보면 정부가 혹시 종교를 탄압하는 게 아닌가 싶지만 오히려 그 반대다. 윤 대통령은 지난해 당선자 신분으로 여의도 순복음교회에서 열린 부활절 연합예배에 참석한 것을 비롯해 각종 종교행사에 빠지지 않고 참여하며 종교계에 밀착한 행보를 보이고 있다. 오방색 등 민간신앙적 요소를 국정 곳곳에 활용했던 박근혜 전 대통령, 서울시를 하나님께 바친다고 했던 이명박 전 대통령이 특정 종교에 했던 만큼은 아니지만 종교계 전체를 호의적으로 대하며 활발히 소통하고 있음에도 비판이 이어지는 것이다.'

《서울신문》

대통령이 종교계에 정성을 쏟고 있는데, 종교계가 이를 몰라준다는 식의 얘기를 하고 있습니다. 시국선언의 규탄과 고발과 경고가 대통령과 권력에 대한, 언론에 대한 규탄이며 질문인 이유가 여기에 있습니다. 정권에 대한 국민들의 분노는 언론에 대한 분노와 질타로 이어지고 있습니다. 국민들의 외침을 듣지도, 보려고도 않는 언론에 대한 성토로 이어지고 있습니다.

〈시민언론 민들레〉는 지난 몇 달간 시국선언을 충실히 보도해 왔습니다. 그것이 전해야 할 사실, 주목해야 할 뉴스이기 때문이지만 그 선언들이 무엇보다 민들레가 보여주고자 하는 것, 바로 '질문'이기 때문입니다. 권력과 한국 사회의 현실에 질문을 던지는 것이기 때문입니다.

이 시국선언 모음집은 지면에 기사로 실은 시국선언들, 그 질문들을 좀 더 온전하게 전달하고자, 시민들과 공유하고자 하는 것입니다. 그러므로 이는 민들레의 지면 기사들의 연장, 대문자의 기사이기도 합니다. 시민과 함께 세상을 바꾸는 민들레가, '함께 세상을 바꾸려는' 시민의 육성과 의결을 담아내려는 노력의 결과물입니다. 이 책을 통해 지금의 우리 현실을 함께 읽으며 그 현실의 극복을 위한 의지를 함께 나누시기 바랍니다.

차례 —————————————————————————————————————

프롤로그 | 분노와 저항의 격문, 이를 외면해선 안 되는 이유   **4**
이명재·시민언론 민들레 대표

1장 | 우리는 왜 시국선언을 하게 되었나
      윤석열 정권 1년을 돌아보며

활화산이 되고 있는 역사, 침묵하지 않겠다   **14**
김민웅·촛불행동 상임대표/전 경희대 교수

굴욕외교, 투항외교의 진상과 진실   **24**
한승동·시민언론 민들레 에디터

검찰 정권은 왜 이리도 무지하고 무능하며 무도한가?   **43**
고일석·시민언론 민들레 에디터

남은 4년이 더 걱정되는 죽음의 1년   **58**
전지윤·시민언론 민들레 편집위원

2장 | 우리는 왜 분노하고 꾸짖었는가
윤석열 정권 1년간의 시국선언들

윤석열 정권 출범 1년, 시국선언 전개 양상　　　　　　**72**
김성진·시민언론 민들레 기자

나는 왜 시국선언을 하게 되었나　　　　　　**84**
정경훈·아주대학교 교수

대한민국 국민, 시국선언을 외치다　　　　　　**92**
: 57편의 시국선언문 전문 수록

에필로그 | "내가 하겠다"는 결기로 긴 성공을 도모하자　　　　　　**330**
강기석·시민언론 민들레 고문

부록 | 윤석열 정권 1년간의 시국선언문 리스트　　　　　　**337**

1장

우리는 왜
시국선언을
하게 되었나

윤석열 정권
1년을 돌아보며

활화산이 되고 있는 역사,
침묵하지 않겠다

김민웅

촛불행동 상임대표·전 경희대 교수

여명의 깃발들

지금 대한민국은 활화산活火山이 되어가고 있다. 기존의 언론 보도에만 의존하는 이들에게는 겉으로야 그 징후조차 제대로 포착할 수 없을지 몰라도, 그 밑바닥에서는 이미 마그마가 들끓어 오르고 있다. 이것은 언제 밖으로 터져 나올지 모르는 용틀임의 기세를 모으고 있는 중이며, 날로 그 열도熱度를 드높이고 있다. 더불어 더욱 강력한 응집력을 깊게 내면화하고 있다. 전선戰線은 분명해졌고 진지陣地는 구축되고 있다.

도처에서 쏟아져 나오는 시국선언들은 바로 그 활화산의 단면도이자 참호다. 이것은 거대한 지각변동의 예고이며, 반드시 그대로 될 것이다. 의지意志는 투지鬪志로 변화하고 그 투지는 '역사적 행동'

으로 전환되어 가고 있기 때문이다.

시대가 토하는 불길을 무시하는 이들은 어느 날 갑자기 벌어지는 것 같은 변화가 난데없다고 여길 수도 있다. 그러나 그것은 악한 세상과 교전交戰하기를 포기하지 않는 이들의 힘이 얼마나 질기고 힘찬 것인지를 알지 못하는 까닭이다. 우리는 일제 강점으로 민족이 고난을 겪은 절망스럽기 짝이 없던 시절에도 수십 년의 항일투쟁을 조금도 멈추지 않았던 선열先烈들의 후예다. 선조들은 빈손이라도 물러서지 않았다. 항쟁사抗爭史의 맥박은 단 한 순간도 단절된 적이 없었으며 그것은 이후 민주화의 역사에 그대로 이어져 내려왔다.

재일작가 김석범 선생의《화산도火山島》는 1948년 제주 4.3 민중항쟁과 그 과정에서 저질러진 학살을 그려낸 작품이다. 이 사건의 진상은 오래 은폐되어 왔다. 그러나 화산은 인간이 막을 수 있는 불길이 결코 아니다. 진실은 때로 왜곡되거나 제대로 알려지지 못하거나 침묵을 강요당하지만 소멸되지는 않는다. 그것은 그저 당연히 그렇게 되는 것이 결코 아니라 그 진실을 붙들고 손에서 놓지 않으려는 이들의 투쟁으로 가능해진다. 학살의 진실을 드러내는 것 또한 항쟁이다. 그래야 악한 권력과 그 세력의 기만을 퇴치하고 이들의 뿌리를 모조리 뽑아낼 수 있기 때문이다. 그런 차원에서 권력의 죄악을 폭로하는 것은 당대의 책무다. 그래야 행동의 힘이 솟는다.

헤겔은 밤이 이슥해지고 나서야 비로소 지혜를 의미하는 '미네르바의 부엉이'가 날게 된다고 했지만, 격동의 현실은 미네르바를 기다리지 않는다. 그것은 이미 때가 늦은 뒷북이기 십상이기 때문이다. 우리가 갈망하는 것은 '갈리아의 수탉'이다. 그것은 수탉의 울음이 알리는 새벽이 오는 순간 이뤄지는 "선도적 실천"의 여정이자 혁명의 역사에 대한 투신이다. 역시, 해석을 넘어서는 변화의 실천이 관건이다. 따라서 시국선언은 노을이 아니라 여명黎明의 깃발들이다. 동지는 간데없는데 깃발만 나부끼는 것이 아니라 동지들이 함께 진군하며 휘날리는 "혁명의 적기赤旗"다.

그건 의로운 분노이자 민중의 함성이다. 침묵하지 않는 역사의 고발이며 준엄한 선고다. 그래서 이 문건들은 그저 종이에 쓰인 글자들로 존재하지 않는다. 콘크리트처럼 굳어버린 시대의 남루한 정신을 향해 돌진하는 도끼날이다. 이미 그 도끼는 격파의 자국을 내는 중이다. 결국 우지끈! 하고 악한 시대는 무너지고 말 것이다.

윤석열과 그 세력들의 죄를 묻다

윤석열이 주모자로 나선 정치검찰 쿠데타는 검찰에 대한 민주적 통제를 거부하면서 시작되었다. 조국 장관 임명으로 정치검찰의 행동반경이 축소될 것을 우려한 이자들은 조국 당시 장관에게 온갖 혐의를 뒤집어씌워 수사 대상으로 만드는 데 성공했고, 대통령 문재인은 이를 적극 막아내거나 정치검찰 쿠데타 저지를 위한 행동을 취하지 않았다. 이해가 불가한 일이었다. 2019년 여름부터 시작된 정치검찰의 쿠데타는 그로써 문재인 정부 자신이 조성하고 협력한 결과가 되어버렸다. 이는 촛불혁명의 임무를 부여받은 문재인 정부의

16

최대 중대 과오이자 무한 책임으로 여전히 남아 있다.

이러한 사태 앞에서 검찰개혁은 더 이상 진전하지 못한 채, 검찰 권력의 정치적 공세와 함께 정치검찰 쿠데타는 그 완성의 길로 돌진하기 시작했다. 정치검찰 쿠데타는 군사 쿠데타와는 달리 법과 제도를 타고 진행한다는 점에서 초기 포착이 어렵고, 일단 완결되면 더욱 강고한 법률적 성채로 자신을 방어하고 상대를 제압한다는 점에서 그 대응이 쉽지 않다. 더군다나 가장 핵심적인 문제는 이들 집단에게는 역사의식이나 국가적 책임감 또는 국정에 대한 국민적 비전이 존재하지 않는다는 것에 있다. 이런 집단이 '공권력의 사유화'를 자신의 권한과 권리로 알고 국가의 지휘본부에 들어서는 것은 국민들에게는 재앙이 될 수밖에 없다.

민주주의 사회에서 '공권력의 사유화'를 기반으로 권력이 되고자 한다면 당연하게도 국민의 민주적 기본권을 공격하고 침탈하지 않을 수 없게 된다. 비판을 용납하지 않고 그에 대한 보복을 일상적으로 제도화하며 민주적 통제장치로 기능했던 것들을 해체한다. '검찰 파시즘'의 등장이다. 그 결과는 민주주의 유린이며 사회 도처에서 그간 쌓아 올린 민주적 권리의 방어망을 찢고 불법화하며 기능을 정지시켜버린다. 윤석열 세력은 대선에서 이기자마자 곧바로 이런 행태를 보이기 시작했다. 이미 상상했던 바와 다르지 않았다.

인수위는 국정의 지표를 구체화하고 이를 국민에게 보고하며 향후 나라의 미래가 어떻게 꾸려지는지 민심과 소통하면서 집권을 제도적으로 준비하는 과정이다. 하지만 윤석열 인수위에는 그런 내용이 일절 없었다. 난데없고 무모하기 짝이 없는 집무실 이전과 함께 천문학적 수치의 예산 낭비, 그로써 생겨날 국정 기능 손실에 대한 점검과 성찰은 전혀 존재하지 않았다. 이는 이후 이태원 참사와 연결되고 만다. 예고된 참사였다. 인수위 시절부터 보인 모습은 윤석열 정권이 향후 얼마나 무도하게 권력을 자의적으로 집행할 것인지를 그대로 드러냈다. 이어서 벌어진 일들을 보자면, 진실을 감추고 거짓을 진실로 억지로 둔갑시켜 여론을 조작하는 일에 몰두하는 상황이 이어졌다. 극도의 기만이었다.

　온 국민이 모두 들었던, 윤석열 자신이 한 말도 하지 않았다고 하고, 그걸 보도한 언론매체를 탄압하고 국민을 협박했다. 이러면서 정국 운영의 기본궤도가 갖춰야 할 신뢰성에 대한 논의는 묵살되고 말았다. 정치는 순식간에 실종되었고 일방적인 주장과 몰아치기, 거짓말하기, 불법조치들이 잇달아 이어져 왔다. 이런 행태는 정치가 국민의 삶을 근본적으로 책임진다는 차원에서 매우 불행한 상황이 아닐 수 없다. 그간 어렵게 만들고 지켜 온 민주적 장치들이 하나하나 파괴되어갔고 역사 왜곡도 서슴지 않았다. 이를 바탕으로 대외관계는 그야말로 민족적 자존심을 무참하게 짓밟았고 국가적 이익을 확보하는 작업은 포기되다시피 되었다. 이는 특히 미국은 물론이고 일본과의 관계에서 분명하게 드러나기 시작했다. 미국 정보기관에 도청을 당해도 아무 일 없다는 듯이 굴었고 일본에는 머리를 조아리기 바빴다.

　시국선언이 분출되기 시작한 것은 임기 초반에 대한 일정한 관용을 베푼 시기를 지나 윤석열 정권의 정체가 이론異論의 여지없이 드러나면서다. 특히 대일관계는 우리의 민족사적 고통과 항쟁의 역사를 완전히 지워버리는 작태에 이르렀다. 당연히 국민적 분노는 급속도로 커졌다. 3.1 독립투쟁을 비롯, 8.15 광복 등 우리 역사가 뜨겁게 기려야 할 역사적인 날에 윤석열의 연설은 이 모든 역사적 위업을 능멸했으며, 그런 비루한 인식에 따라 대일 굴종외교를 하면서 국민의 분노는 더욱 치솟았다. 강제노동 피해자에 대한 대법원의 판결을 완전히 무시하고 전혀 논리가 서지 않는 이른바 '제3자 변제'라는 방식으로 일본의 전쟁범죄에 면죄부를 주자, 더는 방치할 수 없다는 민심의 합의가 빠르고 광범위하게 형성되기 시작했다.

　이제 시국선언의 중심은 규탄과 성토에서 퇴진으로 이행하기 시작했다. 퇴진 구호는 '촛불행동'이 이미 윤석열 임기 초반부터 내세운 것이지만, 이를 우리 사회가 받아들이는 데는 시간이 다소 걸렸다. 임기 초반이란 점에서, 퇴진 압박을 전면에 걸기 쉽지 않은 시점이라고 생각했기 때문이다. 그러나 취임 직후부터 국민을 대놓고 멸시하고 헌법을 위반하며 민주주의를 흔들고 국익을 내팽개치는 순간, 그런 권력자는 끌어내릴 수 있다는 것이 민주주의라고 확신한 시민들은 머뭇거리지 않고 나서기 시작했다. 정세를 따지고 전술이 먹힐 듯해서 시작한 것이 아니라, 그렇게 하는 것이 옳기 때문에 행동한 것이다. 그리고 이는 이제 윤석열 정권에 대한 규탄을 넘어 "물러나라"는 요구로 대세가 된 상태다.

　무엇보다도 한·미·일 전쟁동맹 결성을 밀고 나가면서 전쟁상태를 확산시키는 움직임이 벌어지자 이를 저지하지 않으면 모두가 돌이킬 수 없이 불행해진다는 것을 깨달은 우리 사회 도처의 반격이 확산되었다. 특히 천주교 정의구현전국사제단의 움직임은 이 모든 시국선언에 담긴 분노와 항쟁의 의지를 뜨겁게 응집시켰고, 그간 40여 차례나 지속적인 촛불집회를 해온 촛불국민들과의 결합으로 이어져 윤석열 퇴진과 타도의 진지가 한결 견고하게 구축돼 나가기 시작했다. 종교계, 학계, 문화계, 교육계 등 도처에서 봇물처럼 터져 나오는 시국선언들은 윤석열 정권과 그 세력의 죄를 묻고 엄중한 심판이 내려질 것을 명확히 표명했다. 이제 상황은 대결전大決戰의 지점으로 가고 있는 중이다.

시국선언과 촛불국민의 함성

박근혜 정권을 밀어낸 제1차 촛불의 성과는 기대대로 열매를 맺지 못하고 말았다. 민주당 정권에 대한 국민의 전폭적인 지지와 응원에도 불구하고 정치검찰 세력에 제대로 된 전투력을 보이는 데 실패한 당시 여당인 민주당과 문재인 정부는 응원만 잔뜩 받고 도리어 퇴각하는 모습을 보였다. 촛불국민들로서는 기가 막힐 노릇이었다. 이를 통해 촛불국민들은 더는 수동적인 청원자, 응원세력에 머물지 않고 조직된 시민으로서 주권자의 역할, 권리를 내세울 것을 결심하게 된다. 드디어 '제2차 촛불항쟁'이 시작된 것이다.

이 책에 담긴 시국선언들은 그러한 정세와 촛불의 요구를 담아내고 있다. 애초 주저했던 단계에서 이제는 거침없는 비판과 요구, 그리고 행동으로 진입해 들어가는 것이다. 하나하나 읽어보면 국정 농단에서부터 노동문제, 경제문제를 비롯, 외교에 이르기까지 짚지 않은 사안이 없을 정도다. 이는 그만큼 윤석열 정권의 국정파탄이 얼마나 심각하고 광범위한지를 입증하는 동시에, 이에 대해 반기를 들고 목소리를 높이는 이들이 확연히 늘어나고 있음을 뜻한다. 더군다나 이태원 참사 앞에서 얼마나 후안무치한 태도를 취하는지를 목격하면서 국민은 윤석열 정권 퇴진운동에 더 이상 머뭇거릴 이유가 없어졌다.

사회적 약자의 생존권을 공격하거나 또는 위협받도록 방치하고 일절 책임지지 않는 정권, 무수한 젊은이들이 억울하게 목숨을 잃는 희생이 있어도 기본적 공감능력이 부재한 데다 그 책임을 남에게 뒤집어씌우기 일쑤인 정권, 자주를 생명으로 하는 국가주권도 미국과 일본에 자진 헌납하는 윤석열 정권. 이런 권력의 연이은 국정파탄과 헌법 파괴행위 앞에서 엄중한 질문이 터져 나오기 시작했다. "윤석열은 도대체 어느 나라 대통령인가", "이게 나라인가?" 하는 목소리가 날로 더욱 커져간 것이다. 평화 체제 수립의 기대가 무너지면서 이에 대한 항변과 저항, 그리고 새로운 미래를 국민 스스로 세워야겠다는 집단적 각성 역시도 넘쳐나기 시작했다. 국민이 곧 주인이라는 주권혁명의 정치적 지향점이 한층 더 분명해진 것이다.

그래서 이 시국선언들은 국민을 깔보고 권력자 마음대로 정치를 농단하고 이에 협력하면서 국민을 기만하는 모든 세력에 대해 엄중하게 경고한다. 그와 함께 직접 행동의 의지를 뿜어내고 있다. 그런 차원에서 여기에 담긴 시국선언을 읽는 것은 매우 중요한 행위이다.

민주주의가 침해되고 자주적 국가의 위상이 손상되며 지난 시기 우리 선혈들이 목숨을 걸고 싸워 온 역사를 폄훼하는 것을 결코 용납할 수 없다는, 우리 사회 전체의 하나 된 집단적 실천과 함께하는 것이기 때문이다. 동시에 그 실천의 의미를 끊임없이 환기하며 우리가 진정 갈망하는 세상을 서로서로 뜨거운 마음으로 공유해 나가는 일이기 때문이다.

이제 촛불국민들은 자신의 과업을 어떻게 밀고 나가야 할지 너무나 잘 안다. 윤석열 정권 퇴진은 기본이고, 그걸 이루었다고 해서 흩어질 생각이 없다. 진정한 촛불혁명은 그때 비로소 시작할 수 있기 때문이다. 기성의 언론들이 시민의식을 마비시키고 기존의 정치가 자기들만의 정쟁에 매몰되어 있을 때에도 촛불을 든 도처의 국민들은 우리 사회를 어떻게 개혁하고 바꾸어 나가야 할지 서로 배우고 학습하며 앞으로 진전해왔다. 청소년으로부터 노동자, 농민 그리고 종교계와 지식인 등에 이르기까지 그야말로 불퇴전不退轉의 힘을 모아 나가는 중이다.

이 책을 펴내는 〈시민언론 민들레〉 역시도 바로 그 힘으로 역사에 등장한 매체이다. 촛불과 함께하는 언론이 있기에 촛불의 힘은 더더욱 위력적으로 되어갈 것이다. 이는 하나의 대오가 되어 앞으로 나가는 '역사의 행진'이다. 그를 위한 집결과 진격의 힘이 이 시국선언문들 안에 고스란히 담겨 있다. 권력 카르텔이 조장하는 망각의 술책에 넘어가지 않고 장기적 목표에 뜻을 함께하며 역사의식으로 무장하는 촛불국민들이 존재할 때 진정한 변혁의 주체는 서게 된다.

선언문 밑바닥에 무엇이 꿈틀거리고 있는지, 어떤 용틀임이 있는 지를 느낄 수 있다면 이 시국선언들은 그로써 자신의 역할을 충분히 한 것이라 하겠다. 이 책의 출간으로 이제 우리는 또 하나의 혁명의 깃발을 갖게 되었다. "한 손에 촛불, 한 손에 책", 이것이 지금 촛불국 민들의 행동지침이 되고 있다. 그렇게 이 책이 두루두루 읽혀 위대한 촛불혁명의 대장정이 우리의 미래를 바꿔 나갈 것을 굳게 믿는다.

촛불이 있기에 역사에 후퇴는 없다. 악한 권력 앞에서 오로지 진 격만이 있을 뿐이다. 시국선언문은 그걸 웅변하는 불멸不滅의 기록 이자 역사의 육성이다. 우리의 분노는 희망의 나침반이 될 것이며, 그 나침반으로 도달하는 땅에 이미 미래가 태어나 있을 것이다. 이 시국선언은 바로 그 이미 온 그 미래를 읽는 기쁨을 우리에게 선사 해줄 것이다. 시대의 기록이 주는 힘은 강하고 또한 강하다.

굴욕외교, 투항외교의 진상과 진실

한승동
시민언론 민들레 에디터

'저 개돼지만도 못한 소위 우리 정부의 대신이란 자들은 자기 일신의 영달과 이익이나 바라면서 위협에 겁먹어 머뭇대거나 벌벌 떨며 나라를 팔아먹는 도적이 되기를 감수했던 것이다.

아, 4천 년의 강토와 5백 년의 사직을 남에게 들어 바치고 2천만 생령生靈(살아 있는 영혼, 백성)들로 하여금 남의 노예 되게 하였으니, 저 개돼지보다 못한 외무대신 박제순과 각 대신들이야 깊이 꾸짖을 것도 없다. 하지만 명색이 참정參政대신이란 자는 정부의 수석首席임에도 단지 부좀 자로써(반대함으로써) 책임을 면하여 이름거리나 장만하려 했더란 말이냐.'

시국선언 '시일야방성대곡'

일제가 러일전쟁에서 승리한 뒤 대한제국의 외교권을 박탈해 보호국(사실상의 식민지)으로 만든 '을사늑약'이 강제로 체결된 지 사흘 뒤인 1905년 11월 20일 《황성신문》 주필 장지연이 쓴 논설 〈시일야방성대곡是日也放聲大哭〉(오늘 목놓아 크게 우노라)의 한 대목이다.

이 논설을 읽노라면 당시의 절박했던 시대상황과 함께 그때 그 상황을 겪고 있던 피침략국 민중의 울분과 절망감이 그대로 전달돼 온다. 그날 그 신문에 실린 다른 어떤 기사들, 아니 《황성신문》이 존속기간에 내보낸 다른 모든 기사보다 그 논설 하나가 그 시대의 진실을 가장 압축적으로, 명징하게 드러내고 있다고도 할 수 있다. 그 논설을 읽는 순간 일제의 야만적인 조선침략사의 단편과 시대상이 파노라마처럼 떠오른다.

장지연 글의 형식은 '논설'이지만, 다음과 같은 글의 마무리 부분을 보면 더 확연히 느낄 수 있듯이, 그것은 일종의 피맺힌 '시국선언'이었다.

> "아! 원통한지고, 아! 분한지고. 우리 2천만 동포여, 노예가 된 동포여! 살았는가, 죽었는가? 단군檀君과 기자箕子 이래 4천 년 국민정신이 하룻밤 사이에 홀연 망하고 말 것인가. 원통하고 원통하다. 동포여! 동포여!"

118년 뒤 오늘도 통한의 대상은 일본과 우리 정부

2023년 4월 4일 '강제동원 해법 철회를 위한 경희대학교 교수 일동'이 발표한 시국선언 〈윤석열 대통령은 기괴한 강제동원 해법을 당장 철회하라〉도 "분하다"로 시작한다.

"분하다. 윤석열 대통령은 하루아침에 대법원 판결을 뒤엎고 피해자들의 권리를 무시하며 역사를 퇴행시켰다. '제3자 변제'라는 기괴한 방식으로 일제 강제동원 문제를 해결하겠다고 나섰다. 이후에 구상권도 행사하지 않겠다고 선언해버렸다. 피해자들이 수십 년을 싸워 획득한 사법적 권리를 내팽개치고, 일본 전범기업에 면죄부를 주었다."

시일야방성대곡과 경희대 교수들의 시국선언 사이엔 118년의 세월이 흘렀건만, 분하고 원통한 대상이 여전히 일본이고 "저 개돼지만도 못한 소위 우리 정부의 대신이란 자들"이라니.

114년 전인 1919년 3월 1일, 조선 각지에서 울려 퍼진 기미년 독립선언서는 제목부터 〈선언서宣言書〉로 돼 있었다.

"吾等(오등)은 茲(자)에 我 朝鮮(아 조선)의 獨立國(독립국)임과 朝鮮人(조선인)의 自主民(자주민)임을 宣言(선언)하노라 此(차)로써 世界萬邦(세계만방)에 告(고)하야 人類平等(인류평등)의 大義(대의)를 克明(극명)하며 此(차)로써 子孫萬代(자손만대)에 誥(고)하야 民族自存(민족자존)의 正

26

權(정권)을 永有(영유)케 하노라.”

이 장중하고 우아하기까지 한 어려운 한문투의 선언서를 읽을 때마다, 그래서 더 슬프기도 한 전율을 느낀다. 얼마 전에 서울 광화문 쪽 지하철 연결 지하도 벽에 걸려 있던 이 선언서 앞에 한참을 망연히 서 있었을 때도 그랬다.

당대 최고 지식인들의 세계관과 정세관이 압축돼 있는 이 명문의 선언서에 대해, 기층민중과는 유리된 상층부 식자들이 제국주의 침략자에게 독립을 구걸하는, 제대로 싸울 의지도 싸움의 방략도 없는 비굴하고 나약한 '독립 요청서'라고 비판하는 시각도 있지만, 그런 비판까지 포함한 복합적인 관점에서 이 독립 선언서 역시 그 시대를 대표하는 시국선언이다. 이 선언서를 읽을 때도 제1차 세계대전이 끝나고 세계의 기운이 바뀌어 가던 시절 가혹한 식민지배 10년째를 맞던 조선의 시대상황과 그에 대한 조선사람들의 대응 양태, 저항의 아우성과 덧없는 희망이 파노라마처럼 떠오른다. 후에 '변절'하게 되는 이 선언서 기획자와 최종 작성자를 포함한 식민지 친일군상의 쓸쓸한 말로까지 포함해서.

그런 의미에서 시대상황과 많은 사람의 생각과 의지가 담긴 시국선언은 읽는 이에게 당대 역사를 어떤 자료나 사료史料보다 더 명징하게 압축적으로 비춰주는 거울이다. 거기에는 당시 세계와 사회적 모순, 시대적 과제에 대한 선연한 인식과 그것을 바꾸거나 해결하려는 사람들의 피와 땀과 눈물이 밴 역동적인 몸짓, 부르짖음이 새겨져 있다.

시일야방성대곡이나 기미독립선언서를 쓴 사람이 나중에 어떻게 됐든, 심지어 '변절'했다 하더라도, 그 글은 그것을 쓴 사람 개인의 것이 아니라 그 시대인의 생각과 의지의 구현이요 반영이라고 봐야 한다. 최종 작성자의 역할도 물론 중요하지만, 그것을 쓰게 만든 시대상황과 당대인들의 의지나 원망이 없었다면 선언 자체가 불가능했다.

"도저히, 도저히 용서할 수 없다"

윤석열 대통령이 도쿄에서 기시다 후미오 일본총리를 만나 강제동원 피해자 배상 문제를 이른바 '제3자 대체 변제'라는 기발하고도 치욕적인 '해법'을 제시한 지 닷새가 지난 2023년 3월 21일. '대구·경북 교수·연구자·전문직단체'가 발표한 시국선언문 〈윤석열, 당신은 대한민국의 대통령인가: 을사조약을 다시 생각하는 대구·경북 지식인의 우국 성명〉은 앞서 얘기한 '시일야방성대곡'의 "저 개돼지만도 못한 이른바 우리 정부 대신들이……"로 시작해서 "원통하고 원통하다. 동포여, 동포여!"로 끝난다.

이 책에 등장하는 모든 시국선언서가 그렇듯이 대구·경북 지식인의 시국선언도 간결하지만 당대 최전선의 문제의식을 명료하게 담은 명문이다.

"윤석열 정부의 '일제 강제동원 피해 제3자 변제안'은 대한민국의 헌법을 유린한 불법적 처사이며, 고통의 당사자인 징용피해자들의 권리를 무시한 반인권적 작태이다. 돈만 받으면 그 오랜 역사적 고통이 치유되고, 경제만 나아지면 우리 국민의 정당한 요구가 사라질 것이라고 생각하는가. 역사의 정의를 바로세우고자 하는 자국민의 정당한 요청을 구걸의 행위로 전락시킨 윤석열의 매국 행위 앞에 우리 대구·경북의 지식인들은 비통함을 금할 수 없다.

'1965년 한일청구권협정은 개인의 청구권을 소멸할 수 없으며, 따라서 강제동원 피해자들에게 일본 전범기업이 직접 사죄하고 배상할 것'을 주문한 2018년 대법원 전원합의체의 판결은 역사의 정의를 바로세우고 과거 청산의 방법을 구체적으로 제시한 준엄한 명령이었다.

어두운 과거를 청산하지 아니하고 어찌 건강한 미래가 가능할 것인가.

가해자인 일본 전범기업이 지불해야 할 배상액을 국내기업이 갹출한 돈으로 대리변제하도록 한 윤석열 정부의 기만적인 배상안은 대한민국 법원의 판결을 전면 부정한 위중한 매국행위이며, 사법부의 권한을 행정부의 수반이 침해한 반헌법적 처사이다. 대한민국 헌법과 삼권분립의 정신을 전면 부정한 윤석열의 국기문란 행위를 우리는 도저히, 도저히 용서할 수 없다."

지난 3월 6일 정부의 강제동원 해법 발표 이후 시국선언이 그야말로 쏟아져 나왔다. 윤석열 정권 출범 이후 최근까지 발표된 총 105건의 시국선언 중 85.7%(90건)가 그때부터 5월 10일까지 66일 동안에 나왔다고 한다. 하루 평균 1.36건이다. 그 기간에 4월 26일의 한미 정상회담을 비롯한 윤석열 대통령의 5박 7일간 '국빈방문' 일정도 들어 있다. 선언문 중에는 대일 굴욕과 한가지로 얽혀 있는 대미 굴욕에 분노하고 저자세의 친미사대를 걱정하고 규탄한 것들도 들어 있다. 미국에 모든 것을 내주고, 미국이 요구하는 모든 것을 받아들인 그 방문 외교를 사람들은 '투항적 친미사대외교'라고 불렀다.

이후 남북의 동족 간 거리는 한일 간의 거리보다 더 멀어지고, 한반도는 이민족 간 대치와 다름없는 사실상의 2국 2민족 영구대결 체제로 정립돼 가고 있는 듯하다. 함께 비참하게 학대당한 동족을 버리고 자신을 학대한 가해자들을 동족 이상의 '은혜로운 동족'으로 여기는 듯한 가치전도의 세계로 우리는 달려가고 있지 않은가.

지금도 시일야방성대곡의 세계

시일야방성대곡의 세계는 이미 지나가버린 과거가 아니라 현재일 수 있다.

대다수 국민을 격분케 하고 앞날을 걱정하게 만든 윤석열 정부 외교의 핵심을 다시 정리해보자면 다음과 같다.

일본과의 무조건적·굴욕적 유착 또는 연합, 중국·러시아와 멀어지면서 대륙세력과 대결하는 철저한 친해양세력 전략, 북의 동족을 힘으로 제압하거나 영구분단 2국 2민족 체제로 가기.

그리고 이 모든 것을 아우르며 기획하고 압박하는 미국의 아시아 (인도)태평양 및 한반도에 대한 전략을 전면적으로 수용하고 그 실현에 행동대로 앞장서는 투항적인 친미사대주의다.

대다수 국민이 윤석열 정부의 대일 외교정책에 분노한 것은 윤 정부가 출범하기도 전인 대선 당선 직후부터 보인 굴욕적인 대일 접근 자세 때문이었다. 앞서 예를 든 선언에서도 잘 드러나 있듯이 일제 강제동원 피해자 배상문제 해법으로 윤석열 정부가 제시한 '제3자 대체 변제' 방안에 그것이 압축돼 있다. 적반하장의 반동적인 일본 보수우파 세력의 몰역사적이고 몰염치한 주장을 거의 그대로 받아들인 이 방안의 핵심은, 일본의 과거 잘못을 더는 따지지 않겠다는 차원을 넘어 아직까지도 무력을 앞세운 을사늑약과 한일강제합방과 식민지배가 당시로서는 합법적인 것이었고, 조선과 조선 인민의 이익과 발전을 위한 것이었다고 주장하는 '일본회의' 및 자민당이 대표하는 일본 주류 보수우익의 식민사관과 세계관을 정당한 것으로 공인해준 것이다.

한일 유착, 한일 연합은 공화당 정권이든 민주당 정권이든, 2차 세계대전 종결과 동시에 시작된 동서 냉전체제에서 미국 정부가 집요하게 요구해 온 것으로, 1965년의 한일 국교정상화(한일협정)도 그 맥락에서 봐야 온전히 이해할 수 있다. 미국은 한일 양국 간의 불편한 과거사와 일본의 일방적 가해로 인한 응어리진 민족감정엔 눈감고 무조건적인 유착을 요구하며 과거는 버리고 미래로 가자고 압박했다.

한국전쟁이 한창이던 1953년 9월에 체결된 '샌프란시스코 강화
조약'에서 일본의 전쟁범죄를 추궁하지 않고 배상도 최소화하면서
전범국 일본을 미국 아시아태평양전략 최대의 동맹국으로 만들고,
그 피해국인 한국을 오히려 분단시켜 전범국 처지로 몰아 일본 방어
의 최전선 기지로 만든 것으로부터 그 역사는 시작됐다.

미국 냉전전략의 아시아태평양 보루이자 최대기지는 일본이었
고, 그 일본을 육성하기 위해 한반도는 일제 대신 들어선 미국에 의
해 또다시 국토와 사람이 갈라지고 전쟁까지 치른 뒤 그대로 고착됐
다. 남북 간 동족대결 체제 속에 남쪽 한국은 미일동맹의 아시아태
평양 최대기지 일본을 육성하고 지키기 위한 냉전의 최전선 기지로
설정됐다. 미국이 지원한 한국의 경제개발과 성장의 역사도 그 출발
은 일본 엔경제권에 편입시켜 일본이라는 미국의 동아시아 냉전 교
두보의 하부지원 체제 역할을 수행하게 하는 것이었다. 미국의 그런
기본 입장 덕분에 일본은 한반도 침략과 식민지배 역사에 대해 반성
도, 사죄도, 배상도 하지 않아도 문제없었다. 심지어 일본 우익은 해
방된 한반도를 다시 지배하게 해달라고 미국에 요구하기까지 했다.
미국은 지금까지 늘 그런 일본 편을 들었다. 그것이 자국의 이익 극
대화에 부합하기 때문이다.

인도태평양전략의 핵심고리, 한일 유착

이런 구조는 지금도 변함없이 유지되고 있다. 1991년 소련

해체와 함께 동서냉전이 끝났지만, 유럽과 달리 아시아태평양과 동아시아 냉전체제는 그대로 유지됐다. 그 냉전체제의 최대 희생자 중 하나인 한반도의 분단과 동족 간 대립구도 역시 유지됐다. 유지된 것이 아니라 유지되게 했다고 해야 옳을지도 모른다. 그것이 미국의 아시아태평양과 동아시아 전략, 나아가 최근의 그 확대판 인도태평양 전략의 핵심 고리 가운데 하나이기 때문이다.

한반도가 통합(통일)될 경우, 한반도의 힘과 선택지는 지금보다 몇 배로 커진다. 만일 그 통합된 한반도가 나름의 독자적인 지위를 확보하면서 탈진영적인 중립 대외정책을 견지한다면 일본의 위상은 크게 흔들린다. 일본은 통합된 한국과 손잡거나 적대하는 양자택일식 선택의 기로에 내몰릴 것이다. 지금까지처럼 한 수 위의 우월적 지위를 활용해 미국의 지원을 받으면서 중국도 활용하는, 다시 말해 중국도 무시할 수 없는 일본을 유지하면서 양쪽 모두로부터 이익을 얻어내는 특별한 지위를 유지할 수 없게 된다. 그 경우 일본은 통합된 한국과 한편이 되거나 한·중·일 3국이 독자적인 블록을 형성하는 전략을 구사하게 될 것이다.

어떤 경우든 일본이 그런 선택지로 내몰릴 경우, 지금과 같은 사실상 미국 식민지의 지위를 잃거나 거부하게 된다면, 미국은 아시아태평양 최대의 전초기지를 잃고 괌과 호주, 하와이 이동으로 물러나면서 이 지역에서 누려온 이제까지의 절대적 우위를 상실한다.

거꾸로 얘기하면, 미국 동아시아 태평양전략, 인도태평양전략에서 일본이라는 교두보, 준식민지적 전초기지 유지는 필수 불가결하며, 그런 일본을 유지하는 데는 친일 혹은 한일 유착적인 한국, 한일

연합적인 한국의 존재가 필수적이다. 일본을 대신해 동족인 북 또는 대륙과의 마찰을 최일선에서 소화해내면서 일본과 미국에 의존적인 친일적 분단국가가 필수적이라는 얘기다. 한반도 통일은 미국에겐 달갑지 않고, 일본에겐 최악일 수 있다. 근대 이후 지금까지 일본의 번영은 미국(영국)과의 동맹과 한반도 전체 또는 절반에 대한 지배에 그 토대를 두고 있다. 제국 일본의 출발점이 한반도 식민지배와 수탈이었다.

미국의 냉전체제 2.0 버전도 일본 중심

1990년대에 끝난 동서냉전을 냉전체제 1.0 버전이라 한다면, 소련 대신 미국의 아시아태평양 내지 인도태평양전략의 필요와 정당성 확보에 필수적인 적대국 혹은 잠재적 적대진영의 우두머리로 설정한 중국에 대한 새로운 냉전적 대결체제를 '신냉전' 또는 냉전체제 2.0 버전이라 할 수 있다.

냉전체제 1.0 버전은 역설적으로 미국과 소련에 장기간의 평화와 번영을 보장해 주었다. 수백만 명이 죽고 산업시설과 농지 등 생산기반과 국토가 박살난 것은 냉전의 본진이 아니라 그들의 대리전쟁을 치른 냉전의 변두리인 한국, 베트남, 중동 지역이었다. 이른바 '대국'들이 장기적으로 이익을 관철하는 방법의 하나가 반대 또는 적대진영을 설정해 자국에 동조하지 않는 세력들을 그 지배하에 몰아넣고 그 수장과 대립·대결하되 서로에게 치명타를 가하진 말자는 신사협정을 맺고 장기 양극체제를 수립하는 것이다. 냉전체제 1.0 버전이 그 전형이었다. 그 체제의 부하負荷가 직접적으로 걸려 피 흘리며 싸우는 것이 주변국의 대리전적 국지전들이었다. 주변국에서 열전이 벌어지는 것은 주변국이 내부적으로 정치 경제 권력을 둘러싼 권력투쟁으로 분열돼 싸울 때 양극체제의 우두머리들이 그들을 대리자 삼아 지원하면서 그 분열이 더욱 격화하고 구조화·영구화되기 때문이다.

현재 미국은 1.0 버전에 이어 중국을 적대진영으로 설정한 냉전체제 2.0 버전으로 자국의 전략적 이익을 극대화하려 하고 있다. 냉전체제 2.0 버전에서도 미국의 아시아태평양 내지 인도태평양전략의 핵심 교두보는 일본이고, 한국은 그 일본을 위한 최전선 기지로 설정돼 있다. 주적만 소련에서 중국으로 바뀌었을 뿐이다.

교두보로써 일본을 안정적으로 확보하려면 한반도는 계속 분단돼 있어야 하고 남북이 동족 간 소모적인 대립·대결을 계속하는 가운데 한국은 일본과 유착, 연합해야 한다. 달리 말하면 일본의 하부체제로 완전히 편입되거나 그 일부로 통합돼야 한다.

버락 오바마 정부에서 조 바이든 정부에 이르는 민주당 정권뿐만 아니라 미국 양당체제, 조야 전체의 지배적 세계관에서도 대일 시각, 대한 시각은 늘 그랬다. 그 역사는 1905년의 '가츠라-태프트 밀약'을 거슬러 올라가 1898년 미국-스페인 전쟁 이후 본격적인 제국주의 열강체제를 갖춘 미국이 19세기 말 아시아 공략에 나선 이후 변함없이 지속됐다.

일본은 미국(그전에는 영국)의 그런 전략에 적극적으로 편승해 주변국들을 유린하고 새로운 제국주의 침략국가로 변신했다. 2차 세계대전 패전 뒤 미국의 냉전전략 때문에 일본의 그런 과거는 청산되지 못하고 온존된 채 미국 및 미일동맹의 이익에 복무하면서, 일제의 피해자인 한반도의 비극과 모순 역시 청산되지 못한 채 지금까지 누적됐다.

냉전체제 2.0 전폭 수용한 윤석열 정부

윤석열 정부는 그런 미국과 일본의 냉전체제 2.0 버전, 신냉전전략을 두 팔 벌려 환영하면서 거기에 따르겠다고 앞장서서 서약했다.

그 결과가 일제 강제동원 피해자 배상문제의 '제3자 변제' 해법이고, "일본이 100년 전 역사 때문에 (용서를 구하며) 무릎을 꿇어야 한다는 생각을 받아들일 수 없다"는 해괴한 고백이었다(미국 국빈방문을 앞둔 4월 24일 《워싱턴포스트》와의 인터뷰).

윤석열 정부가 미국이 압박한 한일 유착을 전폭적으로 수용함으로써 미국 냉전체제 2.0 버전의 빠진 고리가 채워졌다. 2.0 버전에서 인도태평양전략의 핵심은 한·미·일 3국 공조, 사실상의 군사안보동맹체제 완성이며, 이를 토대로 한 유럽 쪽 북대서양조약기구NATO의 인도태평양으로의 확장, 나토와 한·미·일 3각동맹의 통합이라고 할 수 있다. 영국과 호주, 미국의 안보동맹체 오커스AUKUS와 미국 일본

호주 인도의 4국 협의체 쿼드QUAD, 환태평양경제동반자협정TPP 등이 모두 이와 연결돼 있다.

이를 완성하기 위해서는 빠진 고리인 한일 유착 혹은 연합이 필수적이다. 미국이 집요하게 압박하고 일본이 그토록 집착한 한국의 일본 접근(사실상의 항복), 이를 위한 한국 내 정치권력의 변동이 그들에게 절실했던 까닭이다. 일본 조야의 우익세력이 문재인 정부를 '좌파' '종북' '친중' 정권이라 매도하며 우파 집결을 호소하는 나팔을 불고, 미국이 그들을 응원한 이유가 거기에 있다. 윤석열 정부는 그런 상황의 산물이며, 집권하자마자 그들의 소원을 망설임 없이 백 퍼센트 들어주었다.

시국선언이 줄을 이은 것은 그것을 용납할 수 없기 때문이다.

일본에 모든 기회를 넘겨준 하책 중의 하책

한국이 지금 정도의 국력을 배경으로 어느 한쪽에 치우치지 않는 독자적이고 중립적인 외교전략을 구사할 경우, 제 편으로 끌어들이려는 미국과 중국의 경쟁 속에 몸값을 올리면서 더 큰 이익을 얻을 기회가 열릴 가능성이 크다. 그럴 경우 남북관계도 훨씬 더 안정적이고 평화적으로 꾸려가며 외세의 간섭을 최소화하면서 공존공영과 통합을 앞당길 수 있다.

윤석열 정부의 극단적 친미·친일 외교는 그것을 스스로 포기하고, 일본에게 기회를 몰아주는 결과를 낳고 있다. 미국이 인도태평양전략 핵심 교두보로써 일본을 택할 가능성이 높은 것은 덩치가 더 큰 일본을 중심에 놓고 분단 한국을 하부체제로 유착 또는 통합하는 편이 쉽고도 유리하기 때문이다.

그렇게 되면 일본은 친미적이지만 어느 정도 독자적인 외교입지를 확보하고 중국, 러시아, 동남아시아국가연합ASEAN과도 당당하게 거래하며 상호 이익을 키워갈 수 있다. 최근 일본이 대만 문제와 반도체 장비수출 문제 등으로 중국과 알력을 빚으면서도 실리적으로 접근하는 이른바 '스마트 외교'를 펼칠 수 있는 것도 그 덕이다. 미국조차도 그런 일본을 시시콜콜 간섭할 수 없을 뿐만 아니라, 그런 일본 외교의 상대적 독자성을 자국에 유리하게 활용하기도 한다. 일본이 유럽 국가들과 함께 중국과의 디커플링decoupling(탈동조화, 분리)을 거부하면서 디리스킹de-risking(위험완화)을 앞세워 미국의 과도한 중국 봉쇄에 얼마간 제동을 걸 수 있는 것도 나름의 그런 독자성을 지니고 있기 때문이다.

윤석열 정부의 대일·대미 외교 행보는 한국 또한 그렇게 할 수 있는 모든 가능성을 일본에 자진 헌납하고, 일본 밑으로 들어가 일본의 입지를 더욱 다져주면서 그 종속적 지위를 강화하는 데 매진하겠다고 자청하는 꼴이다. 후쿠시마 핵 오염수 해양 투기에 대해 일본 정부보다 더 일본의 정책을 옹호하며 자국민을 설득하려 애쓰며 구사하는 '괴담' 수준의 논리 또한 그것을 보여준다. 미국이야 더없이 반기며 고마워하겠지만, 이는 외교의 기본인 심모원려深謀遠慮(깊은 계략과 멀리 내다보는 생각)는커녕 단기 이익에 모든 것을 거는 하책 중의 하책이 아닌가.

한·미·일 군사협력은 한국을 지켜주지 못한다

2023년 5월 2일에 발표한 '한국외국어대학교 교수·연구자 85명 일동'의 시국선언은 그 제목이 〈2023년 시일야방성대곡〉이었다. 제목은 각기 달랐지만, 그 무렵 대한민국 거의 모든 대학에서 발표한 시국선언들이 그런 마음들을 담고 있다.

'제3자 변제'를 서두른 굴욕적인 대일 외교도 미국 주도의 한·미·일 삼국 '공조', 사실상의 삼국동맹을 기획한 미국의 요구와 압박 때문임을 세상 사람들은 다 알고 있다. 교수 등 학자나 연구자뿐만 아니라 일반시민, 학생, 종교인, 정치인, 해외동포, 피해당사자와 유족, 그 수많은 개인과 단체들의 선언과 성명이 명시적, 묵시적으로 그 사실을 지적했다.

일제 강제동원 피해자 손해배상 관련 '제3자 변제'안이 발표된 지 8일 뒤, 한일 정상회담에서 그것을 대한민국의 공식 입장으로 일본과 세계에 공표하기 이틀 전인 2023년 3월 14일, 서울대 민주화교수협의회는 〈윤석열 정부의 일제 강제동원 판결 관련 해법에 대한 비판 성명서〉를 발표했다. '윤석열 정부는 굴욕적이고 위험한 강제동원 판결 관련 해법을 철회하라'라는 제목의 시국선언의 내용 일부를 옮기면 다음과 같다.

"현 정부의 해법은 굴욕적이고 일방적일 뿐 아니라 위험한 발상이기도 하다. 현 정부는 한일관계 악화의 모든 책임이 직전 문재인 정부에 있다는 편견에 찬 인식 위에서 그동안 어렵사리 진행되어 온 한반도 평화프로세스를 완전한 실패로 규정하고 한미일 안보협력을 강화한다는 전략적 선택을 했다. 이는 한국의 역대 정부와 시민사회가 한반도 평화 체제 구축이 일본을 포함한 동북아시아 평화 체제 구축 속에서만 원만하게 실현 가능하다고 보는 인식에 등을 돌린 것이다. 현 정부의 해법은 국제사회는 물론 일본의 양식 있고 건강한 시민사회를 외면한 채 일본의 극우세력과 극우 정치권의 입장에 투항하는 일이며, 북미 간의 군사적 긴장 고조, 러시아-우크라이나 전쟁, 미중 갈등 등으로 확산되고 있는 정치적·군사적 긴장을 부추김으로써 한반도 안보를 불안과 위기에 빠뜨리는 위험천만한 정치적 선택이다."

"이대로 간다면 한일관계는 장기적으로 더 악화되고 불안정해질 것이며, 한미일 군사협력이 가속화하는 가운데 한미동맹이 미일동맹의 하위동맹으로 편입되어 대한민국의 자주성이 크게 훼손될 것이다. 이것은 이미 글로벌 중견국가로 도약한 대한민국의 선택지가 될 수 없다. 한국 사회가 지난 수십 년간 피땀을 흘려 얻어낸 민주주의적 성취를 통해 이룩한 결실을 무시하며 진행되는 한미일의 군사협력은 결코 한국인들을 지켜줄 수 없을 것이며, 결국 미국과 일본의 패권 강화로만 기울어질 가능성이 매우 높다."

역사를 알려면 시국선언을 보라

20세기 말 수십 년간 도도하게 진행된 한국 민주화의 피어린 투쟁 시기에 매일 쏟아져 나왔던 성명, 선언 등 시국선언 인쇄물들을 일본 연구소나 연구자들이 수집해 갔다는 얘기를 오래전에 들었다. 그 얘기를 듣고 앞으로 그 시대 한국 역사를 제대로 알려면 또 일본으로 가야 하게 생겼구나, 하는 비감한 생각이 들었다. 19세기 한반도 역사를 알기 위해 20세기에 일본으로 갔듯이, 20세기 한국 역사를 알기 위해 21세기에 다시 일본으로 가야 한다니.

최근에 완역돼 나온 한국전쟁 연구의 고전인 브루스 커밍스의 《한국전쟁의 기원》은 저자의 1970년대 미국 '평화봉사단' 단원으로서의 한국체험에서 시작됐지만, 책의 내용을 채운 자료들은 대부분 당시 미국이 작성했거나 한국에서 수집해 간 문서들의 보관소를 뒤져서 찾아낸 것들이다. 한국에는 그런 문서들이 거의 없어졌거나, 설사 일부 남아 있어도 제대로 간수되고 있지 않다. 있는 것들조차 마음대로 볼 수도, 인용해서 쓸 수도 없다.

1980~1990년대의 그 역동적이던 한국 민주화운동의 역사는 그 시대 한국 주류 신문, 방송을 통해서는 제대로 알 수 없다. 아예 보도조차 하지 않고 외면했거나 뒤틀어 다른 사실과 맥락으로 재구성해서 때로는 한 줄짜리 왜소한 1단 기사로, 때로는 대문짝만 하게 부풀리고 비틀어서 보도했기 때문이다.

그 시절 민중의 절실한 요구와 생각, 그것이 지적하고 반영하는 시대상황과 시대적 과제를 제대로 알려면 그때 쏟아져 나온 무수한 시국선언들, 주류 언론매체가 외면하거나 왜곡한 당대의 시국선언들을 살펴봐야 한다.

2022년 봄 정권 세력이 교체된 이후 1년, 특히 2023년 봄의 대일, 대미 '굴욕외교', '투항외교'의 진상과 진실에 대해서도 같은 얘기를 할 수 있다. 그런 맥락에서도 이 시국선언집은 귀중하다.

검찰 정권은 왜 이리도 무지하고 무능하며 무도한가?

고일석
시민언론 민들레 에디터

윤석열 집권 후 시민사회에서 터져 나온 각종 성명은 이태원 참사, 대미 대일 굴종외교, 노동 탄압 등 윤석열 정권의 여러 가지 실정을 규탄하고 있지만, 이 모든 성명은 예외 없이 '검찰 정권의 무능과 무도함'을 기본적으로 지적하고 있다.

> 자기 세력에는 한없이 관대하고 비판 세력은 수사와 기소로 탄압하는 검찰공화국
>
> — 2023. 3. 21. 민주평등사회를 위한 대구경북교수연구자 연대회의

"여기서 그렇게 많이 죽었다고?" 10월 이태원 참사 현장에서 한 발언입니다. 희생자 가족들은 영정 없이 장례를 치러야 했지만 억울한 죽음에 대한 '검찰' 출신 대통령의 인식을 잘 드러냈습니다.

- 2023. 3. 27. 경남민주교수연대, 경남지식연대

검찰권력이 온 사회를 속속들이 지배하고 일체의 정치행위가 사법적 판단에 맡겨지고 있다. 야당과의 협치는 말할 것도 없고 자당 소속 정치인들에게까지도 편 가르기 패악을 일삼고 있으니 대통령의 머릿속에 국민통합의 개념이 존재하기나 한 것인가?

- 2023. 5. 4. 기독교 목회자 1000명 시국선언

윤석열 정권은 정적과 정권에 저항하는 국민을 탄압하는 데 검찰독재의 칼날을 휘두르고 있습니다. 국민 속에서 이 정권이 할 줄 아는 건 압수수색뿐이라며 조롱 섞인 말들이 나오고 있습니다. 자기 정권의 안위를 위해 칼을 쓰는 자는 그 칼로 망할 것입니다. 윤석열 검찰독재정권을 몰아냅시다. - 2023. 5. 10. 부산 시민사회 시국선언

이들 성명이 지적하고 있듯이 '검찰 정권'의 행태는 그 자체가 민주주의를 파괴하고 있는 현상을 이루고 있지만, 이 정권이 가진 '검찰 정권'으로서의 정체성은 국민을 고통으로 몰아넣는 모든 실정과 해악의 바탕이며 근원이다. 검찰이라는 속성은 이 정권이 탄생하게 된 연원이며, 작동의 기본 원리이기도 하다.

무지·무능·무도는 이 정권을 표현할 수 있는 핵심 키워드다. 왜 이리도 무지하고 무능하고 무도한가? 그것은 이 정권의 뿌리이며 정체인 '검찰'이 무지하고 무능하고 무도하기 때문이다.

최근 수능 파동 국면에서 국민의힘의 한 의원은 "대통령은 검찰

초년생인 시보 때부터 수십 년 동안 검사생활을 하면서 입시 비리 사건을 수도 없이 다뤄봤고, 특히 조국 일가의 대입 부정 사건을 수사 지휘하는 등 대입 제도에 있어 누구보다 해박한 전문가"라는 극강의 아부를 선보였다. 그러나 이는 정치검찰의 사고방식과 인식체계를 너무나도 정확하게 설명하는 말이다.

　검사들은 실제로 자신이 이 세상 모든 일을 '잘 안다'고 생각한다. 혹시 모르는 게 있어도 수사서류만 슬쩍 훑어보면 뭐든 바로 다 알 수 있다고 믿는다. 누구든 자기 분야가 아니면 잘 모르는 것이 정상이고, 따라서 누구든 자신의 '한계'를 알기에 잘 모르는 일에는 함부로 손대지 않는다. 그러나 검찰은 스스로를 전지전능한 존재라고 생각하고 있어서 뭐든 안다고 믿고, 따라서 뭐든 잘할 수 있다고 생각하며, 그 결과 마치 삼라만상의 주재자인 양 닥치는 대로 손을 대서 망가뜨린다.

'유능하고 정의로운 검찰'이라는 위선적 신화

　'검찰 정권 1년'의 성과라면, 검찰이라는 집단이 얼마나 무능하고 부도덕하며 불공정한 집단인가를 생생히 일깨워줬다는 것이다.

　검찰개혁은 민주세력의 오랜 숙원이자 과제였다. 김대중 정권에서 필요성이 제기되고, 노무현 정권에서 기초적인 시도가 이루어진 뒤, 문재인 정권에서 본격적으로 추진한 검찰개혁은 결국 좌초됐고, 그 반동의 결과가 바로 검찰세력의 집권이다.

검찰개혁이 좌초되고 반동에 이른 가장 큰 원인은 바로 대다수 국민이 가진 '유능하고 정의로운 검찰'이라는 환상과 신화였다. 검찰개혁과 관련된 여론조사의 흐름을 보면 '검찰개혁'이라는 포괄적 이슈에는 90%에 가까운 절대적인 지지를 보내다가, 시기적으로 이슈가 구체화되면서 점차 찬성 비율이 떨어지는 것을 볼 수 있다.

요컨대 국민은 검찰개혁을 강력히 원하면서도 "강력한 권한을 가진 검찰로 하여금 나쁜 짓을 못하도록 하라"는 것이지 "검사로부터 수사권을 완전히 분리해내라"는 것은 아니었던 것이다. 그 핵심은 '수사'라는 중요한 국가형벌권을 '유능하고 정의로운 검찰'로부터 '무능하고 부패한 경찰'로 완전히 옮기는 것에 대한 심리적 저항이다.

이처럼 검찰이 그 실체와는 전혀 무관하게 이러한 신뢰를 얻어온 이유는 검찰 특유의 '대형수사로 광내기' 전략 때문이었다. 정권 말기에 이르거나 어떤 사건으로 위기에 닥칠 때마다 검찰은 정치인의 부패, 재벌의 부정에 대한 대형수사를 통해 국민의 신뢰를 쌓아왔다.

정권마다 초기에는 사냥개 노릇을 하다가 말기에는 뒷목을 덮쳐 독자적 지지를 위선적으로 축적해 온 검찰세력은, 그들 스스로 정치권력을 장악한 상황에 이르러서도 역시 같은 방법으로 지지를 얻을 수 있을 것으로 생각했다. 한동훈 법무부 장관이 틈만 나면 내뱉었던 "나쁜 놈 때려잡는 검찰"이라는 상투적인 레토릭은 '대형사건 수사'를 통해 지지를 얻을 수 있다는 기대에 대한 확신을 드러낸 것이다. 또한 그들 특유의 '대형수사로 광내기' 전략은 누구나 예상하고 있던 터였다. 많은 사람들은 "할 줄 아는 것이라고는 사람 때려잡는 것밖에 없는 검찰"이 이명박 정권 당시 노무현 전 대통령을 털었 듯이 문재인 정권 당시의 일을 털고, 미래 권력인 이재명 주변을 탈 탈 털어서 윤석열 정권을 지탱하려 할 것이라고 생각했다.

"정치검찰에서 검찰정치로" 검찰 정권의 검사 통치

이러한 예견과 전망에 한 치도 어긋남 없이 검찰 정권은 윤 석열 취임 직후부터 문재인 정권 및 이재명 대표와 관련된 것이라면 무조건 압수수색에 들어가 닥치는 대로 줄줄이 기소했다. 검찰은 이 재명 대표에 대해서는 통산 300여 차례의 압수수색을 실시하는 등 "나올 때까지 턴다"라는 악의를 노골적으로 드러냈다.

문재인 정권과 관련해서는 △공공기관장에게 사표를 요구한 '블 랙리스트 의혹'과 관련해 백운규 전 산업통상자원부 장관, 유영민 전 과학기술정보통신부 장관, 조명균 전 통일부 장관, 조현옥 전 청 와대 인사수석비서관, 김봉준 전 인사비서관 등 5명 △월성원전 폐 쇄 결정과 관련해서는 백운규 전 장관, 채희봉 청와대 산업정책비 서관, 정재훈 한국수력원자력 사장 및 관련 공무원들 기소했다.

또한 △서해공무원 피격사건 및 탈북어민 강제 북송 사건과 관련해 정의용 전 국가안보실장, 노영민 전 청와대 비서실장, 서훈 전 국가 정보원장, 김연철 전 통일부 장관, 박지원 전 국정원장, 서욱 전 국 방부 장관, 김홍희 전 해양경찰청장 등을 기소했다.

'블랙리스트 의혹 사건'은 2019년 국민의힘 전신인 자유한국당이 고발했으나 수사가 이루어지지 않았다가 정권이 바뀌자 강제수사에 착수했고, '월성원전 폐쇄 결정'에 대해서는 실무공무원들을 기소해 재판이 진행되는 상황에서 정권 교체 후 감사원 감사 후 수사 의뢰라는 형식을 통해 수사가 시작됐다. '서해공무원 피격 사건'은 정권이 바뀌자 해양경찰청이 문재인 정부에서 진행된 결정을 갑자기 번복하고, 감사원 감사와 유족들의 고발에 의해 수사가 진행됐다. 검찰은 당초 '삭제'를 문제 삼다가 '은폐'를 혐의로 잡아 기소했지만, 국방부와 국정원의 관련 시스템은 '삭제'는 물론 '은폐'도 불가능하다. '탈북어민 강제 북송 사건' 역시 통일부와 국방부 등 관계부처가 기존 입장을 뒤집으면서 감사원 감사와 검찰 수사로 이어졌다. 이 사건은 북송에 대한 '판단'과 함께 중앙합동조사팀의 조사권을 방해하고, 보고서에 귀순 요청 사실을 삭제했다는 등의 내용으로 혐의를 구성했다.

이는 모두 공통적으로 '실체적 범죄'가 아닌 '정책결정의 타당성'이 수사 대상이 된 사건들로 '정치적 수사'의 성격이 뚜렷하다.

'검찰 무능' 여실히 드러난 이재명 대표 수사

이재명 대표와 관련해서는 △ "시장 시절 김문기 몰랐다"는 발언 관련 선거법 위반 △대장동과 위례 개발사업과 관련한 배임 및 이해충돌방지법 위반 △성남FC 후원금 관련 제3자 뇌물 등의 혐의로 기소하고, 핵심 측근인 김용 전 민주연구원 부원장과 정진상 전 민주당 대표실 정무실장을 정치자금법 및 뇌물 혐의 등으로 기소했다.

이 외에도 백현동 용도변경, 판교 호텔 특혜 등 이재명 시장 재임 시절 성남시에서 있었던 모든 개발 및 건축 사업을 털어보겠다는 기세로 수사를 벌이고 있다. 또한 소위 '변호사비 대납 의혹'이라는 명목으로 쌍방울그룹에 대해 벌였던 수사는 '대북 송금 사건'으로 번져 현재 재판이 진행 중이다.

검찰은 전 정권 책임자들과 미래 권력을 이 정도로 털어 기소하면 민주당 세력이 완전히 절멸돼 국민은 등을 돌리고 검찰의 손을 들어줄 것으로 기대했을 것이다. 그러나 결과는 전혀 달랐다. 윤석열 대통령에 대한 국정지지도는 30%대에서 요지부동이고, 더불어민주당 지지도는 여론조사 기관에 따라 국민의힘에 비해 10% 포인트 전후의 차이(리얼미터)를 보이거나 보합 상태(한국갤럽)를 보이고 있다.

'없는 죄를 만들어내는 것'도 검찰세력이 가진 '유능함'의 하나라고 본다면 최소한 이재명 대표와 관련된 사건에 있어서는 무능 그 자체를 보여준다. 검찰이 기소한 사건들의 재판 결과를 예단할 수는 없지만, 공판에서 드러나고 있는 검찰의 수사 수준은 "대장동 일당의 혐의에 이재명, 김용, 정진상의 이름만 얹어놓은 것"이라는 변호인단의 지적과 한 치도 틀림이 없다.

김용 전 부원장과 정진상 전 실장에 대해서는 공판 과정에서 물증이나 신뢰할 단 하나의 근거도 없이 오로지 유동규 전 성남도시개발공사 기획본부장의 증언만을 근거로 기소했다는 사실이 더더욱 확실하게 드러나고 있다. 기소 당시 "증거는 차고 넘친다"고 호언했던 검찰은 1심 재판이 중반에 다다른 지금까지도 '증거다운 증거'는 전혀 내놓지 못했다.

이 사건들에 대해 검찰이 제시한 '유일한 증거'인 유 전 본부장의 증언은 재판 초기부터 좌충우돌 식으로 앞뒤 안 맞는 진술이 이어지고, 검찰에서의 주요 증언을 법정에서 뒤집는 행태가 계속되고 있다. '진술의 신빙성'이 유일한 판단 대상인 이 재판에서 유 전 본부장의 진술은 검찰 수사 단계에서도 수시로 변경돼 왔다는 사실까지 확인되고 있다.

특히 이재명 대표의 선거법 기소는 "시장 시절 고 김문기 씨를 몰랐다"는 발언에 대한 것이었으나 '기억'에 대해서는 선거법상 관련 조항이 없어 '당선 목적의 허위사실 공표'의 한 항목인 '행위'를 적용해 "고 김문기 씨가 보좌한 사실, 골프 등을 함께 친 사실이 없었다고 발언했다"는 억지 혐의를 만들어 기소했다.

김건희 수사 노골적 뭉개기, 공정 신화 파탄

검찰은 지난 대선에서 간발의 차이로 윤석열을 선택했던 국민의 '공정'에 대한 기대도 여지없이 부숴버리고 있다.

2022년 10월 검찰청에 대한 국정감사에서 송경호 서울중앙지검장은 대통령 부인 김건희 씨의 주가조작 연루 수사에 대해 "재판 과정을 면밀히 살펴보고 있다"는 궁색한 답변을 내놓았다. 그러나 도

이치모터스 주가조작 사건 1심에서 주요 관련자들이 모두 유죄 판결을 받고, 김건희 씨가 이미 알려진 것보다 훨씬 더 깊이 개입돼 있다는 것이 판결을 통해 드러났는데도 손을 놓고 있었다. 국회에서 특검법이 신속처리안건으로 지정되자 박영수 수사에 대해서는 뭐라도 하는 시늉을 하고 있지만, 김건희에 대해서는 여전히 어떤 움직임도 보이지 않는다.

"시장 시절 고 김문기 씨를 몰랐다"는 이재명 대표의 발언은 윤석열 대통령의 후보 시절 "주가조작 이 모 씨와 절연했다"는 발언이 허위로 밝혀진 것과 같은 내용이었는데도 이재명 대표는 선거법 위반으로 기소한 데 반해 윤석열 대통령에 대해서는 8개월간 수사하다 결론 없이 수사를 중단했다.

또한 성남FC 사건은 김건희 씨의 코바나컨텐츠 대기업 협찬 의혹 사건과 본질적으로 같은 내용의 사건이다. 김건희 씨에게 협찬한 기업 중 상당수는 당시 윤석열이 지검장으로 있던 서울중앙지검의 수사를 받고 있던 업체였다. 그러나 김건희 씨를 무혐의 처분한 데 반해 이재명 대표는 악착같이 기소했다.

극단에 이른 '정적 죽이기'와 '제 편 감싸기'

2023년 4월 불거진 '2021년 더불어민주당 전당대회 돈봉투 의혹'은 사건 자체로는 검찰이 당연히 수사해야 할 내용이다. 같은 유형의 사건으론 2008년 박희태 전 한나라당 의원이 당대표 선출과 관련된 돈봉투 사건으로 처벌받은 전례가 있다.

문제는 수사가 개시된 시점과 형평성이다. 검찰의 주장에 따르면 이 사건의 실마리가 되는 이정근 씨 녹음파일은 이미 6개월 전에 압수해 확보했던 것인데 전혀 움직임이 없다가 뒤늦게 수사에 나섰다. 이때는 윤석열 대통령의 방미를 앞두고 미국의 용산 대통령실 도청 의혹이 터져 나오고, 이에 대한 굴욕적 자세와 대응에 대해 비판 여론이 거세던 시점이라, 국민의 시선을 돌리기 위한 국면 전환용 수사로, 흔히 말하는 '캐비닛 사건'으로 활용한 것이 아닌가 하는 지적을 받고 있다.

더 큰 문제는 검찰이 이 사건을 내세워 민주당에 대한 수사 몰이를 시작한 이후, 국민의힘 쪽에서도 유사한 사건이 터졌는데도 '민주당 돈봉투 사건' 태세와는 정반대로 마치 그런 일이 있는지 전혀 모르쇠로 행세하고 있다는 것이다.

2023년 4월 이진복 대통령실 정무수석이 2024년 총선의 공천에 개입할 것을 시사하는 태영호 전 최고위원의 녹취록이 공개됐다. 이진복 수석이 태영호 의원의 한일관계에 대한 옹호 발언을 공천과 연관 지어 거론했다는 것이다. 2016년 총선에서 박근혜 전 대통령이 청와대 정무수석실을 통해 불법 여론조사를 실시한 행위가 새누리당 공천에 개입한 것으로 인정돼 공직선거법 위반으로 처벌받은 전례가 있다. 따라서 당연히 이 의혹에 대해서도 수사에 들어가야 하지만 검찰은 꿈쩍도 하지 않는다.

또한 그 직후 '민주당 돈봉투 사건'과 유사한 사건이 국민의힘 쪽에서 일어났다. 황보승희 의원 돈봉투 사건이다. 황보 의원이 2022년

지방선거 과정에서 지역구 기초의원 후보들에게 공천 헌금 성격의 돈봉투를 받았다는 주장이 물증과 함께 제기됐다. 황보 의원의 '돈봉투 명단'에는 원희룡 국토교통부 장관과 김세연 전 의원 등의 이름이 등장하고 금액도 100만 원에서 7000만 원까지 다양해, 총액은 2억여 원에 달한다.

민주당 돈봉투 사건은 당내 경선에서 일어난 사건인데 반해, 황보승희 의원 사건은 공직선거 공천에 금품이 개입된 사건이어서 훨씬 더 심각한 사안인데도 검찰은 전혀 움직이지 않고 있다. 이 사건은 공직선거법과 정치자금법 모두에 해당하므로 검찰의 수사 대상이다.

이러한 검찰의 극단적인 '불공정 수사'는 국민 여론에 그대로 반영되었다. 검찰의 윤석열 대통령 부인 김건희 여사를 비롯한 정부와 여당 관계자를 대상으로 한 수사방식과 이재명 대표에 대한 수사방식에 대한 신뢰도를 물은 2022년 9월 〈스트레이트 뉴스〉 여론조사에서는 "불공정하다"는 응답이 63.7%, "공정하다"는 응답이 31.9%로 나타났고, 검찰 수사에 대한 일반적 신뢰 여부를 물은 2022년 11월의 〈쿠키뉴스〉 여론조사에서는 "신뢰하지 않는다"가 59.5%, "신뢰한다"가 39.5%로 나타났다.

특히 검찰의 도이치모터스 수사와 관련해 '김건희 특검'의 필요성에 동의한 여론은 지난 4월 27일 국회에서 신속처리안이 통과될 때까지 꾸준히 유지되고 있다. MBC가 대선 6개월을 맞아 실시한 여론조사에서는 "김건희 특검이 필요하다"는 의견이 64.7%였고, KBS가 대선 1년이 된 지난 3월 실시한 여론조사에서는 특검 찬성 의견이

60.0%를 기록했다. 김건희 특검에 대한 신속처리안이 국회를 통과한 직후 이에 대한 의견을 물은 〈여론조사 꽃〉의 조사에서는 ARS에서 63.3%, 전화면접에서 59.1%가 "긍정적이다"라고 답변했다.

징계 항소심 '패소할 결심'……
윤 비리 '사법세탁'

윤석열이 대통령 후보로 부상하는 데는 추미애 법무부 장관에 대한 '들이받기'가 결정적인 역할을 했다. 그는 추미애 법무부 장관에 대한 하극상과 항명을 통해 문재인 정권에 가장 첨예하게 각을 세우는 인물로 등극했고, 결국 문재인 정부에 대한 반감을 한 몸에 끌어안아 대통령에 당선될 수 있었다.

추미애 법무부 장관에 대한 하극상은 한동훈 당시 검사장에 대한 감찰과 수사를 방해하고, 조국 전 장관 사건 등 윤석열 검찰이 중점적으로 파고든 정치 사건의 재판부를 사찰한 데 대한 징계를 의결했을 때 절정에 이르렀다. 법원은 윤석열이 징계 즉시 제기한 〈징계처분 집행정지 신청〉을 인용해 마치 징계가 부당한 것처럼 오인되도록 했다.

그러나 〈징계처분 취소 청구〉의 본안 소송 1심에서 법원은 "윤석열의 재판부 사찰과 채널A 사건 감찰 및 수사 방해는 검사징계법에 따른 징계사유에 해당하며, (이러한 사유는) 면직 이상의 징계가 가능하므로 정직 2개월의 징계처분은 징계양범 범위의 하한보다 가볍다"고 판결했다.

　이 판결은 윤석열이 대선 후보로 등극하게 된 결정적 요인인 '문재인 정권과 추미애 장관에게 핍박받는 검찰총장'이라는 상징조작의 허구성을 밝혀낸 것이다. 그러나 이 판결에도 불구하고 윤석열은 대통령에 당선됐고, 최측근인 한동훈을 법무부 장관으로 임명했다. 대법원 판결로 확정될 경우 '정권의 정통성'이 위태로워질 이 재판에서 원고 검찰총장 윤석열은 대통령 윤석열이 됐고, 피고 법무부 장관은 추미애에서 윤석열 비리의 핵심 관련자인 한동훈으로 교체됐다. 피고가 원고의 지휘감독을 받으면서, 원고와 피고의 이해관계가 동일한 사건이 돼버린 것이다.

　법무부 장관이 된 한동훈은 즉각 1심 승소를 이끈 변호인단을 해임하고 정부법무공단으로 하여금 변호를 맡게 했다. 이미 항소심 준비기일이 진행 중인 단계에서 변호인 교체로 재판이 지연됐고, 새로 선임된 변호인들은 재판부의 "사안 내용을 설명하라"는 석명 요구에 따르지 않고 증인 신청조차 하지 않았다. 이에 한동훈 법무부 장관이 피고 당사자로서 의도적으로 패소를 유도하고 있다는 지적이 일었다.

　이러한 우려대로 한동훈 법무부의 대리인들은 극도로 소극적인 자세로 재판에 임하고 있으며, 심지어 징계의 부당성과 관련된 원고가 주장해야 할 내용을 제시하기도 해, 한동훈 장관의 '패소할 결심'을 본격적으로 실행하고 있다는 비판을 받고 있다. 이는 일국의 사법 시스템을 희화화시키는 또 하나의 '사법 농단'이며 '사법 방해'라고 불러 마땅하다.

추미애 전 법무부 장관은 이에 대해 "소송이라는 것은 애초에 대립된 두 당사자를 전제로 하는 것인데, 이 재판은 원고가 대통령이 됨으로써 피고를 원고가 임명하는 결과가 되어 '대립된 당사자'라는 전제가 깨져버린, 우리 법이 예상하지 못한 상황이 벌어진 것"이라며 "이처럼 정상적으로 진행될 수 없는 이 재판은 더 이상 진행해서는 안 되고 중단돼야 한다"고 주장하고 있다.

'망나니 칼춤'에 스스로 무너진 '검찰 신화'

이처럼 '윤석열 1년'은 검찰세력의 집권을 가능하게 했던 검찰에 대한 국민의 환상이 검찰 스스로가 망나니 칼춤 추듯 마음껏 휘두른 칼부림에 산산이 부서지고 무너진 한 해였다. 검찰 정권의 망동은 국가의 존재 가치와 정체성마저 뒤흔들고 있지만, 다른 한편으로는 검찰개혁을 비롯한 국가 공동체의 보다 근본적이고 핵심적인 변혁을 가능하게 하는 계기가 되고 있다.

검찰 정권의 등장은 검찰이라는 조직이 '일부가 때로 나쁜 짓을 할 수 있는 조직'에서 '근본적으로 과도한 권한을 쥐어줘서는 안 되는 존재'라는 것을 검찰 스스로 입증하는 계기가 됐다. 지난 1년, 검찰개혁이라는 대의에 동의하는 한편으로 '유능하고 정의로운 검찰'이라는 허구에 사로잡혀 있던 시민들은 '유능하지도 않고, 더욱 정의롭지도 않은' 검찰의 민낯을 윤석열의 검찰 정권을 통해 뼈저리게 체험하고 있다.

수사권과 기소권의 완전 분리에 미온적이거나 부정적이던 시민들도 이제는 '수사·기소 분리'는 당연한 것이며, 검찰개혁에도 보장해줘야 한다고 생각한 기소독점주의와 기소편의주의 역시, 검찰 해악에 근본 요인으로서 분리되거나 해체되어야 한다는 주장까지 일고 있다.

그러나 '과도한 권력이 집중된 정치검찰'은 아무리 나빠야 나라를 병들게 하는 정도다. 더 중요한 것은, 정치검찰이 정권까지 장악하고 있는 비극적이면서도 희극적인 지금의 사태가 국가 공동체를 뿌리째 뒤흔들고, 회복 불가능한 상태로 파괴하고 몰락시키고 있다는 '엄연한 현실'이다.

우리는 기필코 우리의 공동체를 검찰 정권에 의한 극단의 위기에서 벗어나게 해야 한다.

남은 4년이 더 걱정되는
죽음의 1년

전지윤
시민언론 민들레 편집위원

윤석열 대통령이 취임하고 나서 반년도 안 된 2022년 여름, 많은 이들이 저린 마음으로 지켜본 장면이 있다. 대우조선해양의 하청노동자가 스스로 용접해 만든 1미터 철제감옥에 갇혀 목과 팔다리도 펴지 못한 채로 대소변을 해결하며 한 달을 버티던 모습이다. 당사자인 유최안 하청노조 부지부장은 노조 인정과 삭감된 임금의 회복을 요구하며 "이대로 살 수는 없지 않습니까?"라고 물었다.

그 투쟁이 끝나고 대우조선해양 하청노동자들이 직면한 것은 거액의 손배가압류였고, 나중에 공안당국은 그 투쟁이 '북한의 지령'에 따른 것이었다고 낙인찍었다. '이대로 살 수는 없지 않느냐'는 물음에 윤석열 정부의 대답은 '입 닥치고 그대로 살아라'는 것이었다. 그리고 윤석열 대통령 취임 1년이 돼 가던 시기에는 건설 일용노동자가 스스로를 불살라 죽음을 택했다.

'학교 다닐 때 공부를 못해 놓고 졸업했습니다. ……먹고 살려고 노동조합에 가입했고 열심히 살았습니다. 그런데 오늘 제가 구속영장실질심사를 받아야 합니다. 억울하고 창피합니다', '정당하게 노조 활동을 했는데 집시법 위반도 아니고 업무방해 및 공갈이랍니다. 제 자존심이 허락되지가 않네요.'

(분신 사망한 고㈜ 양회동 건설노동자가 남긴 유서 중에서)

이 비통한 죽음과 마지막 절규에 윤석열 정부 노동정책 1년의 모든 것이 담겨 있다. 학벌과 능력이 최우선인 한국 사회에서 대부분의 사람들처럼 고인이 의지할 것은 몸뚱어리밖에 없었다. 그래서 힘들고 위험할 뿐 아니라 고용 불안과 저임금으로 악명 높은 건설 현장에서 일하며 가족을 지키고 희망을 꿈꾸었다.

그나마 의지할 수 있는 것은 노동조합이었다. 부나 권력이 없는 사람들은 같이 뭉쳐야 권리를 요구할 수 있기 때문이다. 노조로 뭉친 건설노동자들은 임금 인상과 고용 보장을 요구했고 죽지 않고 일할 수 있는 건설 현장을 위해 투쟁했다. 무엇보다 "우리는 노가다가 아니라 노동자"라며 존중을 요구했다.

윤석열 정부가 들어서면서 이 모든 것은 무너졌다. 정부는 경찰과 검찰과 (족벌)언론들을 앞세워 '건폭', '공갈', '갈취'라면서 건설노조를 몰상식하고 파렴치한 깡패집단으로 몰아갔다. 수많은 건설노조 활동가들이 체포, 기소, 구속됐다. 건설노조 조합원들은 먹고살기도 힘들어졌다. 노동자들의 마음속에서 공포는 커졌고, 자존심은 시궁창에 처박혔다.

결국 양회동 건설노조 강원건설지부 3지대장은 동료들에게 "함께해서 기쁘고 행복했습니다. 사랑합니다. 영원히 동지들 옆에 있겠습니다"라는 말을 남기고 자기 몸을 불태웠다. 고인이 세상을 등지고 나서도 건설노조 활동가들은 끝없는 소환조사와 압수수색을 당하고 있다.

윤석열 대통령은 '노사 법치주의 확립'을 말했고, 눈물을 흘리며 규탄 집회에 나선 건설노동자들 앞에서 친정부 극우 단체는 "반반치킨됐다"며 고인을 능욕하는 방송을 했다. 이것이 윤석열 정부 집권 1년에 노동자들이 처한 현실이었다. 건설노조보다 앞서서 표적이 됐던 것은 "죽지 않고 일하고 싶다"며 파업에 나섰던 화물연대였다.

윤석열 대통령은 화물연대 파업을 "북핵 위협"에 비유했고, 국민의힘은 화물연대와 민주노총을 "조선노동당 2중대"라고 매도했다. 역사상 최초로 위헌적인 '업무개시명령'을 발동했고 면허취소와 형사고발, 체포와 구속이 이어졌다. 십자포화에 밀린 화물연대 노동자들은 울분을 머금고 파업을 중단했다.

노동운동에 대한 공격은 그야말로 전방위적이었다. 공정거래위가 나서서 노동자의 단결을 '불공정 담합행위'로 규정하고 탄압하는 신종 기법까지 등장했다. 노조의 회계자료 제출을 요구하고 과태료를 부과하면서 괴롭혔다. 국가정보원을 앞세워서 '간첩단' 사건 조작을 통해 노동운동을 '종북'으로 낙인찍고 탄압하는 것도 결합했다.

노조 혐오를 부추기며 윤석열 정부를 도운 것은 역시《조선일보》, 《중앙일보》같은 대형 족벌언론과 경제신문들이었다. 또 전광훈 목사는 "대통령실로부터 …… '(민주노총의) 반국가 행위를 목사님 외에는 막을 사람이 없다'고 전화가 왔다"고 했다. 태극기 부대나 극우 유튜버들이 경찰의 보호를 받으며 민주노총 집회를 방해하는 것은 이제 익숙한 풍경이 됐다.

노동운동에 대한 전방위적 탄압

이 모든 것은 윤석열 대통령의 대선 후보 시절부터 예고된 것이다. 당시 윤석열 후보는 "주 120시간 바짝 일할 수도 있어야 한다"거나, 최저임금제와 주52시간제, 중대재해처벌법 등이 "비현실적이고 기업 운영에 지장"을 주고 있기에 "철폐해 나가도록 하겠다"는 발언으로 우려를 불러일으켰다. 그리고 취임 이후부터 우려는 현실이 됐다.

특히 2022년 연말에 발표된 '미래노동시장 연구회'(이하 연구회)의 노동시장 개혁 권고안은 노골적이고 심각한 노동시장 '개악'의 방향을 가리키고 있었다. 이 내용들은 그동안 전경련과 경총 등 기업주 단체들이 요구해 온 내용을 집대성한 것과 마찬가지였는데 노동시간을 늘리고, 임금을 낮추고, 비정규직을 늘리고, 노동조합과 단체행동의 힘을 약화하는 내용투성이었다.

이런 정책 방향은 윤석열 정부의 성격에서 비롯됐다. 윤석열 정권은 촛불혁명을 통해서 이루어진 변화를 되돌리고, 빼앗긴 기득권을 되찾으려는 '검피아-모피아-족벌언론 연합정권'이었다. 이들이 보기에 2016년 촛불항쟁 이후 문재인 정부 5년 동안 노조 조직률이

4%나 더 높아진(이것은 세계적으로도 유례가 없었다) 것은 매우 걱정스러운 일이 아닐 수 없었다.

이것을 추동한 것은 대기업과 공공부문의 비정규직과 청년·여성 노동자들이었고 특히 민주노총의 조합원 수가 크게 늘었는데, 이 물결이 중소기업과 민간부문까지 확대될 수 있다는 것이 기득권 카르텔 구성원들의 우려였다. 전경련 권태신 부회장은 이에 대한 공포에 가까운 우려를 이렇게 표현했다.

"문(재인) 정부는 노조勞組가 주인主人인 나라, 즉 노조 공화국을 만들었다. ……대한민국은 '노조에겐 천국, 기업에겐 지옥' 같은 곳이 됐다. ……(노조 공화국은) 한국 경제의 몰락과 공산주의화로 직결된다."

따라서 윤석열 정부가 민주노총을 중심으로 한 노조 탄압에 집중하는 것도, 그중에서도 특히 비정규직, 하청, 일용직 노동자들을 더 잔인하게 탄압하는 것도 우연이 아니었다. 그것은 노동자들이 노조로 뭉쳐서 권리를 요구하는 것을 중단시키고 그 방향을 역전시키기 위한 의식적이고 체계적인 '반격'이었다. 실제로 꾸준히 상승해 온 노조 조직률은 윤석열 집권 1년 동안 중단됐고 후퇴하는 조짐까지 나타나고 있다.

그런데 윤석열 정부가 이런 방향으로 "좋아 빠르게 가"를 하는 데는 두 가지 걸림돌이 존재한다. 하나는 여소야대 상황이다. 이 상황에서 노동개악의 법적 뒷받침은 어려울 수밖에 없다. 따라서 윤석열 정부는 일단 시행령 등을 활용하면서 2024년 총선 승리 이후의 본격적 돌진을 준비하고 있다. '이재명 범죄자 만들기'와 야당을 겨냥한 끝없는 압수수색과 수사는 그것을 위한 기반 다지기로 볼 때 가장 잘 이해될 수 있다.

또 하나는 촛불 이후 노조 조직률 상승과 더불어 크게 성장한 민주노총의 존재이다. 여기서 필요한 것이 모든 반노동자 정부들이 강조하는 '법과 원칙'이다. 윤석열 대통령은 이미 대선후보 때부터 "법 위에 군림하는 강성노조"를 공격했다. 집권 초에 집중한 것은 검찰-경찰-국정원의 수직계열화였고, 《조선일보》는 '무법천지 노조 공화국' 특집 연재를 통해서 바람을 잡았다.

그러나 무조건 몽둥이부터 앞세울 수는 없기에, 어떻게든 '민주노총은 종북좌파이며 부패집단'이라고 낙인을 찍어 시민들 속에서 고립시켜야 하고, 또 내부를 갈라쳐야 한다. 윤석열 정부가 종북몰이의 전문가인 김문수 전 의원을 '경제사회노동위원회' 위원장으로 임명한 것은 이 때문이다. 따라서 우리는 낙인찍기와 갈라치기를 위해 윤석열 정부가 사용하는 무기들을 하나하나 살펴보고 이해할 필요가 있다.

'노조 부패 척결'이라는 거짓말

첫 번째는 "노조 부패 척결"이다. 지난해 연말에 윤석열 대통령은 하루가 멀다고 관련 발언들을 쏟아냈다. "노조(노동조합) 부패도 공직 부패, 기업 부패와 함께 우리 사회에서 척결해야 할 3대 부패 중 하나이다", "노동조합 회계 공시시스템을 구축하는 방안을 검토하라."

《조선일보》도 "지난 수십 년 동안 거대 노조가 이 돈을 얼마나 조달해 누가 어디에 어떻게 쓰고 있는지 드러난 적이 없었다"고 강조했다.

이에 따라 노동부는 1천 명 이상 노동조합의 재정장부 등에 대한 긴급 점검에 나섰고 국민의힘은 대기업과 공공기관 노조의 조합비 사용 상세 내역을 노동청에 의무적으로 보고해야 한다는 법률 개정안을 발의했다.

하지만, 이런 압박은 과연 누가 누구에게 투명성을 요구할 자격이 있는가를 묻게 만든다. 윤석열 대통령의 장모와 부인이 연루된 주가 조작 사건 등 각종 비리 의혹들은 여전히 해소되지 않았을 뿐 아니라, 무엇보다 본인 자신이 검찰총장 시절 사용한 막대한 특활비도 공개하지 않았기 때문이다.

지금 '노조 부패'를 강조하며 공격하는 윤석열 정부의 의도는 스스로 내세우는 명분들과는 다른 곳에 있다는 것을 누구나 짐작할 수 있는 상황이다. 즉, 노조를 부패집단으로 낙인찍으며 노동운동의 정당성을 훼손하고, 노조와 조합원들의 분열과 마비, 위축과 사기 저하를 불러오려는 속셈이다.

물론, 권한이 커진 대형노조의 간부들이 저지른 채용비리나 일탈적 부패 사건들이 그동안 심심찮게 터져 나온 것은 사실이다. 그래서 이미 노동운동 내부에서는 노조 집행부와 사측의 협상 과정을 투명하게 공개하고, 정부 보조금과 위탁사업을 최소화하는 등 민주적 통제와 회계 투명성을 높이는 방안들이 제안돼 왔다.

그런데 지금 윤석열 정부와 족벌언론의 '노조 부패 척결' 주장과 방향은 이처럼 노동운동 스스로의 건강한 성찰과 노력을 지지하고 지원하려는 것과는 거리가 멀다. 정반대로 노동조합을 정부의 감시와 통제 속에서 길들이려고 하고 있으며, 그럴수록 정부가 추진하는 여러 가지 반노동정책은 더욱 거칠 것이 없어질 것이다.

청년세대 핑계 삼는 세대 간 이간질

두 번째는 'MZ세대'를 강조하는 세대 간 이간질이다. 지난 대선에서 윤석열 후보가 청년세대(특히 성별 갈라치기를 통한 남성)의 지지를 어느 정도 끌어올린 것은 대선 결과가 아슬아슬한 승리였기에 더욱 중요했다. 윤석열 정부는 대부분의 정책을 추진하는 과정에서 언제나 "청년과 미래 세대를 위해서"라는 명분과 핑계를 댄다. 《조선일보》도 "MZ세대를 아낀다면 이 괴물을 그들에게 물려줘선 안 된다"면서 민주노총을 공격했다.

윤석열 대통령과 정부가 청년세대의 지지기반을 얼마나 중요하게 여기는지는 '69시간 노동' 논란에서 다시 드러났다. 재벌과 기업주들의 이익을 위해 경제단체들의 강력한 지지 속에 추진하던 정책을 갑자기 중단시키면서 우왕좌왕하는 대혼란을 연출했다. 여기서 존재감을 드러낸 것이 소위 'MZ노조'라고 불러 온 '새로고침 노동자협의회'(이하 새노협)이다.

새노협은 원래 윤석열 정부와 족벌언론이 기존의 민주노총(과 한국노총)을 부정적 이미지로 낙인찍고 공격하면서 대안적 모델로 추켜세우며 주목받고 영향력이 커졌다. 그런 이분법 속에서 민주노총은 '빨간 머리띠를 두르고 노동자와 무관한 정치적 문제로 폭력적 투쟁을 벌이며 비리와 횡령까지 저지르는 집단'으로 그려져 있었다.

반면에 새노협은 'MZ세대를 중심으로 한 진짜 현장 노동자들의 요구와 목소리를 대변하는 합리적이고 건강한 조직'이라는 구분이었다. 새노협의 성격이나 실체와 별로 맞지 않는 이런 이분법은 '기성세대 노조 대 MZ세대 노조', '노동귀족의 노조 대 더 열악한 노동자들의 노조', '정치적으로 편향된 노조 대 공정하고 중립적인 노조' 등으로 이어졌다.

그러나 윤석열 정부는 '더 열악한 노동자와 청년세대의 희망과 미래를 위해서' 새노협에 힘을 실어주는 것이 아니다. 노동운동을 탄압하고 약화시켜 친기업적 노동 개악들을 더 효과적으로 추진하는 방법으로써 새노협의 존재와 목소리를 이용하려는 것이다. 마치 '여가부 폐지 공약의 신속한 이행'을 촉구하는 여성단체들(바른인권여성연합, 올바른여성연합 등)이 윤석열 정부에게 도움이 되는 것과 비슷하다.

하지만 새노협은 실제 노동자들의 삶에 악영향을 줄 '69시간 노동' 같은 것들을 반대할 수밖에 없었다. 청년 노동자들이 좋아할 리가 없는 그런 정책을 지지한다면 노동조합으로서 대중적 기반을 유지하거나 확대할 수 없기 때문이다. 새노협이 대중적 기반을 넓히며 규모를 확장하는 것은 윤석열 정부도 바라는 바다. 이명박 정부의 박수부대 구실만 하다가 노동조합으로서 의미가 축소되고 사라져 버린 '국민노총'의 실패를 반복할 수는 없다고 볼 것이다.

여기서 딜레마가 발생한다. 윤석열 정부는 새노협이 성장해서 민주노총과 한국노총을 어느 정도 대신해 줄 것을 기대하지만, 그렇다고 윤석열 정부가 추진하는 정책을 막아서는 것도 바라지 않는다. 윤석열 정부가 세대 간 이간질을 포기하지 않는 한 이 딜레마는 해소될 수 없다.

'노동시장 이중구조 해소'의 기만적 프레임

세 번째는 '노동시장 이중구조'론이다. 즉 현재 한국의 노동시장은 '대기업에 다니고 고임금을 받고 고용도 안정적인 상층 노동자들'과 '중소기업 등에서 일하는, 저임금에 고용도 불안정한 하층 노동자들'로 이중화돼 있기에 '더 열악하고 힘든 처지의 노동자들을 위한 개혁이 필요하다'는 논리다.

그러나 한국의 '노동시장 이중구조'는 자연적으로 만들어진 초역사적 과정과 결과가 아니다. 이것은 1987년 노동자 대투쟁에 대한 자본과 권력의 대대적 반격에 노동운동이 제대로 대처하지 못하면서 만들어진 구조이다. 노조로 조직된 대기업 노동자들을 공격하기가 쉽지 않아지자 자본과 권력은 '외부 노동시장'의 확대를 돌파구로 택했다.

외주화, 사내하청, 임시직, 파트타임, 이주 노동력의 도입 등이 대대적으로 추진됐다. 주요 대기업은 2000년대 이후 정규직 신규채용을 최소화하고 필요한 인력은 사내하청과 비정규직으로 충원해 갔다. 그 결과 노동시장은 끝없이 분절되고 격차는 점점 벌어졌다. 이런 상황이 어떤 결과를 낳고 누구에게 이익이 됐는지는 분명하다.

노조 조직률이 여전히 15%에도 이르지 못하고, 대기업의 일자리는 많지 않고, 비정규직 비율이 매우 높기에 전체 노동자의 거의 70~80%가 열악한 임금과 근로조건에 놓여 있는 것이다. 반면 이 모든 과정을 통해서 노조 조직화의 흐름은 벽에 부닥쳤고 재벌과 대기업의 수익은 크게 늘었다. 여기서 또 하나의 역설이 발생한다.

자본과 권력은 분절과 격차 확대를 통한 노동시장 이중구조를 만들어 놓고, 이 모든 책임을 '대기업 정규직 강성 귀족노조'의 탓으로 돌리며 그것을 탄압과 공격의 논리로 이용한다. 동시에 이중구조의 하층에 있는 노동자들을 더욱 쥐어짜려고 한다. 이를 가장 투명하게 보여주는 것이 바로 윤석열 정부이다.

윤석열 정부는 노동시장 이중구조의 대표적 하층 피해자인 조선소 하청노동자, 화물 특수고용노동자, 건설 일용노동자들을 1년 내내 탄압의 표적으로 삼아 폭력적으로 짓밟고 그들의 쥐꼬리만 한 임금과 열악한 노동조건을 더욱더 밑바닥으로 끌어내리려 했다. 또 노동시장 이중구조를 해소하는 데 도움이 될 법과 제도들(안전운임제, 노란봉투법, 산별교섭 법제화)을 한사코 막고 있다.

최근에 나온 지표들에 따르면 윤석열 집권 1년 만에, 지난 4년간 줄어들던 정규직과 비정규직의 임금 격차는 다시 벌어지고 있다. 줄어들던 저임금 노동자의 비중도 9년 만에 다시 늘어나기 시작했다. 500대 기업 직원 수에서 정규직은 0.2% 증가한 반면 기간제는 40.6% 늘었다. 공기업에서 '비정규직의 정규직화'는 사라졌고, 거꾸로 기간제 고용은 799% 증가했다. 이것이 '노동시장 이중구조 해소'를 말하면서 민주노총을 탄압하고 있는 정부가 만든 결과다.

"제발 윤석열 정권 무너뜨려주십시오"

물론 '노동시장 이중구조의 해소'는 노동운동이 외면할 수 없는 과제다. 이를 위해 노동조합과 노동운동은 노조 울타리 안에 있는 노동자만의 이해관계를 대변해서는 안 되고, 울타리 밖에 있는 80~90% 노동자들의 권리를 위해 앞장서 투쟁해야 한다. 다만 그것은 윤석열 정권이 '노동시장 이중구조 해소'라는 명분 아래 추진하려는 개악의 본질을 이해하고 함께 막아서는 것과 대립될 수 없다.

윤석열 정권의 폭압적 탄압에 시달리는 민주노총은 정말로 노동시장 이중구조를 해결하기 위해서는 5인 미만 사업장 근로기준법 확대 적용, 모든 노동자의 노동3권 보장, 최저임금 대폭 인상 등이 필요하다고 주장한다. 비정규직 하청노동자도 마음껏 노조를 만들 수 있도록 노조법 2, 3조를 개정하고, 노조 울타리 밖의 노동자들을 보호할 수 있는 산별교섭 법제화도 요구하고 있다.

나아가 민주노총은 대기업과 중소영세기업 노동자 간의 격차가 커지지 않도록 사회적 임금과 복지의 확대를 위해서 싸워야 한다. 노동조합 울타리 밖에 있는 더 열악한 대다수 노동자의 요구와 목소리를 우선하는 투쟁과 연대에 나서야 하고, 조합원들의 밥그릇만이 아니라 장애인과 성소수자와 이태원 참사 유가족들의 손을 잡는 노동운동이 돼야 한다. 이 모든 것은 사실 민주노총이 주장하던 것인데, 중요한 것은 그것의 실천이다.

민주노총은 이런 과제를 이루고 윤석열 정부를 막아서기 위한 2023년 7월 총파업을 건설하고 있다. 윤석열 정부의 노동정책에 반대하고 노동자의 삶과 생명이 존중되는 사회를 바라는 모든 사람은 이러한 민주노총의 요구와 투쟁을 지지하고 연대해야 한다. 그러면서 민주시민의 반윤석열 촛불집회와 노동자 투쟁을 연결시켜야 한다.

윤석열 정부는 이런 연결이 가져올 상승작용과 결합 발전의 힘을 잘 알고 있고 두려워한다. 이미 집권 초기에 대통령실 시민사회수석 쪽에서 작성한 내부문건에서 "'권력비판 시민단체'와 '동원부대 노동조합'이 결합하면 광우병, 탄핵촛불 등 대규모 동원과 기습시위가 가능하다"고 지적한 바 있다.

고故 양회동 건설노동자는 유서에서 '무고하게 구속되신 분들 제발 풀어주세요'와 '제발 윤석열 정권 무너뜨려주십시오'라는 두 가지 부탁을 우리에게 남겼다. 고인은 '저의 하찮은 목숨으로 너무 많은 것을 바라는 것일지도 모르지만'이라고 미안해했다.

모든 소중한 것들을 하찮게 만들어버린 윤석열 정부 1년이 앞으로 4년이나 지속돼야 할 이유는 단 하나도 없다.

2장

우리는 왜
분노하고
꾸짖었는가

윤석열 정권
1년간의 시국선언들

윤석열 정권 출범 1년
시국선언 전개 양상

김성진
시민언론 민들레 기자

시국선언은 당면한 국내·국제 정세에 대해 학계나 종교계, 문화계 등 재야인사들이 견해를 표명하고 문제 해결을 촉구하는 것을 의미한다. 당대 민중의 시대를 바라보는 시각과 생각을 뚜렷하게 나타내는 글의 한 형식이기도 하다. 한국 현대사에서 시국선언은 남다른 위치를 차지한다. 시국선언은 단순히 견해 표명에 그치지 않고 언제나 민주주의 위기에 역사의 전환점을 만들어왔다. 1960년 4·19 직후 교수들의 시국선언은 이승만 하야로 이어졌고, 1987년 전두환의 호헌 조치에 대한 교수와 종교인, 사회단체의 시국선언은 6월 항쟁으로 이어졌다. 2016년 국정농단 사태 당시 대학가에서는 시국선언이 줄을 이었고 이듬해 박근혜 탄핵을 이끌었다.

윤석열 정권 역시 지난 3월 '대일 굴종외교 사태' 이후, 하루가 멀다고 시국선언이 이어졌다. 하지만 종교인이나 교수 등의 일부 시국선언만이 포털 한 면을 장식할 뿐, 대부분의 시국선언 관련 소식은 마치 일부러 숨기기로 한 듯 찾아보기 힘든 것이 현실이다.

시국선언 전수조사는 뉴스 포털에 드러나지 않은 실제 민의의 양상을 확인하기 위해 시작됐다. 굴종외교 사태 한 달을 계기로 실시한 〈시민언론 민들레〉의 1차 시국선언 전수조사는 윤석열 정부의 강제동원 해법이 공개된 지난 3월 6일부터 전국 대학 중 가장 큰 규모로 이뤄졌던 부산대의 시국선언 발표가 있던 4월 11일까지, 네이버에서 시국선언으로 검색되는 기사 1065건을 대상으로 했다. 조사 결과 하루 1건 이상(1.1건)의 시국선언이 이뤄진 것으로 나타났다.

이에 민들레는 범주를 넓혀 윤석열 정권 1년 동안 전체 시국선언을 확인하는 2차 전수조사 작업에 착수했다. 윤석열 정부 출범일인 지난해 5월 10일부터 올해 5월 10일까지 네이버에서 '시국선언'으로 검색되는 기사 2245건을 전수조사한 결과, 윤석열 정부 출범 1년간 105건의 시국선언이 발표된 것으로 나타났다. 시국선언 대부분은 3월 대일 굴종외교 사태 이후 발표됐지만, 숫자로만 나누면 대략 사흘에 하루꼴로 민중이 "못 살겠다"라고 외친 셈이다. 정권 말기에나 볼 수 있는 양상이 정권 초기부터 두드러졌다.

연락 끊긴 아이들……
촛불중고생이 시작한 시국선언

윤석열 정권 시기 발표된 시국선언은 하나하나 그 자체로도

이 정권의 문제점을 적나라하게 드러내는 기록물이다. 윤석열 정부 출범 이후 발표된 첫 시국선언인 촛불중고생시민연대의 시국선언이 대표적이다. 촛불중고생들은 '학생독립운동기념일'인 지난해 11월 3일, 전국 중고등학생 1511명 명의의 시국선언을 발표했다. 당시는 〈윤석열차〉라는 제목의 대통령을 풍자한 고등학생 작품이 한국만화영상진흥원이 개최한 대회에서 금상을 받고 전시된 것에 문화체육관광부가 엄중 경고하면서 '표현의 자유' 논란이 불붙었다. 윤 대통령은 대선 후보 당시 "자유민주주의의 근간은 표현의 자유에 있다"고 했지만, 정권은 고등학생의 풍자 작품조차 허용하지 않을 정도로 자유와는 거리가 멀었다.

촛불중고생들에게도 이 문제는 상당히 중요한 문제였던 것 같다. "윤석열 정권은 우리 중고등학생들을 어떤 존재로 취급하고 있는가?"라고 묻는 중고생들의 시국선언문은 '첫째'부터 '윤석열차 사태'를 강하게 꾸짖으면서 "젖 먹던 힘까지 쏟아가며 중고등학생들과 싸움을 벌이겠다는 윤석열 정권에, 우리 중고등학생들은 굴복하지 않고 당당히 맞서 민주주의의 깃발을 지켜낼 것"이라고 외쳤다. 그러나 "중고생의 집회의 자유를 억압하는 제2의 윤석열차 사태가 자명하다"라고 시국선언문에 썼던 것이 예언이라도 된 것처럼, 이 단체의 지도부 학생들은 지난 2월 윤석열 정권으로부터 국가보안법 수사 등 탄압을 받았다며 망명을 시도했다.

이들이 국외로 도피한 이유는 윤석열 정권의 대대적인 탄압 때문이었다. 서울시는 지난해 11월 촛불중고생들이 발행하는 인터넷 신문인 〈한국청소년청년신문〉 홈페이지 첫 화면에 청소년 보호자책임자 등 게재 사항을 누락했다는 이유만으로 과태료 1040만 원을 부과했으며, 윤석열 퇴진 시위 등을 벌였다며 보조금 1600만 원 전액에 대한 환수 명령을 내렸다. 대통령실도 보조금 부정 수급 사례로 촛불중고생들을 지목하며 보수·극우 진영의 '공공의 적'으로 만들었고, 여당 대표(정진석 국민의힘 비상대책위원장)는 공개석상에서 학생들을 비난했다. 급기야 서울시는 지난 1월 촛불중고생들이 시 보조금을 받아 발간한 책 《중고생 운동사》가 북한을 미화했다면서 수사 의뢰했으며, 이로 인해 학생들은 경찰로부터 국보법 수사를 받았다.

이들이 단 3개월 동안 맞닥뜨린 상황은 용돈을 모아 작은 아지트에서 활동하는 중고등학생 단체가 감당할 수 있는 수준이 아니었다. 그들은 이미 학교와 가정에서 종북으로 '낙인' 찍혀 학대를 당했고, 사회에서는 공금을 횡령한 범죄자가 돼 있었다. 대통령실과 서울시의 표적이 된 촛불중고생시민연대 소속 학생 10여 명은 망명 직후인 2월 25일 발표한 입장문에서 "윤석열 정권으로부터 상상할 수 없을 수준의 강력한 탄압을 받아왔다"면서 "이는 결코 중·고등학생이나 20대들이 견딜 수 있는 수준의 강도가 아니었다"고 토로했다.

민들레도 지난 2월 이들의 망명과 관련해 취재했으나 교차 검증 등에 실패하면서 잠시 중단했었다. 그 뒤 이 책의 집필 과정에서 전화와 메신저 등을 통해 다시 연락을 취했지만 여러 차례 시도에도 촛불중고생연대 대표인 최준호 씨와는 끝내 연락이 닿지 않았다. 그럼에도 이들의 선언문을 책에 수록한 것은 그들을 지켜주지 못한 사회의 일원으로서 반성과 사죄의 마음을 표현하고 기억하기 위해서다.

학생들의 목소리······
이태원 참사 규명 요구로 이어져

촛불중고생들의 시국선언에 이어 지난해 11월에는 10·29 이태원 참사와 관련한 시국선언이 줄을 이었다. 중고생에 이어 이번에도 가장 먼저 나선 것은 대학생이었다. 참사의 아픔과 슬픔, 정부의 부재로 인한 시민의 분노가 뒤섞이고, 영정과 위패를 모시는 문제부터 책임자 처벌 문제까지 혼란의 연속이던 이 시기, 진보적 대학생들이 만든 '윤석열 퇴진 대학생 운동본부'는 사고 현장인 이태원역에서 가장 먼저 시국선언을 발표했다. 또래 친구들의 죽음에 누구보다 참담했던 이들의 절규였다. 대학생들은 각 학교에서 시국선언을 발표하고 실천 활동을 벌이며 국가 부재에 대한 책임을 묻고 윤석열 퇴진을 요구했다. 이에 자극받은 시민사회와 문화계 등에서도 이 기간 시국선언을 발표하며 이태원 참사의 진상규명과 책임자 처벌 등을 요구했다.

대형 참사로 전 세계 애도의 물결이 이어졌던 만큼 국외 동포들의 시국선언도 줄을 이었다. 미주 한인여성 1962명은 시국선언문에서 "국민 안전은 국가의 무한 책임"이라면서 "참사에 대한 정직한 진상규명을 요청하며, 책임자가 발견될 시, 그자가 대통령 포함 어떤 직위에 있더라도, 엄중한 처벌을 받고 공직에서 물러나길 요청한다"고 했다. 이태원 참사 진상규명 미주위원회는 "이태원 참사는 대통령실 이전으로 인한 경호상 문제, 재난관리시스템 무작동, 윤석열의 주술 중독과 알코올 중독으로 지휘체계가 무너진 총체적 국가 시스템 붕괴로 인함"이라며 "윤석열은 무능하고 무지한 검찰무단정치를 중단하고 자진 사퇴하라"고 했다. 이 밖에도 4·16 해외연대, 미주희망연대 등 동포 단체들은 성명을 내고 진상규명과 책임자 처벌을 요구했다.

대학생부터 시민사회, 국외 동포까지 6개월밖에 안 된 정권을 향해 퇴진을 요구하고 시국선언을 낸 것은 참사의 원인과 책임 소재를 가리지 않고 은폐하기 급급한 정부를 향한 경종이었다. 그러나 윤 대통령과 한덕수 국무총리, 이상민 행정안전부 장관, 오세훈 서울시장, 윤희근 경찰청장, 김광호 서울경찰청장, 박희영 용산구청장 등 책임자들 가운데 유가족에게 진심으로 사과하고 그들의 요구를 들어주는 이는 아직 아무도 없다. 윤석열 정권의 유가족에 대한 외면과 냉대는 현재 진행형이다.

굴종외교에 분노한 시민들, 하루 1건 이상 시국선언

2023년 새해가 밝자마자 한일 역사정의 문제가 불거졌다. 쉴 새 없는 시국선언의 '대장정' 시작을 알리는 서막이었다. 한일역사정의평화행동 등 시민단체와 강제동원 피해자 대리인, 야당 국회의원 등은 강추위가 매섭던 1월 12일 새해 첫 시국선언을 발표했다. 965개 단체와 3123명의 시민이 시국선언에 이름을 올렸다. 이들은 윤석열 정부가 졸속으로 공개토론회를 진행하고 굴욕적인 강제동원 해법을 추진하는 것을 강력히 규탄했다. 이후 본격적인 '시국선언 정국'이 조성된 것도 윤석열 정부의 강제동원 해법이 계기가 됐다. 윤석열 출범 1년간 발표된 총 105건의 시국선언 중 85.7%(90건)가 3월 6일 강제동원 해법 발표 뒤에 이뤄졌다. 월별로 구분하면 △11월 8건 △1월 2건 △2월 4건 △3월 31건 △4월 33건 △5월 27건(10일까지)으로, 강제동원 해법 발표일인 3월 6일부터 5월 10일까지 66일 동안 하루 평균 1.36건의 시국선언이 이뤄졌다.

강제동원 해법 발표 직후 본격적인 시국선언 릴레이의 시작을 알린 3월 7일 긴급 시국선언에는 강제동원 피해자 양금덕·김성주 할머니를 비롯해 한일역사정의평화행동, 정의기억연대, 일제강제동원시민모임, 민족문제연구소 등 시민사회와 더불어민주당 이재명 대표 등 야당 의원이 참여했다. 3월 7일 긴급 시국선언은 짧은 준비기간에도 개인 9020명, 단체 1464곳이 이름을 올렸으며 단일 시국선언으로는 현재까지 가장 큰 규모를 기록했다. 그만큼 시민들의 분노가 극에 달했던 것으로 풀이된다. 특히 여기엔 우리 민족이 "세계사의 변화에 제대로 준비하지 못해 국권을 상실했다"는 윤 대통령의 비상식적인 3·1절 기념사도 한몫 거들었다. 윤 대통령의 기념사 이후 세종시의 한 아파트에는 그를 지지하는 이가 태극기 대신 일장기를 내걸어 파문이 일었다.

그러나 대통령의 굴종외교와 역사 망언은 멈추지 않았다. 4월 충격적인 '미국 도청 사태'가 터졌지만 윤석열 정부는 제대로 항의 한번 못하고 오히려 미국을 두둔했으며, 미국 방문을 앞두고 《워싱턴포스트》와 가진 인터뷰에서 윤 대통령은 급기야 "100년 전 우리 역사 때문에 (일본인이) 무릎을 꿇어야 한다는 생각을 받아들일 수 없다"고 발언하면서 다시 한번 굴종외교 사태에 불을 붙였다. 이로 인해 윤석열 정권이 출범 1주년을 맞은 5월에는 1일부터 10일까지 단 10일 만에 27건의 시국선언이 발표돼 4월 전체 시국선언 발표 수(33건)에 육박하기에 이르렀다. 이미 하나의 물결을 이루게 된 것이다.

교수·퇴직교사 등
거리로 나온 지식인과 종교인들

강제동원 해법 발표 뒤, 지식인 사회를 대표하는 교수들의 '대일 외교 규탄' 시국선언은 그 상징성으로 인해 언론에서 가장 주목을 받았다. 언론에 거론된 대학만 해도 서울대·동국대·한신대·고려대·경상국립대·창원대·경남대·인제대·진주교대·동아대·한양대·전남대·충남대·인하대·경희대·부산대·경북대·중앙대·한성대·가톨릭대·전북대·아주대·성균관대·건국대·인제대·제주대·제주한라대·제주국제대·숙명여대·한국외대·선문대(발표순) 등 30여 곳이 넘는다. 언론에서 시국선언으로 분류한 105건을 분야별로 나눠도 교수들의 비중이 큰 것으로 나타났다. 시국선언을 분야별로 보면 시민사회가 36건(정당·노조·농민·시민단체 등 연대 시 시민사회로 분류)으로 가장 많았지만, 단일 직군으로는 교수 비중이 가장 높다. 대학에서 발표된 시국선언 34건 가운데 교수·연구자 시국선언이 28건(이 중 2건은 교육정책 관련)을 차지한 것으로 나타났다. 그만큼 굴종외교 사태에 대한 지식인들의 분노가 컸던 것으로 이해된다.

퇴직교사도 교수 직군 다음으로 가장 큰 비중을 차지했다. 퇴직교사 시국선언은 2017년 5월 28일 전국교직원노동조합(전교조) 결성 28주년을 맞아 창립한 전교조 퇴직교사들 단체인 '참교육동지회'가 이끌었다. 교육 현장에서 민주화 운동에 헌신했던 이들은 전국적이고 조직적으로 시국선언을 주도했다. 3월 20일 전국 참교육동지회의 규탄 성명을 시작으로 경북·전남·대구·인천·경기·대전·서울·충북·광주·세종·충남·경남·제주(발표순) 등에서 연이어 윤석열 정부의 굴종외교를 규탄하는 시국선언이 발표됐다. 민들레 전수조사에서는 애초 11건만 확인됐으나, 전국 참교육동지회를 통해 시국선언 원문을 확인하는 과정에서 3월 20일 전국 참교육동지회 성명과 5월 10일 제주 퇴직교사 시국선언이 확인돼 실제 발표된 시국선언은 13건임이 확인됐다.

이 외에 시국선언 발표는 분야별로 △종교 10건 △여성 4건 △노동 3건 △정당 3건 △문화예술 2건 △예비교사 1건 △학생 1건 등으로 조사됐다. 특히 이 가운데 개신교·천주교·불교·원불교 등 종교인의 시국선언이 언론과 시민사회의 주목을 받았다. 주류 종교계가 동시에 시국선언을 낸 자체도 매우 드문 일이지만, 어두운 시대마다 목소리를 내온 종교인의 목소리에 시민들의 감흥도 컸던 것으로 보인다.

지난 3월 20일 전주 풍남문 광장에서 9년 만에 봉헌된 천주교정의구현전국사제단의 시국미사는 발 디딜 틈 없이 천주교 신도와 시민들이 자리했다. 당시 발표한 '절체절명의 때에 읍소하오니'라는 제목의 시국미사 성명서는 많은 언론이 보도할 만큼 경종을 울리는 글이었다. 이후 사제단은 전국을 돌며 매주 월요시국기도회를 열고 성명을 발표하고 있다. 개신교 역시 전국 각지에서 시국기도회를 열고 시국선언을 발표하고 있으며, 지난 5월 4일 기독교 목회자 1000명이 민생 파탄, 민주주의 후퇴, 전쟁위기, 굴욕외교를 비판하는 시국선언을 발표해 언론의 주목을 크게 받았다. 민들레 전수조사 이후에도 5월 20일과 6월 24일 불교계 시국법회, 6월 13일 원불교 시국법회 등이 열려 시민들과 함께했다. 6·10 민주항쟁일인 6월 10일에는 6월 민주항쟁 계승 비상시국대회를 4대 종단이 함께 개최하기에 이른다.

1년도 힘든데 2년은 못 견뎌
6월도 시국선언 봇물

종교 외에도 각계각층의 시국선언은 여전히 이어지고 있다. 전수조사 이후 5월 대구와 부산 시민사회에서는 노동자, 시민, 정당인 등을 아우르는 대규모 인원이 참여한 시국선언이 이뤄졌고, 한일 시민사회와 대학생들이 제3자 변제안과 일본의 후쿠시마 핵 폐수 해양 투기를 규탄하는 기자회견을 열기도 했다. 덕성여대 재학생과 졸업생, 전·현직 교수의 시국선언과 대전·충청지역 역사전공 교수들의 시국선언, 상지대 교수 및 연구자 시국선언 등 대학가의 시국선언 역시 계속해서 줄을 이었다. 6·10 민주항쟁을 앞두고 전국민주화운동동지회의 시국선언과 경남 시민사회의 시국선언 등 목소리는 더욱 커졌다.

'불통'으로 일관하는 윤석열 정부를 향한 시민들의 시국선언 발표는 계속 이어질 것으로 보인다. 정권의 노조 탄압에 항거하며 분신한 건설노동자 고故 양회동 열사 장례 이후 노동계가 정권 퇴진 운동을 강하게 벌이는 가운데, 전국민주노동조합총연맹(민주노총)을 비롯한 37개 시민사회 단체들이 윤석열 퇴진 운동본부 준비위원회를 구성하고 7월 15일 1차 범국민대회를 열기로 결의했다. 이들은 7월 3일부터 14일까지 2주간 각계각층이 참여하는 윤석열 퇴진 릴레이 기자회견도 개최한다. 특히 7월에는 생존권과 직결되는 일본의 후쿠시마 핵 폐수 해양 투기가 전망되고 있어 시민사회의 연대 목소리가 더욱 커질 것으로 보인다. 아울러 윤석열 당선 이후부터 가장 오랫동안 지속적으로 정권 퇴진 운동을 벌여 온 '촛불행동'도 윤석열 퇴진 운동본부에 참여하기로 한 만큼 시민사회의 참여가 확대될 전망이다.

한편 윤석열 정권 1년간 발표된 105건의 시국선언을 지역별 구분하면 △서울 26건 △경기 6건 △인천 3건 등 수도권이 35건으로 가장 많았으며, 부울경 지역이 21건(부산 10건, 울산 4건, 경남 7건)으로 그 뒤를 이었다. 이어 △충청 12건(대전 5건, 충남 4건, 세종 1건, 충북 2건) △호남 12건(광주 3건, 전남 2건, 전북 7건) △대구경북 9건(대구 5건, 경북 4건) △강원 3건 △제주 2건 순이었다. 전국 단위로 8건의 시국선언이 발표됐으며 해외촛불행동 등 국외 시국선언도 3건이 있었다.

앞서도 밝혔듯이, 이번 조사는 국내 포털 뉴스 점유율이 가장 높은 네이버에서 '시국선언'으로 검색되는 기사 2245건만을 대상으로 했으며, 시국선언 형식은 아니지만 언론에서 시국선언으로 언급한 대학 교수와 연구자의 비판 성명 발표는 모두 포함했다. 다만 국가원로회의 시국성명 1건은 윤석열 정부를 지지하는 내용이어서 제외했다. 또 윤석열 퇴진·타도·탄핵·규탄 등의 검색어도 조사에 포함하지 않았다. 비상시국회의 기구 출범, 비상시국회의 긴급 기자회견 등으로 언급된 기사들도 제외했다. 따라서 실제 시국선언 성격의 발표는 조사된 건수보다 많다.

이 책에 105건의 시국선언을 모두 실으려고 했지만, 전국에 분포된 각 단체와 모두 연락하여 원문 수록을 동의받을 수 없었던 현실적인 한계가 있어 수록 허락을 받은 57건의 시국선언만 게재했다. 〈시민언론 민들레〉는 6월 30일 현재 홈페이지에 '시국선언 아카이브'를 구축해 시민사회의 시국선언과 규탄 성명 등을 기록 자료로 남기는 작업을 진행하고 있다. 아카이브는 시민 누구에게나 공개한다.

나는 왜 시국선언을
하게 되었나

정경훈
아주대학교 교수

윤석열 대통령이 미국 국빈 방문을 마치고 돌아왔다. 국빈 방문 형식에 어울리게 윤 대통령은 바이든 대통령, 미국 의회로부터 융숭한 대접을 받았고, 팝송 '아메리칸 파이'도 열창하며 흥겨운 시간도 보냈다. 우리 대통령이 강대국 미국의 환대를 받으니 좋아 보인다. 한·미 정상회담 결과도 '한·미 공동성명', '워싱턴 선언', 공동기자회견 등으로 발표되었다.

그런데 미국 인플레이션감축법IRA과 반도체과학법 등 우리가 기대했던 사안에선 구체적인 성과가 없다. 올인한 듯한 워싱턴 선언에서도 윤 정부가 바라던 '핵 공유'는 거부되었고 핵 자주권은 포기되었다. 말의 성찬에 의한 '정신 승리'가 강조되었다. 국익의 관점에서 볼 때 윤 대통령의 외교 결과는 허탈한 '빈 강정'이다.

윤 대통령이 국빈 대접에 흥이 나는 동안 바이든 대통령은 경제적·

군사적·정치적 이익을 차곡차곡 다 챙겼고, 우리 국민은 경제적으로 털리고, 군사적으로 더 불안한 현실을 맞이하고 있다. 이러한 결과는 충분히 예상된 것이다. 미국과 일본에 대해 일관되게 보여주는 윤석열 대통령의 굴종적 하인 외교가 가져올 수밖에 없는 결과다.

내가 동료 교수들과 함께 시국선언을 결심한 이유는 바로 윤석열 대통령의 굴종적 하인 외교가 나라를 온통 망가뜨리고 위태로운 상태에 빠뜨리는 결과를 초래할 것이 뻔히 예상되기 때문이다. 이대로 몇 년 더 가다간 나라가 망할지도 모른다는 위기감, 그리고 그 불행한 길의 가장 큰 희생자는 청년 학생들과 국민 다수가 될 것이라는 인식을 공유하게 되어서이다.

문제의 심각성을 너무 늦지 않게 알려 이들이 올바른 판단과 행동을 하는 데 조금이나마 도움을 주고자 우리는 시국선언을 하게 되었다.

그런데 윤석열 대통령은 도대체 왜 이런 외교를 하는가? 그 이유와 원리는 무엇인가? 윤석열 정부의 외교가 구체적으로 왜 문제가 되는지, 그 메커니즘은 무엇인지를 파악하기 위해 한·일 정상회담, 한·미 정상회담을 잠시 복기해보자.

윤석열 대통령은 한·일 정상회담에서 일본 기업들의 사죄와 배상을 요구하는 우리 피해자들의 의사와 2018년 대법원 판결을 무시하고 강제동원과 관련이 없는 한국 기업의 기금으로 배상하는 제3자 변제 방식을 취했다. 식민 지배의 불법성과 가해기업들의 배상 책임을 모두 부정해 온 일본 정부의 입장을 우리 대통령이 앞장서서 두둔하는 참으로 해괴한 행위를 저질렀다.

정상회담에서 기시다 총리가 독도 문제, 후쿠시마 오염수 방류 문제를 언급했다는데 윤 대통령은 일본에서의 추억을 읊조리고, 오므라이스와 소맥을 즐기면서도 정작 항의 한마디도 못 했다. 실로 일본의 요구를 알아서 행하는 굴종적인 하인 외교를 보인 것이다. 우리 국민의 안전, 민생, 국가의 안보, 삼권분립 민주주의, 영토 수호가 심각하게 우려되지 않을 수 없다.

그런데 윤석열 대통령의 진짜 주인은 미국인 것 같다. 미국의 도·감청 사실이 누출되자 대통령실은 "미국의 악의적인 정황이 없다", "상당수가 위조되었다"라며 미국 정부를 두둔하기에 바빴다. "친구가 친구를 염탐합니까?"라는 NBC 앵커 레스터 홀트의 질문에 윤 대통령은 일반적으로 잘못된 것이라 하면서도 미국에 대한 강한 신뢰, 철통 동맹을 강조했다.

윤 대통령이 이렇게 신뢰하는 동안 미국은 도·감청이나 이와 비슷한 일을 계속할 것이며, 한국과의 관계에서 이를 활용해 이익 추구를 최대화할 것이 뻔한데 우리나라의 대통령은 왜 한마디 항의도 못 하는가? 윤 대통령에게 미국은 무엇인가? 그의 마음에는 일정 수준으로 생각이 진전되는 것을 막는 '보이지 않는 유리벽'이 있는 것은 아닐까?

윤 대통령은 미국에 대해 '상징적 동일시symbolic identification'를 하는 것 같다. 라캉의 정신분석학에 따르면 아이는 사랑하는 아버지(혹은 어머니)와 동일시하게 되는데 이들이 제시하는 자기에 대한 담론("공부 잘해라" "선생님 말씀 잘 들어라" 등)을 내면화하여 자신의 이상적인 모

86

습을 형성하게 된다. 아이의 행동과 사고에 중심적인 역할을 하는 것이 이러한 상징적 동일시이다.

그런데 아이의 중심축인 아버지(어머니)가 아이에게 항상 좋은 역할만 하지는 않는다. 아버지는 아버지 나름의 욕구와 욕망이 있어 때로는 아이를 돌보지 않고 아이와 가정에 심각한 피해를 줄 수도 있다. 이와 비슷한 일이 주인과 하인의 관계에서도 일어난다. 충직한 하인은 주인과 자신을 동일시하여 주인을 위해 스스로 일하지만, 주인은 때로 하인에게 해가 되는 일을 시킬 수도 있다.

윤 대통령의 강력한 철통같은 신뢰는 미국에 대한 상징적 동일시에 바탕을 둔 것 같다. 그러나 자국의 이익을 위해 치열하게 경쟁하는 국제 관계에서는 아무리 동맹이라도 하더라도 주인-하인 관계는 바람직하지 않다.

앞서 언급한 일본에 대한 윤 대통령의 '해괴한' 태도를 이해하는 데 중요한 실마리가 한·미 정상의 기자회견에서 나왔다. 바이든 대통령은 "인도·태평양 지역의 미래를 위해 한국과 미국은 일본을 포함한 삼각 협력으로 일하고 있다. 일본과의 외교에서 보인 윤 대통령의 정치적 용기와 개인적 헌신에 대해 다시 감사한다. 나는 이 이슈들을 위해 오랫동안 일해 왔다"라고 말했다.

바이든은 한·일 갈등을 넘어 한·미·일 동맹이 결성되어 인도·태평양 지역에서 한국과 일본이 미국의 지휘하에 긴밀하게 협력하기를 바란다. 미국을 철통같이 신뢰하고 동일시하는 윤 대통령은 미국이 원하는 대로 일본의 요구를 일방적으로 들어줬던 것 같다. 그리고 미국의 요구대로 삼성, SK 등 한국 기업이 약 133조 원의 대규모 투자를 하고도 반도체법, IRA법 등으로 큰 피해를 본 반면, 미국의 한국 투자 금액은 겨우 8조 원 정도에 불과한데도, 윤 대통령은 적극적인 요구나 항의 없이 미국의 '선의'만을 철통같이 믿고 있는 것 같다. 우리 기업이 이렇게 위기일 때 국익을 위해 적극적으로 나서서 방패 역할을 하는 것이 대통령의 존재 이유가 아닌가?

바이든은 한·미·일 협력을 위해 오랫동안 작업했다고 했다. 무슨 뜻인가? 박근혜 대통령 때 한·일 간 위안부 문제 합의안에 주요한 역할을 한 이들이 당시 일본 외상 기시다, 당시 외교의 중심축이었던 부통령 바이든이었다. 이번 한·일 정상회담에서 윤 대통령의 일방적 양보가 나오도록 기시다 총리가 바이든 대통령에게 어떤 영향을 미쳤는지는 알 수 없지만, 바이든은 한·일 간 협력이 긴밀해지도록 작업해 온 것이다. 윤 대통령의 방일에 대한 답례로 기시다 총리의 한국 방문을 종용했을 가능성이 매우 크고, 이런 맥락에서 볼 때 최근 기시다의 한국 방문은 충분히 예상됐던 바다.

그러면 바이든은 왜 이렇게 한·미·일 삼각 협력을 중시하는가? 이것이 한국에는 무슨 의미가 있는가?

바이든 정부는 전 세계에 민주주의와 미국적 가치를 내세우고, 중국과 러시아를 적대국으로 설정하면서 신냉전 세계 질서를 추구하고 있다. 이 과정에서 대러시아 전선에서는 우크라이나 전쟁이 발생하였고, 대중국 전선에서는 대만 전쟁의 가능성이 커지고 있다.

이러한 신냉전 구도에서 중국과 러시아의 공조는 긴밀해졌고, 북한은 이들과 더욱 가까워지고 있다. 미국은 이들에 대항하기 위해 한·미·일 공조가 더욱 필요하다. 바이든 행정부가 궁극적으로 원하는 것은 한·미·일 군사동맹이며, 대중국 전선을 포함한 인도·태평양 지역에서 한국군을 언제든 원하는 곳에 투입할 수 있도록 만들고 싶어 한다.

현재 북·중·러-한·미·일 간의 군사적·경제적 대결이 점점 노골화되고 있는 형국이다. 그런데 이러한 구도에서 북·중·러의 공격을 가장 앞에서 당하는 것은 지정학적 위치 때문에 우리가 될 수밖에 없다. 즉, 대만이나 한반도에서 전쟁이 일어난다면, 한국은 전쟁터가 되거나 전쟁에 바로 끌려 들어가 총알받이가 되기 쉽다. 일본은 한국전쟁 때처럼 큰 이익을 볼 것이므로 북·중·러와의 갈등을 부추길 것이 뻔하다. 왜 윤 대통령은 우리나라와 국민을 이런 군사적·경제적 위험 속으로 끌고 가는가?

이 대목에서 우크라이나 전쟁이 연상된다. 우리는 이제 우크라이나 전쟁을 냉정히 봐야 한다. 전쟁이 왜 일어났는가? 물론 러시아 침공 때문이다. 그런데 왜 러시아는 침공했는가? 여러 원인이 있겠지만 시카고 대학 미어샤이머Mearsheimer 교수는 미국이 푸틴을 막다른 코너로 몰며 지나치게 자극한 것을 주요 원인으로 꼽는다.

2014년 우크라이나에서는 반러시아 시민 혁명이 일어났다. 우크라이나인들의 반러시아, 친미 정서는 엄청났다. 그런데 우크라이나 사태의 배후에서 깊숙이 관여한 인물이 지금의 미국 국가안보보좌관 설리번이며, 이를 뒤에서 지휘한 인물이 당시 외교의 중심이었던 바이든 부통령이다.

다시 말하면 2014년 반러시아 정서를 기반으로 친미 혁명이 일어났고, 역시 2022년 반러시아 정서, 친미 나토 가입 문제를 기반으로 우크라이나와 러시아의 갈등이 심해졌고 마침내 우크라이나 전쟁이 발발했으며 수많은 무고한 우크라이나인들이 죽고 고통받는 길을 걷게 되었다. 현재 우크라이나 전쟁과 대만 문제에 강력한 영향을 행사하는 것은 바이든-설리번의 외교정책이다.

이런 점으로 미루어 볼 때 미국을 우리가 '완전히' 신뢰하고 '철통' 같이 그 선의를 믿어도 되는 존재로 보는 것이 합리적일까? 워싱턴 선언이 발표되기 하루 전에 미국은 중국에 미리 한국의 핵 포기를 알렸다. 이는 무엇을 의미하는가? 한국의 핵무장 가능성을 제거한 것을 중국에 알려 대중국 카드로 쓰고 있다는 것이다.

미국의 오랜 우방인 프랑스의 마크롱은 왜 중국을 국빈 방문하여 프랑스는 미국의 속국이 아니라고 강조하는가? 미·중 갈등은 신냉전으로 향하는데 프랑스뿐만 아니라 독일·스페인·브라질의 지도자들은 왜 중국을 방문하는가? 누구의 말처럼 이들은 한국의 '운동권 출신'인가?

윤석열 대통령은 미국에 대한 하인 외교를 즉각 중단해야 한다. 미국은 윤 대통령의 주인이 아니다. 윤석열 대통령의 주인은 오직 우리 국민이다. 지금처럼 미국·일본에 대해 스스로 하인의 자세를 취한다면, 우리나라와 국민은 경제적으로 털리고, 안보 면에서는 군사 충돌의 위험 지대로 내몰리는 희생자가 될 것이 뻔하다.

우리 국민은 반중-친미의 이분법적인 대중 감정에 휘둘리지 말아야 한다. 무엇이 우리에게 중요한지 냉정하게 따져야 한다. 이제 우리는 강대국 사이에서 망하지 않기 위해 올바르게 판단하고 행동해야만 하는 상황에 이르렀다. 이것이 내가 시국선언을 하지 않을 수 없는 이유이다.

정경훈

아주대학교 영어영문학/의료인문정신분석전공 교수. 인문대학장, 민주화를위한교수협의회 교육위원장, 현대정신분석학회장을 역임했고, 정신분석과 신경과학의 통합 학문인 신경정신분석 연구에 집중하며, 사회정의, 생태정의, 기후위기극복을 위한 실천에 동참하고 있다. 〈신경정신분석의 이론적 기초 I, II〉 등 다수의 논문이 있다.

※ 이 기고문은 2023년 5월 3일 〈오마이뉴스〉에 실렸던 당시 독자의 반응이 뜨거웠던 화제의 글로, 저자의 허락을 받아 이 책에 수록했습니다.

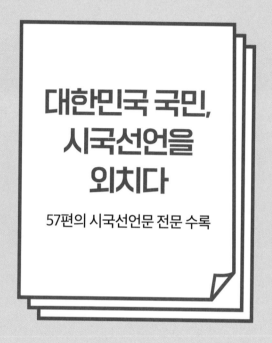

대한민국 국민,
시국선언을
외치다

57편의 시국선언문 전문 수록

일러두기

1. 이 책에 수록된 시국선언문은 한글표준맞춤법에 따라 오·탈자만 수정하고 최대한 원본 표기와 형식을 따랐습니다. 다만 단락 사이 띄우기는 지면 관계상 최소화했습니다.

2. 선언문 발표에 참여한 개인의 성명 표기에 대해서는 주체마다 견해가 달라, 참여자 수만 명시하는 것으로 통일했고, 단체명은 지면상의 한계로 30곳 이하까지만 명시했습니다.

3. 천주교정의구현전국사제단의 성명서는 월요일마다 전국을 돌며 열리는 시국미사에서 발표된 내용이므로 최근까지의 이슈를 두루 망라하고 있다는 점에서 다수 수록했습니다.

부끄러운
서울대 1만인 선언

20대 대통령 선거를 앞두고 "검찰독재를 꿈꾸고 전쟁위기를 조장하며 혐오와 증오를 부추기는 동문이 이번 대선의 유력 후보라는 것이 자랑과 긍지이기는커녕 수치와 불명예가 되고 있다"면서 서울대학교 동문들이 자성의 마음과 뜻을 모아 추진한 '부끄러운 서울대 1만인 선언' 서명운동에서 발표한 성명서. 이 서명운동에는 졸업생과 재학생을 중심으로 교수와 직원, 노조 등도 동참했다.

서울대인들은 지금 매우 부끄럽습니다.

우리 사회 공동체의 내일을 결정하는 대통령 선거의 유력 후보가 우리 동문의 자랑과 긍지가 아니라 수치와 불명예가 되고 있는 현실에 더할 수 없이 참담합니다. 대한민국의 미래를 설계하는 데 국민의 뜻을 모으는 축제가 돼야 할 대선을 국내는 물론 국제사회의 조롱거리로 전락시키는 동문 출신 후보의 어지러운 굿판을 보며 우리 1만여 서울대인들은 우리의 이성과 양식의 발로에서 단호하게 선언하고자 합니다.

우리 사회의 상식과 양식을 무례한 구둣발로 짓밟으려는 이가 한국호를 이끄는 대재앙을 도저히 두고 볼 수가 없어 우리 동문들이 먼저 나서서 이를 막으려 한다고 분명하게 밝히고자 합니다.

우리는 코로나팬데믹과 기후·에너지 위기, 디지털 전환이라는 거대 과제 앞에서 혁신과 성찰을 통해 새로운 시대, 새로운 미래를 향해 나아가기는커녕 낡은 과거로 퇴행시키려 하는 인물에게 우리와 우리 자손의 장래를 맡길 수는 없습니다.

무소불위의 검찰 특권을 맘껏 누려오면서 이제는 권력의 도구로서의 검찰을 넘어서 정치가 검찰의 도구가 되는 검찰독재의 망상에 사로잡힌 이에게 최고권력을 갖다 바칠 수는 없습니다. 집권 후 정치보복의 피바람을 공공연하게 예고하는 이에게 살벌한 철권을 안겨줄 수는 없습니다. 남들에게는 서슬 퍼렇고 자신과 주변의 잘못에는 한없이 관대한 이에게 공정과 정의의 칼자루를 쥐어줄 수는 없습니다.

북한에 대한 선제타격, 사드 추가배치 등 한반도에 또다시 참화를 불러올 위험천만한 주장을 펼치는 이에게 우리 사회의 안전과 평화를 저당 잡힐 수는 없습니다.

주 120시간 노동과 최저임금제 폐지, 양극화와 약자에 대한 차별을 당연시하며 남녀와 세대, 지역 간 갈등과 대립을 부추기는 혐오와 반목의 정치를 우리는 결단코 용납할 수 없습니다.

우리 사회의 문제에 대한 진지한 성찰과 고민은 찾아볼 수 없는 이, 대한민국의 미래 이전에 자기 자신의 장래조차 스스로 결정하지 못하는 이로 하여금 청와대를 굿당으로 만들게 할 수는 없습니다.

그의 거듭되는 망언과 실언은 실수나 부주의가 아니라 적나라한 자기 실체의 고백에 다름아니기에 우리는 그를 도저히 우리 사회의 지도자로 받아들일 수 없습니다.

지도자로서의 역량은커녕 시민으로서의 소양과 상식마저 결여한 동문 출신 후보의 몰상식과 무지를 규탄하는 우리의 심정은 우리 자신부터 먼저 돌아보게 합니다. 학교의 강의실에서, 암울했던 시절에는 거리에서 배우고 실천하려 했던 자유와 정의 진리의 정신으로 돌아가 그에 대한 성토와 규탄에 앞서 우리 스스로 반성과 성찰부터 하고자 합니다.

한국사회의 온갖 적폐를 낳는 서울대 동문들의 타락과 부패에 대한 반성과 성찰의 심정만큼 코로나보다 더 끔찍한 재난을 두고 볼 수는 없기에 나섰습니다. 우리 사회의 장래를 걱정하는 이들과 함께 하겠습니다.

2022년 3월 2일

부끄러운 서울대 1만인 선언 모임

윤석열 퇴진을 요구하는
중고등학생 시국선언

대한민국은 민주공화국이며, 대한민국의 모든 주권은 국민으로부터 나오며, 우리 중고등학생들은 명백한 대한민국의 국민이다. 그러나 윤석열 정권 치하 5개월여 만에, 우리 중고등학생은 국민으로서의 정체성을 철저히 부정당한 채 탄압과 인권유린 속에 신음하는 고난의 시간을 보내야 했다.

윤석열 정권은 우리 중고등학생들을 어떤 존재로 취급하고 있는가?

윤석열 정권이 생각하는 중고등학생은 첫째, 헌법상 명시된 표현의 자유를 감히 누려서는 안 되는 존재이다. 중고등학생을 대상으로 한 정치풍자만화 공모전인 '부천국제만화축제 고등부 카툰부문'에서 윤석열 대통령을 풍자한 만화 〈윤석열차〉가 금상을 받자, 윤석열 정권의 문화체육관광부는 중고등학생을 향한 탄압의 칼을 빼들었다. 문화체육관광부는 해당 수상내용을 두고 '엄중 경고'한다는 뜻을 밝히며 협박에 나선 것도 모자라, 지원금 환수라는 사정의 칼날까지 휘두르려 하였다. 애당초 수상 영역이 고등학생이 그린 정치풍자만화를 공모하는 행사였음을 생각한다면, 윤석열 정권이 중고등학생들에게 '허락'하는 정치풍자의 영역은 오직 윤석열 정권에 대한 찬양뿐인가? 그조차도 아니라면, 윤석열 정권은 우리 중고등학생들은 감히 표현의 자유를 누려서는 결단코 안 되는 저항할 줄 모르는 꼭두각시라고 여기고 있음이 명백하다. 하지만 안타깝게도 우리 중고등학생들은 비열한 꼭두각시로 살아가며 순종의 세월을 보낼 만큼 나약한 존재가 아님을, 4·19혁명부터 촛불혁명에 이르기까지 숱한 우리 민족의 저항역사의 맨 앞열에 서 왔던 선대 중고생들의 저항정신이 증명해주고 있다.

윤석열 정권이 생각하는 중고등학생은 첫째, 극단적 입시경쟁교육에 빠져 살며 학교와 집 외에는 선택지가 없는 공부하는 기계이다. 윤석열 정권은 전국의 모든 학생을 일렬로 세워 고깃덩이처럼 등급을 매기겠다는 극단적 입시경쟁체제의 상징인 '일제고사'를 부활시키겠다고 천명한 것도 모자라, 이명박 정권의 극단적 입시경쟁교육 설계자인 이주호를 교육부 장관으로 지명하는 '중고생 선제타격'을 벌이고 있다. 앞선 윤석열차 사태와 더불어 생각해보았을 때, 윤석열 정권이 꿈꾸는 중고등학생들의 '이상적 모습'은 결단코 세상에 일절 관심을 끊은 채 오직 해가 뜨기 전 학교에 가서 해가 지고 나서야 하교를 하며 국영수 외에는 아무것도 모르는 바보가 되어 입시체제의 순한 양으로 길러지는 것으로밖엔 보여지지 않는다. 그러나 우리 중고생은 공부하는 기계가 되기를 단호히 거부한다. 이미 국영수 밖에 모른 채 세상에 대한 지식이 단절된 삶을 살아가면 어떤 어른이 되어 버리는지, 윤석열 대통령께서 몸소 보여주고 계시지 않은가? 우리 중고생들은 입시경쟁체제의 강화에 맞서 입시경쟁체제의 해체를 위해 결연한 저항의 깃발을 올릴 것이다. 이명박 시대의 입시경쟁교육을 부활하고자 한다면, 이명박 정권이 맞이해야 했던 수많은 교복입은 '촛불소녀'들의 재림 또한 함께 각오해야 할 것이다. 이명박 정권 퇴진 촛불집회의 공식 명칭이 '미친소 반대 촛불집회'가 아니라 '미친소·미친교육 반대 촛불집회'였음을 잊어서는 안 될 것이다.

윤석열 정권이 생각하는 중고등학생은 첫째, 감히 정권에 맞서 쓴소리를 내기 위한 행동은 일절 해서는 안 되는, 헌법상 집회의 자유조차 유린당한 채 살아가야 하는 비민주적 '신민'이다. 이 땅의 중고등학생들은 윤석열차 논란으로 중고생을 향한 탄압의 칼날이 휘둘러지는 것을 똑똑히 보았으며, 일제고사 부활으로 우리의 삶까지 유린당할 것임을 간담이 서늘할 정도로 깨우쳤다. 이에 우리 중고등학생들은 헌법상 보장된 국민의 기본권인 집회의 자유를 행사하여 중고생을 향한 탄압의 칼날과 유린의 망동을 규탄하고자 촛불을 들기로 결의하였다. 그러나 윤석열 정권은 촛불을 들기로 한 우리 중고등학생들에게 어떠한 행태를 부렸는가? 여당 국민의힘은 수석대변인부터 국회의원, 비상대책위원장까지 총동원되어 중고생촛불집회를 향한 인신공격과 저주에 가까운 비난을 퍼부었다. 심지어는

'중고생촛불집회에 참석하면 봉사시간을 준다며 학생들을 꼬드기고 있다'라는 말도 안 되는 가짜뉴스를 이를 악문 채 퍼트리는 치졸한 모습을 보여주었다. 윤석열 정권의 중고등학생 정치탄압은 여기서 끝이 아니었다. 윤석열 정권의 여성가족부와 오세훈 시장의 서울시는 중고생촛불집회에 참가한 중고생 동아리가 있다면 중고생 동아리에게 지급된 동아리 활동 지원금을 환수해 가겠다는 협박을 일삼고 있다. 이는 법적으로 결코 이룰 수 없는 위법한 일임에도 불구하고, 고작 한 달에 십만 원꼴, 일년을 다 합쳐야 백이십오만 원에 불과한 지원금을 환수하겠다고 핏대를 세우며 사정당국의 칼날을 중고등학생들한테까지 들이밀고 있다. 이러한 정권의 행태는 앞서 정부가 나서 중고생의 표현의 자유를 억압한 '윤석열차 사태'에 이은, 정부가 나서 중고생의 집회의 자유를 억압하는 '제2의 윤석열차 사태'임이 자명하다. 젖 먹던 힘까지 쏟아가며 중고등학생들과 싸움을 벌이겠다는 윤석열 정권에, 우리 중고등학생들은 굴복하지 않고 당당히 맞서 민주주의의 깃발을 지켜낼 것이다.

우리 중고등학생의 핏줄 속에는 능히 고동치는 항쟁의 정신이 깃들어 있다. 3·1 운동부터 4·19 혁명, 5·18 항쟁, 촛불혁명에 이르기까지, 우리 중고등학생들은 언제나 민주주의 수호를 위해 맨 앞열에 서서 피 흘리며 싸워왔다. 그리고 다시금, 역사는 우리 중고등학생들을 부르고 있다. 우리는 우리 중고등학생들을 향해 표현의 자유를 억압하고, 입시경쟁교육의 복고를 꿈꾸며, 민주주의를 파괴하며 중고생을 향한 탄압의 칼날을 휘두르는 윤석열 정권에 맞서, 광주학생

항일운동의 저항정신을 기리는 오늘 11월 3일 학생의 날을 맞이하여, 오랜 시간 놓아왔던 촛불을 다시금 잡아들 것임을 선언한다.

중고등학생 향한 표현의 자유 탄압 규탄한다!
극단적 입시경쟁체제 복고 야욕 규탄한다!
중고등학생까지 정치탄압과 보복의 칼날을 휘두르는
윤석열 정권의 비민주적 행태를 규탄한다!

민주주의 만세!

2022년 11월 3일

1,511명의 중고등학생·28곳의 중고교 총학생회·6곳의 지자체 청소년자치기구를 대표하여 촛불중고생시민연대·중고협(전국중고등학생대표자·학생회협의회)·박근혜퇴진중고생촛불집회 대표 최준호가 발표함.

이태원 참사, 국가는 없었다.
윤석열은 퇴진하라!

156명의 목숨을 앗아간 윤석열은 퇴진하라!

우리는 이번 이태원 참사를 바라보며 수많은 의문과 마주했다. 왜 다시 이런 사회적 참사가 재발한 것인지, 우리가 그것을 막을 수는 없었는지 많은 국민이 죄책감에 휩싸였다. 참사 이후 며칠이 지났지만, 아직도 가슴이 먹먹하고 답답한 느낌은 지워지지 않는다. 우리는 세월호 참사 이후 다시는 사회적 참사로 인해 누군가가 죽는 일이 없어야 한다고 외쳐왔고, 거리에서 촛불을 들며 이를 약속했다. 그러나 8년이 지난 지금, 무엇이 달라졌는가. 2022년 서울 한복판에서 사람들이 압사당해 목숨을 잃는 일이 어떻게 일어날 수 있단 말인가. 이는 결코 참가자 개개인의 잘못도 책임도 아니다.

그렇다면 누구의 책임인가 10만 명의 인파가 모일 것을 예상했지만 병력을 배치하지 않은 경찰, 부재했던 행정부, 그리고 책임을 회피하는 권력자들, 명백히 그들의 책임이다. 참사 당일 이태원에는 겨우 137명의 경찰이 배치되었고, 그나마도 대부분이 마약 단속을 위해 배치된 사복경찰이었다. 그러나 그날 윤석열의 퇴근길을 호위하는 데에는 700여 명의 경찰이 동원되었다. 그렇게 국민의 안전보다 자신의 안녕을 중시했던 윤석열은 참사가 발생한 골목을 찾아가 이곳에서 사람들이 그렇게 많이 죽었다는 거지라는 막말을 내뱉었다.

진상규명 없이 애도 기간을 선포하고 강요하며 책임을 회피하는 윤석열

애도 기간을 틈타 전쟁 훈련을 일삼으며 전쟁을 국민의 목전까지 들이미는 윤석열

국민의 안전과 생명에는 단 한 줌의 관심도 없는 윤석열의 모습이 온 세상에 드러났다.

우리 모두 살기 위해, 우리의 친구들과 가족들을 지키기 위해 반드시 윤석열을 끌어내려야 한다.

윤석열은 후보자 시절부터 지금까지 노동자를 죽이고 서민들의 생존권을 위협해왔으며, 한반도에는 전쟁의 먹구름을 몰고 왔다. 어디 그뿐인가. 해외에 나가서는 굴욕적인 사대주의적 행보를 계속 이어가더니, 기어코 욱일기를 내건 일본의 항공모함을 독도 인근으로 끌어들였다.

항일 독립운동에 앞장섰던 선열들이 오늘날의 이 모습을 바라본다면 과연 어떻게 생각할 것인가. 해방된 지 70여 년. 과연 자주적인 나라는 완성되었는가 우리는 그 물음에 답할 수 없다. 세월호 참사

가 일어난 지 8년, 과연 국민의 생명이 보호되는 안전국가는 건설되었는가 우리는 그 물음에 답할 수 없다. 박근혜 퇴진의 촛불이 타오른 지 6년, 과연 민주주의는 이 나라에 뿌리내렸는가 우리는 그 물음에도 답할 수 없다. 진정 자주적이고 민주적인 국가를 건설하는 것은 윤석열이 존재하는 한 불가능하다. 윤석열이란 존재가 우리 사회의 이 모든 발전을 가로막고 있다.

이에 우리 청년·대학생들은 지금의 대한민국이 비상시국임을 선포한다. 이젠 더 이상 미룰 것도, 참을 것도 없는 현실을 직시하며 다음과 같이 선언한다. 11월 12일 청년·대학생 행동의 날에서 이 땅의 청년·대학생들은 윤석열 퇴진의 목소리를 높일 것이다. 전국의 모든 청년과 대학생들은 11월 12일 광장으로 나와 촛불을 들자. 대한민국 사회의 모든 항쟁에는 청년, 대학생들이 앞장서 왔다. 우리가 살아갈 세상, 새로운 시대의 운명을 우리가 직접 쟁취하자. 두려움 없이 떨쳐나서자!

이태원 참사, 국가는 없었다. 윤석열은 퇴진하라!
국민 생명을 존재 자체로 위협하는 윤석열은 퇴진하라!
청년·대학생이 앞장서서 윤석열 정권 퇴진시키자!

2022년 11월 4일

윤석열퇴진대학생운동본부 25개 대학 지부_서울시립대학교 지부, 중앙대학교 지부, 한국외국어대학교 지부, 이화여자대학교 지부, 동덕여자대학교 지부, 서울과학기술대학교 지부, 한양대학교 지부, 성공회대학교 지부, 광운대학교 지부, 인덕대학교 지부, 덕성여자대학교 지부, 단국대학교 지부, 건국대학교 지부, 명지대학교 지부, 가천대학교 지부, 한신대학교 지부, 성균관대학교(수원) 지부, 경기대학교 지부, 경북대학교 지부, 대구대학교 지부, 영남대학교 지부, 계명대학교 지부, 대구가톨릭대학교 지부, 전남대학교 지부, 목원대학교 지부

6개 지자체 지부_윤석열퇴진대학생운동본부 서울특별시 본부, 수원시 본부, 대구광역시 본부, 대전광역시 본부, 광주광역시 본부, 부산광역시 본부

이태원 참사
미주동포 시국선언

"삼가 이태원 참사 희생자들께 애도를 표하며,
부상자 모두의 신속한 쾌유를 빌고,
유가족을 비롯 희생자들의 가족과 친구와 모든 지인들께
위로의 마음을 전합니다.
또한 이태원 참사로 인해 트라우마에 시달리는
모든 국민들의 안전한 대한민국을 간절히 기원합니다."

우리 350만 미주한인들은 검사 윤석열이 0.73% 차이로 당선될 때 국정운영이 우려되었으나, 민주주의의 꽃인 선거에 승복하고 윤석열 정권을 받아들였다. 우려했던 대로 창피하고 망신스러운 외교참사에도 참아왔던 미주동포들이다. 상식도 공정도 없는 인사참사와 '제정 러시아 패망' 때처럼 주술에 사로잡힌 국정운영으로 마침내 꽃다운 젊은이 156명을 죽음으로 내몰았다.

국가는 국민의 생명과 재산을 보호해야 할 책임이 있는데도 국가는 지켜주지 못했다. 국민을 지킬 누구도 출동하지 않았고 조치가 없는 치안공백 상태로 인해 참사는 벌어졌다. 참사 책임자들은 변명과 회피로 일관하고 망언으로 국민을 속이고 있다. 젊은이들이 왜 죽었는가? 왜 그들을 지켜주지 못했는가? 이제 그 책임을 묻고 다시는 이런 참사가 발생하지 않도록 해야 한다.

우리 미주한인들은 이태원 참사 진실 규명을 위해 다음과 같이 주장한다.

1. 이태원 참사는 대통령실 이전으로 인한 경호상 문제, 재난관리 시스템 무작동, 윤석열의 주술 중독과 알코올 중독으로 지휘 체계가 무너진 총체적 국가 시스템 붕괴로 인함이다. 윤석열은 무능하고 무지한 검찰 무단정치를 중단하고 자진 사퇴하라.

2. 외신들 앞에서 농담이나 던지는 한덕수 국무총리, 경찰국을 신설하고 통제에 들어갔던 이상민 행정안전부장관, 지지율 회복을 노린 함정 마약 단속으로 치안 공백 초래한 한동훈 법무부장관, 늦장 대처한 윤희근 경찰청장은 즉각 사퇴하라.

3. 직무 태만, 무대책으로 참사를 미연에 방지하지 못한 김대기 대통령비서실장, 막말을 뱉어내는 천박하고 오만한 김은혜 홍보수석과 무능한 모든 수석들, 그리고 지역 책임자 오세훈 서울시장, 박희영 용산구청장은 즉각 사퇴하라.

4. 국회는 이태원 참사 국정조사를 즉각 실시하고, 특검으로 권력 서열 1위, 이태원 참사의 주술사 천공 박수무당을 즉각 구속하라.

5. 교회를 무너뜨린 사이비 집단 신천지, 구원파, 기독교 뉴라이트 극우 세력과 이들을 교회 안에 용인하고 정치적으로 공조한 한국 교회는 피워보지 못한 청년들의 희생 앞에 눈물로 회개하라.

2022년 11월 11일

이태원 참사 진실규명 미주위원회

피해자의 인권과 존엄을 무시한 굴욕적인 강제동원 해법을 당장 철회하라!

우리는 2018년 대법원에서 역사적인 승리를 쟁취한 일제 강제동원 피해자들에게 일본 가해기업의 사죄와 배상이 빠진 채 한국 기업들의 기부금만으로 판결금을 대신하여 지급하겠다는 윤석열 정부의 굴욕적인 해법안에 강력히 반대한다.

강제동원 피해자들의 인권과 존엄을 무시하는 윤석열 정부의 해법안은 사법부 판결을 행정부가 무력화시키는 조치로 삼권분립에 반하여 헌법을 부정하는 것이다. 또한, 이 해법안은 식민지배의 불법성을 확인한 대법원 판결의 역사적 의미를 훼손하는 것이고, 일본의 압력에 굴복하여 대한민국의 사법 주권을 포기하는 것과 다름없다. 더구나 1965년 한일청구권협정으로 모든 것이 해결되었다는 일본 정부의 입장에서 일본 정부에게 면죄부를 주는 것이라는 점에서 역사부정이며, 역사정의를 훼손하는 것이다. 윤석열 정부가 이 해법안을 끝까지 고집한다면 일본군성노예제 문제에 대한 '2015한일합의'와 같은 외교 참사로 역사에 기록될 것이며 시민들의 거센 저항을 피할 수 없을 것이다.

1.

2018년 일제 강제동원 피해자들이 쟁취한 대법원 판결은 일본의 조선에 대한 식민지배가 불법이며 침략전쟁의 수행과 직결된 강제동원·강제노동이 반인도적 불법행위라는 점을 명확히 밝혔다. 이는 제국주의 국가들이 경쟁적으로 벌인 식민지 지배가 반드시 청산해야 하는 역사라는 점을 분명히 한 세계사적 판결이며, 국가 중심의 국제법에서 개인의 인권 중심의 국제법으로 발전해 온 국제인권법과 국제인도법의 성과를 반영한 획기적인 판결이다.

또한, 이 판결은 1965년 박정희 정권이 추진한 한일 국교 정상화 당시 한국 정부와 일본 정부가 피해자들의 인권을 무시하고 정치적 타협으로 과거사 청산을 외면한 채 한일청구권협정을 체결한 것에 대해 피해자들이 일본과 한국에서 벌인 20여 년의 법정투쟁을 통해 이른바 '65년 체제'를 마침내 극복한 역사적인 판결이다. 나아가 1987년 한국의 민주화와 1991년 일본군 '위안부' 피해자 김학순 할머니의 최초 공개 증언 이후 1990년대 후반부터 일본에서 본격적으로 제기된 전후보상 소송 투쟁의 성과가 맺은 결실이라는 점에서 일본의 식민지배와 침략전쟁에 대한 책임을 추궁해온 한국과 재일동포, 일본 시민들이 피해자들과 함께 벌여온 끈질긴 연대투쟁이 이루어 낸 역사적 승리이다.

한국 대법원에서 판결이 최종 확정되자 강제동원 피해자들은 비로소 자신들의 오랜 투쟁이 결실을 보아 사죄와 배상을 통한 권리회복의 길이 활짝 열릴 것이라 기대했다. 그러나 일본 정부는 판결 직후부터 4년이 지난 지금까지 한국 최고 법원에서 내린 판결에 대해 '국제법 위반'이라는 단 한마디만을 무한 반복하며 한국의 사법 주권을 무시하고 있다. 2019년 아베 신조 총리는 한국에 대한 수출규제로 한일관계를 파탄으로 몰고 갔다. 한편, 일본제철, 미쓰비시중공업, 후지코시 등 가해기업은 강제동원 피해자들의 인권을 침해한 책임을 인정하고, 사죄와 배상을 통해 판결을 이행하기는커녕 일본 정부 뒤에 숨어서 피해자 측과 일체의 대화마저 거부하고 있다.

2.

윤석열 정부는 대법원의 판결을 존중하고 이행하기 위해 노력하기는커녕 출범 이후 일관되게 한미일 군사동맹, 한일관계 정상화를 위한다는 명분으로 일본 정부의 눈치만 보며 굴욕외교에 매달리고 있다. 외교부는 대법원에 강제동원 피해자들의 정당한 권리인 현금화를 미뤄달라는 의견서를 제출했다. 사법 농단이라는 범죄를 배경으로 만들어진 민사소송규칙을 활용하여 범죄에 가담한 외교부가 아무런 반성도 없이 판결의 정당한 집행 절차를 지연시킨 것이다. 또한, 외교부는 강제동원 피해자 양금덕 할머니의 국민훈장 수여조차 뚜렷한 이유 없이 가로막았다.

윤석열 정부는 출범 이후 피해자들의 권리를 소멸시키는 방법을 찾는 데에만 몰두해 왔다. 대법원 판결의 역사적 의미를 존중하여 피해자들이 원하는 사죄와 배상을 실현하기 위해 노력하기보다는 '2015 한일합의'의 실패를 되풀이하지 않고 '돈'으로 이 문제를 봉합

할 방법을 찾는 데에만 모든 힘을 쏟아왔다. 피해자들이 요구하는 가해기업으로부터의 정당한 사죄와 배상이 아니라 피해자들을 기부금을 구걸하는 처지로 내모는 윤석열 정부는 피해자들의 인권을 짓밟고 모욕하며 누구를 위해 한일관계를 정상화하고, 누구를 위해 한미일 군사동맹을 강화하려는 것인가?

2018년 대법원 판결은 박근혜 정권과 양승태 사법부, 피고 가해기업을 대리한 김앤장까지 가담한 불법적인 사법 농단으로 최종 판결이 5년이나 늦어졌다. 1, 2심에서 패소한 피해자들은 2012년 5월 24일 대법원에서 역전 승소했지만, 2013년 파기환송심 판결 뒤에 한국 사회의 최고 엘리트집단이 결탁하여 추악한 재판거래를 저지른 사법 농단이 있었다. 2013년 파기환송심 판결로부터 5년이 지나 2018년 대법원 판결이 확정될 때까지 사법 농단이 자행되는 동안 많은 피해자께서 돌아가셨다. 피해자들의 '목숨을 대가로 한 재판거래'라는 상상을 초월한 범죄로 피해자들이 끝내 승소 판결을 보지 못한 것이다. 그 뒤 판결의 이행이 지연되는 동안 세상을 뜨신 피해자들도 적지 않다.

윤석열 정부는 김기춘을 비롯한 사법 농단의 범죄자들에게 면죄부를 주었고, 양승태는 아직도 처벌을 받지 않고 있으며, 대법원은 뚜렷한 이유 없이 현금화를 미루고 있다. 과연 이런 세상이 그들이 말하는 법과 원칙, 상식과 공정이 바로 선 세상인가?

3.

80년 전 10대의 나이에 식민지 조선에서 강제로 끌려가 침략전쟁의 한가운데서 죽음의 고비를 수없이 넘어 살아남은 강제동원 피해자들은 자신의 인권과 존엄을 되찾기 위해 일본 정부와 가해기업의 사죄와 배상을 요구하며 평생을 싸워왔다. 90대의 피해자들이 평생을 외롭게 싸우는 동안 한국 정부는 그 어떤 도움도 주지 않았다.

피해자들의 목숨을 대가로 한 사법 농단과 '2015 한일합의'를 강행한 박근혜 정권의 몰락을 역사는 똑똑히 기억하고 있다. 1945년 해방으로부터 73년이 지난 2018년 마침내 피해자들이 끈질긴 투쟁으로 쟁취한 대법원 판결을 무력화시키려는 윤석열 정부를 역사는 절대로 용납하지 않을 것이다.

윤석열 정부는 강제동원 피해자들의 인권을 짓밟는 굴욕적인 해법을 당장 철회하고, 대법원 판결의 이행을 위해 일본 정부에 당당하게 맞서라. 우리는 일본 정부와 가해기업의 진정한 사죄와 배상을 통해 강제동원 피해자들이 인권과 존엄을 되찾고 역사 정의가 바로 서는 그날까지 피해자들과 굳건히 손잡고 싸워나갈 것이다.

2023년 1월 12일
한일역사정의평화행동 등 단체 965곳과 개인 3123명 일동

해외 촛불행동
시국선언문

우리 재외 동포들은 몸은 비록 타국에서 살고 있지만 우리의 조국 대한민국을 늘 마음에 품고 살아가고 있다. 우리는 일제 강점기 때 조국의 독립과 해방을 위해, 군부 독재 정권을 몰아내기 위해, 그리고 민주주의와 평화통일을 위해, 해외에서도 함께 투쟁했던 역사를 자랑스럽게 생각한다. 그런데, 독립운동가들과 애국선열들의 희생으로 일구어 놓은 대한민국의 민주주의와 국격을 윤석열 정부는 단숨에 추락시키고 있다. 세계 선진 반열에 올랐던 대한민국이 언론 탄압, 민주주의 퇴보, 전쟁 위기, 외교 참사, 민생 파탄, 그리고 사상 최악의 500억 달러에 육박하는 무역적자로 인한 경제 파탄 등으로 전 세계 많은 사람이 부러워하던 나라에서 하루아침에 국제적으로 웃음거리가 되는 나라로 전락하고 있으니 참으로 개탄스럽고 조국의 앞날이 심히 걱정된다.

우리는 전 검찰총장 윤석열이 지난 대선에서 0.73% 차이로 당선될 때 범죄자 취조만 해 봤지 정치와 행정 경험이 전무한 대통령에 대한 우려가 컸지만, 대한민국을 위해서 윤석열 정권이 잘 되기를 진심으로 바라는 마음이 간절했다. 그러나, 취임한 지 채 일 년도 안된 지금 우리의 조국 대한민국에서 들려오는 소식은 참담하고도 부끄러운 소식뿐이다. 대통령과 영부인이 해외에 나갈 때마다 매번 낮부끄러운 외교 참사가 일어나고, 지난해 10월에는 서울 한복판을 걷다가 꽃다운 젊은이 159명이 압사당하는 어처구니없는 일도 발생했다. "국가는 국민의 생명과 재산을 보호해야 할 책임이 있다"고 대한민국 헌법은 명시하고 있다. 하지만 국민들의 살려달라는 소리는 외면한 채 국민의 안전을 지켜야 할 정부와 여당은 오히려 변명과 회피로 일관하고 있으며 희생자들과 유가족들에게 망언을 쏟아내는 등 2차 가해도 서슴지 않고 있다.

또한 윤석열 대통령 후보 시절 뒤에서 조용히 내조만 하겠다고 기자회견까지 했던 김건희 여사는 누가 대통령인지 모를 정도로 국정 전면에 나서고 있다. 그뿐만 아니라, 멀쩡한 청와대를 놔두고 1조가 넘는 천문학적인 혈세를 쏟아부어 가며 대통령 집무실을 용산으로 급히 옮기느라 그로 인해 계속해서 많은 문제가 발생하고 급기야는 '천공'이라는 사이비 종교 교주가 이에 개입되었다는 국방부 관계자의 폭로가 나오고 있다.

우리는 이러한 대한민국의 현 시국을 더 이상 지켜보고만 있을 수 없어 무너진 민주주의를 되살리고 평화의 한반도, 국민의 주권 회복을 위해 다시 촛불을 들고자 한다. 빼앗긴 나라를 되찾기 위해 목숨을 걸고 우리 민족의 독립 의지를 전 세계에 천명한 '2.8 독립선언'과 '3.1 운동'의 정신을 이어받아, 우리는 결연한 마음으로 다시 촛불을 들어 2017년 미완의 촛불혁명을 완수할 것이다.

　우리 재외 동포 민주 시민들은 윤석열 정부와 국회, 그리고 사법부에 다음을 천명한다.

　1. 윤석열 정부는 '10.29 이태원 참사'로 희생된 159명의 희생자와 유가족들에게 즉각 사과하고 철저한 진상 규명과 책임자 처벌을 조속히 실행하라!

　2. 주가조작으로 자본시장을 유린하고 논문 표절, 학력과 경력 위조 등 온갖 거짓으로 일관하고 있는 '김건희 특검법'을 제정하여 명명백백하게 성역 없이 수사하라!

　3. 무능하고 무지한 윤석열은 더 이상 대한민국을 망치지 말고 퇴진하라!

2023년 2월 20일

해외 촛불행동(11개국 35개 도시)

미국(로스앤젤레스, 워싱턴 DC, 뉴욕, 뉴저지, 보스턴, 라스베이거스, 인디애나, 델라웨어, 필라델피아, 애틀랜타, 노스캐롤라이나, 시애틀, 샌디에이고, 버지니아, 메릴랜드, 테네시), 캐나다(토론토, 오타와, 앨버타, 뉴웨스터민스터, 밴쿠버), 독일(베를린, 볼켄, 프랑크푸르트, 함부르크, 하팅엔), 프랑스(파리, 노르망디), 싱가포르, 일본(동경), 뉴질랜드(오클랜드), 남아프리카공화국, 케냐, 태국, 호주(시드니)

※ 이후 12개국 42개 도시로 확대됨

A Statement on the Emergency Situation in South Korea

by the Overseas Candlelight Action

Though we live outside of our homeland, we live always with Korea near to our hearts. We are proud of the history of overseas Koreans supporting the fight for Korean independence during the Japanese colonial rule, against military dictatorships, and for democratization and peaceful reunification of Korea.

The current Yoon Suk-yeol government is downgrading South Korea's national stature. It is disheartening to witness South Korea becoming an international laughing stock as press suppression, regression of democracy, specter of war, diplomatic blunders have increased during his administration thus far and have tainted South Korea's image as an advanced nation on a global stage.

When former prosecutor general Yoon won the presidency with 0.73% difference, we were worried about his inexperience in politics and governance but wished that the Yoon government would do well.

But, less than one year into his presidency, the news from our homeland is dire. We hear about constant diplomatic blunders whenever the first couple goes on overseas visits. And, last October, 159 young people lost their lives in the heart of Seoul in an absurd disaster at Itaewon. Though the South Korean constitution states that "the government has responsibility to protect citizen's lives and properties," the government and the ruling party did not truly console families of victims, but turned to excuses and evasions to avoid responsibilities.

The first lady Kim Keon-hee, though she promised during the campaign to stay low key if Yoon got elected, has now come in front and center of national governance. It is said that she was involved with the hasty decision to relocate the presidential office from the Blue House to Yongsan, costing an astronomical cost to taxpayers (with news of pseudo religious leader being involved in this matter).

We cannot just stay idle while these worrisome developments are happening in our homeland. Therefore, we will be raising candlelight -- again -- and finish the unfinished Candlelight Revolution of 2017 in order to recover democracy and citizen sovereignty, and foster peace in the Korean Peninsula.

We declare and demand the following to the Yoon Government, the National Assembly, and the Judiciary of South Korea:

1. The Yoon Government should immediately apologize to the victims and families of the Itaewon Disaster, along with thorough investigations of truth and prosecution of responsible parties.

2. Fully investigate allegations on Kim Keon-hee of stock manipulations,

plagiarisms, and fabrication of resumes by enacting the "Kim Keon-hee Special Prosecution Law."

3. The immediate resignation of Yoon Suk-yeol.

February 20, 2023

Overseas Candlelight Action

굴욕적인 강제동원 정부해법 강행 규탄! 일본의 사죄배상 촉구!

3월 6일, 윤석열 정부는 가해기업의 사과도 배상도 참여도 없이 우리 기업의 기부를 모아 국내 재단이 대신해 피해자들에게 보상하는 안을 강제동원 '해법'으로 공식 발표했다. "대한민국의 높아신 국격과 국력에 걸맞은 대승적 결단"으로 "우리 국민의 아픔을 적극적으로 보듬는 조치"이자 "대법원 판결을 존중하면서 실질적 해법을 제시"했다고 자화자찬하며 일본의 '성의 있는 호응'을 다시 구걸했다. 정부 관계자와 여당의 핵심 관계자들은 '강제징용 문제가 2018년 우리 대법원 판결로 불거졌다'며 '죽어도 배상 못하겠다는 일본 정부와의 미래지향적 관계'를 위해 '결단'을 했다는 망언을 쏟아냈다. 일본의 일방적 수출규제에 맞서 제기한 세계무역기구 분쟁해결절차를 중단한다고도 밝혔다.

가해사실을 부정하고 피해국에게 해법을 가져오라 윽박지르던 일본 정부는 의기양양 오만한 태도로 사과나 배상 참여 없이 과거 정권의 담화 계승 의사만 외무상의 입을 통해 표명했다. 피고기업 일본

제철과 미쓰비시 중공업도 배상문제는 "1965년 한일청구권협정으로 이미 해결되었다"며 추후에도 나설 뜻이 전혀 없음을 밝혔다.

이로써 윤석열 정부는 대한민국의 국격을 땅에 떨어뜨리고, 국민의 아픔을 다시 짓밟으며, '식민지배는 불법'이라는 우리 헌법의 근본 질서를 스스로 훼손했다. 대법원 판결을 무력화하면서까지 가해자에 머리 조아리며 면죄부를 주었다. 대한민국 국민들에게 씻을 수 없는 굴욕감을 주고, 인권을 유린당한 일제 피해자들을 불우이웃 취급하며 모욕감을 안기는 2차 가해를 자행했다.

실로 참담하다. 대한민국 헌정사에 이처럼 본말이 전도된 백기투항 망국적 외교참사가 있었던가. 윤석열 정부에게 국민은 누구이며 국가의 존재 이유는 무엇인가. 소송당사자들은 일제히 반발했고 양금덕 할머니는 '굶어 죽어도 이런 식으로 안 받는다'며 분통을 터뜨리셨다.

피해자들이 오랜 세월 투쟁해 쟁취한 법적 권리를 소멸시키고 강제동원과 청구권협정에 대한 최종적인 법적 판단을 무시한 굴욕적 해법이 검찰출신 대통령과 검찰출신들이 장악한 행정부에서 나왔다는 사실이 더 충격적이다. 입만 열면 '법대로'를 외치고 자의적 법의 잣대로 무고한 시민들을 겁박하고 탄압하는 자들이 민주주의의 기본 원리인 삼권분립을 위반하고 '한일관계 개선'을 빌미로 일제가 자행한 반인도적 범죄행위에 면죄부를 주었다.

2018년 대법원 판결의 핵심은 일제의 한반도 불법강점, 이로 인한 반인도적 불법행위 중 하나인 강제동원 피해자에 대한 법적책임을 인정한 것이다. '강제동원은 한일청구권협정의 적용대상이 아니'

기 때문에, 미쓰비시 등 전범기업이 피해자 개인에게 "불법 행위에 따른 손해배상" 책임을 져야 한다고 명시했다.

그러나 이번 해법은 '한반도 불법강점은 없었다', '강제동원은 애당초 존재하지 않는다', '1965년 한일청구권협정으로 배상문제는 다 해결되었다', '배상 관결은 국제법 위반이다'는 등 일본 우익과 일본 정부의 주장을 고스란히 받아들인 꼴이 되었다. '2015 한일 위안부 합의'보다 못한 퇴행이요, 최소한의 국가의 역할조차 방기한 대참극이다.

한국 전경련과 일본 경단련의 '미래청년기금' 조성이라는 후속 조치는 이런 치욕적인 상태를 가리려는 전형적인 물타기요, 미래세대를 식민화하려는 음모다. 일본 유학생을 위한 장학기금 조성이 한반도 불법강점, 강제동원과 무슨 관계가 있으며, 피해자들의 고통과 아픔을 치유하기 위한 방안과 무슨 연관성이 있는가. 양국 기업이 나서 제국주의, 식민주의, 군국주의 정신에 투철한 인간을 체계적으로 길러내 자신들의 탐욕을 위한 도구로 사용하겠다는 말인가.

일본 정부의 공식 사과 대신 '김대중-오부치 선언' 계승을 내미는 것도 면피용 계책에 불과하다. 당시 오부치 일본 총리는 '일본이 과거 한때 식민지 지배로 인하여 한국 국민에게 다대한 손해와 고통을 안겨 주었다는 역사적 사실을 겸허히 받아들이면서', 이에 대한 '통절한 반성과 사죄'를 표명했다. 미래지향적 한일관계의 조건이 일본 정부의 책임 인정, 반성과 사죄임을 명시했다고 평가할 수도 있다. 그러나 일제의 반인도적 불법행위에 대한 구체적인 책임인정이나 강제동원에 대한 직접적 사죄와는 한참 거리가 멀다. 무엇보다 일본 정부는 이후 그 추상적인 약속조차 제대로 이행하지 않고 퇴행에 퇴행을 거듭해 왔다. 거짓으로 거짓을 덮고 자기합리화와 역사지우기를 위한 영혼 없는 면피용 선언에 불과했음을 스스로 입증해 왔다. 고노담화 계승을 말로만 외치며 일본군성노예제를 부인하고 역사교과서 왜곡을 자행하며 피해자들을 모독했던 사실을 윤석열 정부는 잊었는가. 일본이 진정으로 '통절한 반성'을 한다면, 지금이라도 사죄하고 한국 대법원의 판결을 따르면 될 일이다.

그러므로 초점은 5여 년간 지속된 '배상 문제 해결', '이를 통한 미래지향적 한일 관계 개선'이 아니다. 일제의 침략으로부터 대한민국 민중들이 어렵게 쟁취한 민족자존과 해방, 민주주의의 역사를 근본적으로 부정하면서 윤석열 정부 스스로 국가의 존립근거와 헌법질서를 무너뜨렸다는 점이다. 처참한 역사 인식을 바탕으로 다시 미래세대의 발목을 잡는 심각한 역사적 퇴행을 자행했다는 점이다. '한일관계 정상화'라는 구실로 일제 피해자들을 제물삼아 미일 안보동맹의 하위 파트너로 머리 숙이고 들어가려 했다는 점이다.

2023년 3월 6일은 대한민국 헌정 사상 최악의 날, 제2의 국치일로 기록될 것이다. 1910년 경술국치일, 나라를 팔아먹은 친일파들이 자화자찬하고 일왕에게 그 은공을 칭찬받으며 작위를 받던 날을 우리는 잊지 않는다. 역사를 망치고 민중의 피와 삶을 지우고 사법주권을 포기하면서까지 진행된 '주고받기식' 야합의 말로가 어떻게 될지 똑똑히 보여주고자 한다. '미래'와 '기회'라는 사탕발림으로 가린 채 대한민국 국민의 권리와 역사를 가해국에 팔아먹은 대가가 어떤 것인지 반드시 보여줄 것이다.

우리는 오늘의 수치를 잊지 않고 분노를 마중물 삼아 정의와 민주주의, 인권과 평화를 위해 더 힘차게 투쟁할 것이다. 공식 문서 한 장 없는 이 희한한 해법을 무력화시키기 위해, 피해자의 존엄과 명예회복을 위해, 법적 소송은커녕 고국 땅조차 밟지 못한 채 억울하게 구천을 떠돌고 있을 수많은 일제 피해자들의 원한을 풀기 위해 최선을 다할 것이다. 대한민국의 자존과 국민의 안녕을 위해, 동북아의 항구적 평화를 위해 끝까지 노력할 것을 다짐한다.

2023년 3월 7일

긴급 시국선언 참가자(1464개 단체와 9020명의 개인) 일동

"윤석열 정부는 굴욕적이고 위험한 강제동원 판결 관련 해법을 철회하라"

윤석열 정부의 일제 강제동원 판결 관련 해법에 대한 비판 성명서

지난 3월 6일 윤석열 정부는 강제동원 관련 대법원 판결을 이행하는 문제에 대한 해법을 발표했다. 그 요지는 한국 기업의 자발적 기여로 2018년 10월 대법원 확정판결을 받은 원고에게 배상금과 지연이자를 지급하는 것이다. 그러나 당사자인 일본 기업의 책임 언급이나 판결 이행 요구가 없다는 점에서 우리 대법원의 판결을 정면으로 짓밟은 결정이었다. 대한민국 사법부의 권위나 삼권분립의 원칙 등 헌법적 질서에 대한 존중이 온데간데없이 실종되었으며, 생존한 피해 당사자인 소송 원고의 반발이 보여주듯이 피해자에 대한 최소한의 존중도 없는 일방적인 해법에 불과하다.

국민의힘의 전신인 자유한국당조차 2018년 당시 대법원 판결을 환영하는 논평을 발표하며 "강제징용 피해자의 권리가 구제되고 역사를 바로세우는 계기로 일본의 태도 변화를 기대"한다고 밝힌 바 있다. 한국의 시민사회와 문재인 정부가 대법원 판결을 구체화하기 위해 내놓은 해법들을 논의하는 과정에서 자유한국당의 나경원 원

내대표와 바른미래당의 하태경 의원이 각각 내놓은 '2+1(한국 정부와 기업+일본 기업)안', '2+2(한국 정부와 기업+일본 정부와 기업)안' 등에도 일본 피고 기업의 책임을 묻는 내용이 포함되어 있었다. 그런데 지금에 와서 대통령과 정부, 집권당이 하나같이 이 굴욕적이고 일방적인 해법을 제시하고 지지하는 어이없는 언행을 보이고 있다.

현 정부의 해법은 굴욕적이고 일방적일 뿐 아니라 위험한 발상이기도 하다. 현 정부는 한일관계 악화의 모든 책임이 직전 문재인 정부에 있다는 편견에 찬 인식 위에서 그동안 어렵사리 진행되어 온 한반도 평화프로세스를 완전한 실패로 규정하고 한미일 안보협력을 강화한다는 전략적 선택을 했다. 이는 한국의 역대 정부와 시민사회가 한반도 평화체제 구축이 일본을 포함한 동북아시아 평화체제 구축 속에서만 원만하게 실현 가능하다고 보는 인식에 등을 돌린 것이다. 현 정부의 해법은 국제사회는 물론 일본의 양식 있고 건강한 시민사회를 외면한 채 일본의 극우세력과 극우 정치권의 입장에 투항하는 일이며, 북미간의 군사적 긴장 고조, 러시아-우크라이나 전쟁, 미중 갈등 등으로 확산되고 있는 정치적·군사적 긴장을 부추김으로써 한반도 안보를 불안과 위기에 빠뜨리는 위험천만한 정치적 선택이다.

우리의 대법원 판결을 존중하여 일본 기업의 책임을 확인하고 그에 따른 해법을 실행하는 일은 양보할 수 없는 최소한의 원칙이다. 대법원은 이미 2012년에 '1910년 강제병합조약이 불법이었고 일제의 지배는 불법적인 강점에 지나지 않는다'는 역사인식을 전제로 '외교협정으로 개인청구권이 소멸할 수 없다'는 취지의 판결을 내린 바 있고, 2018년 판결로 마침내 피해자들이 손해배상을 이행할 수 있는 길을 열었다. 이는 지난 수십 년간 한국 사회가 강제동원 등을 둘러싼 과거사 문제의 해결을 위해 기울인 노력 끝에 이룩한 중요한 결실이었고, 피해자 중심 문제 해결이라는 국제사회의 인권규범을 재확인한 것이었으며, 한국 사회가 달성한 민주주의적 성취 위에서 가능했다.

그럼에도 불구하고 일본은 우리의 대법원 판결에 대한 불만으로 2019년 수출규제조치를 통해 국제 교역질서를 어지럽히며 한국 정부를 부당하게 압박했으며, 이것이 한일관계 악화의 가장 가깝고 큰 원인이다. 그러나 일본 정부는 수출규제조치 철회조차 우리 정부가 진행하고 있는 세계무역기구(WTO) 제소 절차 중단을 선결조건으로 삼는 오만한 입장을 유지하고 있다. 동시에, 한국과 일본의 역대 정부가 과거사와 관련하여 합의에 도달한 내용과 그 정신을 계승할 것이라는 기시다 일본 총리의 모호한 입장은 기만적이며 한국과 한국 국민을 우롱하는 것이다. 한마디로 말해, 우리 정부는 아무것도 얻어내지 못한 채 굴욕적이며 위험하기 짝이 없는 해법을 내놓은 것이다.

생존 피해자들이 정부의 해법을 거부하는 한, 대법원 판결에 따른 법적 절차는 그대로 진행될 수밖에 없다. 이것은 민주국가, 법치국가에서는 당연한 일이다. 다시 말해, 정부의 해법은 문제의 해결이 결코 아니며 새로운 문제와 갈등의 시작일 뿐이다. 이 명백한 사실을 일본 정부와 정치권도 직시해야 할 것이다.

이대로 간다면 한일관계는 장기적으로 더 악화되고 불안정해질 것이며, 한미일 군사협력이 가속화하는 가운데 한미동맹이 미일동맹의 하위동맹으로 편입되어 대한민국의 자주성이 크게 훼손될 것이다. 이것은 이미 글로벌 중견국가로 도약한 대한민국의 선택지가 될 수 없다. 한국 사회가 지난 수십 년간 피땀을 흘려 얻어낸 민주주의적 성취를 통해 이룩한 결실을 무시하며 진행되는 한미일의 군사협력은 결코 한국인들을 지켜줄 수 없을 것이며, 결국 미국과 일본의 패권 강화로만 기울어질 가능성이 매우 높다.

윤석열 정부는 3월 6일에 발표한 해법이 진정한 해법이 될 수 없음을 인정하고 즉시 그것을 철회해야 한다. 더불어 우리 대법원의 판결을 존중하는 가운데 일본 정부와 기업이 합당한 정책 전환을 하도록 설득하고 압박해야 한다. 윤석열 정부는 지금이라도 국민의 비판에 귀를 기울이고, 피해자 중심 문제 해결이라는 국제사회의 인권규범을 따라야 한다.

2023년 3월 14일
서울대 민주화교수협의회

국민무시, 역사부정
한일 정상회담 규탄
전국 대학생 동시다발 시국선언문

3월 6일에 발표된 일제강점기 강제동원 피해자 배상 해법은 '최악의 굴욕 외교'였다.

2018년 강제징용 대법원 판결 이후, 피해자들이 요구하는 일본 정부와 피고 기업의 '직접 사과와 배상'이 제외된 "제3자 변제방식"이 3월 6일에 해법안으로 발표되었다. 가해 전범기업인 미쓰비시중공업, 일본제철이 아니라 한국 정부 산하 재단의 한국 기업들이 마련한 기금으로 판결금을 지급하는 이번 해법안은 전쟁범죄에 대한 일본 정부의 책임을 모두 지워주었다. 그러나 윤석열 대통령은 이번 해법안이 "미래 지향적인 한일 관계로 나아가기 위한 결단이었다"며 반인권적, 반역사적인 결정을 정당화했다. 해법안이 발표된 후 사흘 만에, 일본 외무성은 "강제노동은 없었다"며 강제징용 문제에 대한 일본 정부의 책임을 전면적으로 부정했다. 피해자들의 동의조차 구하지 않은 윤석열 정부의 강제징용 해법안은 역사를 후퇴시켰다.

강제동원 해법안으로 역사를 지운 윤석열 대통령, 다가오는 한일 정상회담에서는 또 무엇을 내어줄 것인가?

　내일부터 12년 만에 한일정상회담이 일본에서 재개된다. 한국 정부는 강제동원 피해자 문제를 황급히 덮어버리고 일본의 반도체 소재 수출규제 해제와 한일 군사정보보호협정(지소미아) 정상화 등 한일 관계 개선에 속도를 낸다는 방침을 보이고 있다. 하지만 일본 정부는 한국 해군 군함에 저공 위협비행을 일삼은 초계기 사건, 일제 강제동원 현장이었던 사도광산의 유네스코 등재, 후쿠시마 오염수 방류 문제에 대해 한국 정부의 해결을 되려 요구하고 있다. 게다가 "식민지 한국에겐 일본이 형님뻘"이라는 망언을 일삼으며 한국의 국격을 깎아왔으며, 독도를 자국영토라고 강변하는 일본해상 자위대는 사상 처음으로 욱일기를 달고 동해상에서 군사훈련을 진행했다. 이런 일본 정부와 과거사 문제를 졸속적으로 합의하고 군사협력을 공고히 한다면 자국민의 안전이 지켜지기는커녕, 전쟁위기는 고조되고, 평화는 위협받게 될 것이다. 결국 윤석열 대통령이 일본에게 내어준 것은 대한민국 국가와 국민의 안전이다.

　2023년, 대학생이 나서서 역사와 정의를 지켜내자.

　윤석열 정부는 과거사 문제 해결을 요구하는 국민의 목소리에는 귀를 막고, 한일 정상회담을 밀어붙이고 있다. 심지어 미래세대를 위한다는 명분으로 '미래청년기금'을 조성하여 문제 해결의 본질도 흐려버렸다. 일제강점기 전쟁범죄 피해자들을 지키지 못하고, 일본에게 굴욕적인 태도를 보이는 정부의 행보를 바꾸지 않는다면, 이번 정상회담은 1965년 한일청구권협정, 2015년 한일합의 이후 다시 한번 우리 외교에 씻을 수 없는 과오가 될 것이다.

지금으로부터 8년 전, 일본군 '위안부' 피해생존자분들을 배제한 채 불가역적이고 부당한 한일합의를 무효화하는 길에 대학생들은 시국선언으로, 거리에서 소녀상 곁을 지키며 피해자들과 함께했다. 과거를 지워 얻을 수 있는 미래는 없다. 이에 평화나비 네트워크는 오늘 시국선언을 시작으로 국민을 무시한 채 진행되는 한일정상회담을 규탄하고, 과거사 문제의 정의로운 해결을 요구한다.

1. 굴욕적인 한일정상회담 반대한다!
2. 졸속적 강제징용 해법안 철회하라!
3. 일본 정부는 과거사 문제에 대한 책임을 인정하라!
4. 무능 굴욕 외교 윤석열 정부 규탄한다!

2023년 3월 15일

평화나비 네트워크_노원대학생기행, 대학생겨레하나, 진보대학생넷, 대학생 역사동아리연합, 서울-인천 사다리연합, 서울여대 사다리, 숙명여대 사다리, 이화여대 사다리, 동국대 사다리, 한양대 사다리, 인천대 사다리, 성공회대 사다리, 대전 사다리, 대구대 시선, 경상대 역사의 참견, 창원대 뿌리, 대학생 날갯짓, 서울여대 겨레하나, 이화 생활도서관, 이화 노학연대모임 바위, 장애인권을 고민하는 틀린그림찾기, 이화 성소수자 인권운동모임 변태소녀하늘을날다, 행동하는 이화인, 이화인 수업권 찾기 프로젝트 CLASS UP, 중앙대 인권위원회(이하 25개 단위)

국가수반의 임무를 저버린다면, 차라리 내려와야 한다

강제동원 망국적 '해법'에 대한 동국대 민교협 성명서

지난 3월 6일 윤석열 정부는 일제 강제동원 관련 대법원 판결을 이행하는 문제에 대한 해법을 발표했다. 그 핵심 내용은 2018년 10월 대법원 확정판결을 받은 원고에게 배상금과 지연이자를 한국 기업의 자발적 기여를 통해 지급하는 것이었다. 그러나 가해자인 일본 기업의 책임과 판결 이행 요구를 배제했다는 점에서 우리 대법원의 판결을 실제적으로 무효화한다는 점에서 삼권분립의 원칙에 위배된다 하겠다. 대한민국 사법부의 결정을, 행정수반이 부정한다면 이는 심각한 국기문란이 아닐 수 없다. 게다가 일본 정부의 무책임에 맞서 이 기나긴 재판을 힘겹게 진행해온 국가폭력의 피해 당사자들의 억장을 무너뜨리는 결정이 아닐 수 없다.

현 정부는 이와 같은 결정의 이유로 '미래를 위한 결단'을 내세웠다. 어딘가 익숙하지 않은가? 1965년 한일청구권협정도 2015년의 위안부 합의도 모두 미래를 강조하며 맺은 것이었다. 당시 강조했던 그 미래가 2018년에 확정판결을 받은 소송과 지금의 모습이다. 윤석열 정부는 진실로 과거사 문제가 해소되었다고 생각하는가? 이번 협상은 과거 협상의 반복일 뿐이다. 벌써부터 강제동원 피해자들로부터 "굶어 죽어도 돈 안 받겠다"라는 말이 나오고 있지 않은가. 가해자 중심의 해결책은 결코 근본적인 해결이 될 수 없으며, "해결된 과거사를 또다시 들고 나오는 한국"이라는 일본 극우의 논리에 백기 투항하는 잘못일 뿐이다.

현 정부는 또 다른 이유로 '대선 공약 실천'을 내세웠다. '미래지향적 한일관계'를 만들어 나가자는 데에 누가 이의를 제기하겠는가. 그러나 그런 관계를 만드는 방법은 누구나 알듯이, 가해자의 진심 어린 사죄와 책임인정을 첫 단추로 요구한다. 정부는 자국민을 대표하여 이러한 단계를 이끌 책임이 있다.

대법원은 2012년에 '1910년 강제병합조약이 불법이었고 일제의 지배는 불법적인 강점에 지나지 않'음을 전제로 '외교 협정으로 개인청구권이 소멸할 수 없다'는 판결을 내렸다. 이어 대법원은 2018년 손해배상을 청구할 수 있는 확정 판결을 선고했다. 당시 자유한국당은 "강제징용 피해자의 권리가 구제되고 역사를 바로 세우는 계기로 일본의 태도 변화를 기대"한다고 밝힌 바 있다. 그러나 그 후신인 '국민의힘'은 이번에 대법원 판결을 실질무효화하는 조치에 두 손 들어 환영하고 있다. 이처럼 입장이 180도 바뀌는 어떤 논리도 제시하지 않으니 어찌 한심치 아니할 것인가.

현 정부는 또한 이번 결정으로 '국제사회'의 지지를 얻고 있다고 밝힌 바 있다. 그때의 국제사회는 어디를 말하는가? 책임 소재를 묻지 않아 반가운 일본인가, 한미일 공조 강화에만 골몰하는 미국인가? 우리 국민과 국익을 돌보지 않고 특정 국가의 요구에만 충실하다면 그를 과연 우리 국민의 대표자라 인정할 수 있겠는가. 피해자 중심의 문제 해결이라는 국제사회의 인권규범을 따라 진정한 국제사회의 지지를 얻을 수 있도록 노력하는 것이야말로 대한민국 정부의 책무가 아니겠는가.

윤석열 정부는 3월 6일에 발표한 해법이 과거의 과오를 반복하는 결정임을 인정하고 즉시 그것을 철회해야 한다. 더불어 자국민에게 또 다른 가해를 범하는 우를 멈추고 자국민을 대표한다는 정부의 본래 목적으로 돌아가야 한다. 가해자인 일본 정부와 기업의 진심 어린 사죄와 책임을 엄중하게 묻는 대한민국 정부로서의 당연한 책무를 다할 것을 강력히 촉구한다.

출범 1년간 윤석열 정부는 사회적 약자들을 더 곤경에 몰아넣는 정책으로 일관해왔다. 이태원 참사에 대한 최소한의 문책조차 거부해왔다. 그럼에도 우리는 일각의 탄핵 주장에 대해서는 유보적이었다. 가뜩이나 극단적으로 치닫고 있는 사회적 갈등이 더욱 첨예해질 것을 우려함이었다. 그러나 만일 윤석열 정권이 이러한 정부의 역할을 끝내 거부한다면, 우리는 정권 퇴진 요구도 불사할 것임을 경고한다. 국가수반으로서의 책무를 저버리고, 삼권분립의 원칙을 무시한다면, 더 이상 대통령의 자격이 없다고 믿기 때문이다.

2023년 3월 17일
동국대학교 민주화를위한교수협의회

굴욕외교 강행하는
윤석열 매국정권 규탄한다!!

지난 3월 6일 윤석열 대통령은 "국내 기업이 기금을 마련하여 일제 강제징용 피해자들을 지원하겠다"고 발표하였다. 이에 생존하고 있는 강제징용 피해자 3분 중 한 분이신 양금덕 할머니는 다음과 같이 절규하였다. "지금 윤석열 대통령이 한국 사람이오, 일본 사람이오? 일본을 위해서 살아요, 우리 한국 사람을 위해서 살아요? 도대체 이해가 안 가고 나 지금 아흔다섯 살이나 먹도록 그런 식은 처음 봅니다."

윤석열 정부의 강제징용 해법은 첫째, 피해자의 입장을 완전히 무시한 일방적 해법이다. 생존하고 있는 강제징용 피해자 3분 어느 누구도 일본의 사과 없이는 배상금이나 피해지원금을 받을 수 없다고 하고 있는데 윤석열 정부는 피해당사자의 의견은 무시하고 일방적으로 반인권적 굴욕외교를 강행하고 있는 것이다. 둘째, 2018년 대법원의 판결을 무시한 반헌법적 해법이다. 대법원은 2018년 10월 30일 1965년에 맺은 한·일 청구권 협정으로 강제 징용 피해자들의 청구권이 소멸된 것은 아니라고 판시하면서 가해자인 일본의 ㈜신일철주금(옛『신일본제철』)이 원고들에게 각각 1억 원씩을 배상하라고 최종 판결하였다. 그런데 윤석열 정부는 가해자가 아닌 우리나라 기업이 기금 형식으로 돈을 모아 가해자인 일본 기업을 대신하여 피해자에게 배상금을 지급하겠다니 도대체 말이 되는가? 이는 우리 민법 제469조 ②항 "이해관계 없는 제삼자는 채무자의 의사에 반하여 변제하지 못한다."는 조항에 정면으로 배치하는 위법이다. 셋째, 일본의 사과와 가해자인 일본의 ㈜신일철주금의 직접적인 배상이 없는 강제징용 해법은 일제에 의한 반인륜적 강제징용을 부정하는 반역사적 매국 해법이다. 미래를 지향한다는 허울 아래 일제의 조선 침탈과 강제징용에 면죄부를 주는 것은 조선의 독립을 위해 투쟁하다 산화하신 독립유공자와 선조들을 두 번 죽이는 살인행위이며 친일파 이완용과 똑같은 매국행위이다.

지난 2017년 5월 24일 전교조 조합원으로 활동하다가 은퇴한 퇴직교사들이 제2의 참교육운동을 주창하며 창립한 전국참교육동지회는 윤석열 정부의 반인권적·반헌법적·반역사적 강제징용 해법을 규탄하면서 다음과 같이 요구하고 결의한다.

1. 윤석열 정부는 반인권적·반헌법적·반역사적 강제징용 해법을 즉각 폐기하라!

1. 일본 정부는 강제징용 사죄하고 일제 전범기업은 피해자에게 즉각 배상하라!

1. 우리는 윤석열 정부의 매국적 강제징용 해법이 폐기될 때까지

끝까지 투쟁한다!

2023년 3월 20일

전국참교육동지회

'전국참교육동지회'는 2017년 5월 28일 전교조 결성 28주년을 맞아 창립한 전교조 퇴직교사들의 단체로, 현재 전국적으로 1천여 명의 퇴직교사들이 가입하여 활동 중이다.

절체절명의 때에
읍소하오니

대통령의 '삼일절 기념사', 그리고 '강제동원 배상안'은 일본 극우들의 망언·망동에 뒤지지 않을 만큼 충격적이었다. 역사적 면죄에 이어 일본으로 건너가 아낌없이 보따리를 풀었지만 빈털터리로, 그것도 가해자의 훈계만 잔뜩 듣고 돌아왔다. 무례한 처신으로 세계를 깜짝 놀라게 하는 대통령이지만 굴종 굴신으로 겨레에게 굴욕과 수모를 안긴 죄가 너무나 무겁다. 천주교정의구현전국사제단은 윤석열 정부가 청사에 길이 빛나기를 진심으로 기원했고(2022. 8. 29), 이태원 참사로 퇴진 목소리가 드높아졌을 때에도 먼저 우리 생활방식을 뜯어고치자며 기대를 접지 않았으나(2022. 11. 14), 오늘 대통령의 용퇴를 촉구한다.

세 가지 팔을 꺾다

이 나라가 옛 어른들이 꿈꾼 아름다운 그 나라인지 돌아보는 삼일절 아침에 대통령은, "우리가 세계사의 변화에 제대로 준비하지 못해 국권을 상실"한 것이라며 조상을 탓했다. 그러므로 일본에 사죄나 배상을 요구할 게 아니라 우리 스스로 해결하자면서 이른바 '제3자 변제안'을 내놓았다. 그런데 그는 다음 세 가지로 헌법을 위반하고 민족정기를 더럽혔으며 민주주의를 후퇴시켰다.

첫째. 대법원 전원합의체의 팔을 비튼 죄. 그는 대법이 거듭 타당하다고 판단한, 일본 전범기업들이 강제노역 피해자들에게 배상토록 확정했던 판결을 무효화하였다. 삼권분립을 무참히 파괴하는 저 대담성에 말을 잊는다. 역대 어떤 행정부 수반이 사법부의 판결 이행을 가로막았던가. 더군다나 그는 징용 배상판결을 고의로 '지연'시켰다는 이유로 대법원장을 구속했던 검사였으면서 대통령이 돼서는 최고법원의 역사적 판결을 무위로 돌렸다. 명백한 사법권 침해요, 헌법 수호 책무를 망각하고 헌법을 위반한 행위이다. 근래 검찰의 방탕은 대통령의 탈선과 무관하지 않다.

둘째. 끌려가서 강제노역에 시달렸고, 돌아와서는 손해배상청구권이라는 지당한 권리를 인정받지 못해서 평생 한을 품어야 했던 노인들의 팔을 꺾었다. 대통령의 통치권에는 개인의 권리를 침해할 권능이 포함되어 있지 않다. 아무 돈이든 받으면 잠잠해지리라고 믿는 모양이나 백수白壽 고령의 피해자들은 "굶어죽는 한이 있어도 그런 돈은 받을 수 없다"며 울부짖는다.

셋째. 아무 상관도 책임도 없는 우리 기업들로 하여금 배상금과 지연 이자를 물도록 하느라 팔을 비틀었다. 소송 제기를 준비 중인 20만 이상의 잠재적 원고들도 똑같이 떠맡길 모양인데 헌법은 대통령에게 마구잡이로 기업에게 막대한 손해를 지정할 권한을 허락한

적이 없다. 그는 배임을 강요했고, 이는 있을 수 없는 직권남용이다.

대법 판결을 뒤집어서 피해자들을 울리고 기업들에게 엄청난 손해를 떠안김으로써 대한민국의 존엄을 짓밟는, 반면 반성할 줄 모르는 가해자를 향해서 "아무 걱정하지 마시라"며 거듭 머리를 조아리는 대통령을 따라가면 과연 어떤 미래가 우리를 기다리고 있을까?

속으면 안 된다

싱거운 완승 후 일본은 "한국, 징용배상 조치 착실히 실행할 것으로 기대한다"는 어이없는 훈계와 함께 "강제동원은 없었다. 이미 끝난 문제"라고 못 박았다. 적반하장 일본다웠다. 미국은 "가장 가까운 동맹국 간 협력의 획기적인 장이 열렸다"면서 반색했다. 일본과 순망치한의 관계인 제3자라서 그럴 것이다. 하지만 우리 가운데 도무지 이해할 수 없는 대일본 굴종 굴신을 환호하는 자들이 있다. "미래 향한 진정한 극일의 시작", "주권과 국익 차원에서 내린 용기 있는 결단", "대통령 결단은 지고도 이기는 길, 나는 기꺼이 친일파가 되련다." 언론도 호들갑을 떨었다. "강제동원 배상안 확정, 한미일 안보협력 속도 붙나", "방일에 이은 방미로 한미일 삼각협력체제가 한층 견고해질 것". 대한제국의 대신들로서 매국의 대명사가 된 을사오적도 국권을 넘기면서 비슷한 말을 하였다.

"한미일 안보협력"이나 "한미일 삼각협력체제"는 그 이름처럼 한국을 위한 미일의 협력일까? 한중일의 항구적 평화를 구상했던 안중근 의사의 '동양평화론'은 한낱 잠꼬대였을까! '미국을 위한 일본 만들기'인 샌프란시스코강화조약, '일본을 위한 한국 만들기'에 다름없는 한일협정이 만들어낸 '한미일 공조체제'에서 우리는 안보와 성장이라는 득과 함께 한반도의 분단과 미일 의존체계를 영속화하는 실도 겪었다. 문제는 언제까지 그래야 하느냐 하는 것인데 전임자들이 애써 이룩한 화해와 교류협력의 성과를 비웃는 대통령은 한사코 일본에 기대고, 미국에 업혀 지내러 하고 있다. 가는 곳마다 "미래, 미래"를 외치지만 친일과 반공 그 이상도 이하도 아닌 어둡고 슬픈 과거로 우리를 잡아끄는 중이다.

그에게 실격을, 자신에게 삼일정신을

새 길이 두려워 뒤로 돌아가려 함은 만인공통의 관성이다. 더는 그럴 수 없다. 그렇게 해서는 내일을 기약할 수 없어서다. "국권 강탈 10년도 못되어 동서고금에 드문 대혁명"(쑨원)을 일으켰던 기미년의 통찰을 되새기자. 하던 대로는 할 수 없이 된 세상, 살던 대로 살아서는 망할 수밖에 없으니 근본부터 바꾸고 새로 출발하자던 삼일정신으로 오늘의 재난에 맞서자.

하나. 성경의 억강부약(루카 1:46-55) 대신 가혹한 '강자독식'을 더 나은 미래로 믿으며. 서민 생존권을 무시, 노동자들을 적으로 대하고 파업을 '북한 핵위협'처럼 여기며. 4.19 이래 수많은 사람들이 목숨 걸고 쟁취한 민주주의를 경시하며. 검찰의 권능을 악용해서 정적 제거에 몰두하고 편중인사로 일명 '검찰 공화국'을 수립하며. 이태원 참사에서 보았듯이 재난 대비-대응-구조-수습을 위한 공권력을 일신의 안위를 위해 오남용하며. 사죄도 사과도 하지 않고 사사건건 진실을 감추고 남을 탓하며. '자주·평화·민족대단결'(7.4 남북공동성명)이라는 원칙을 깨고 전쟁불사에다 핵무장까지 주장함으로써 불안과 긴장을 고조시키며. 극소수의 특권 유지 확대를 위해 남녀노소 각계각층을 벼랑으로 내몰며. 탄소중립이라는 인류공동의 과제를 외면하고 한사코 원전강국으로 재도약하자는 시대착오적인 사람. 그는 "헌법 준수, 국가 보위, 평화적 통일과 자유, 복리, 민족문화 창달을 위해 노력한다"는 약속을 심각하게 어겼다. 역사적 퇴장을 명령한다.

둘. 분단기득권 세력의 기사회생, 재집권으로 역사가 후퇴하고 있다. 이럴 때일수록 낙심은 금물이다. 민주주의는 점진적인 성취로 이룩되며 심각한 중단이나 퇴보는 언제든 있게 마련이다. 6.15 공동선언(2000), 10.4 선언(2007)으로 전진하다가도 이명박·박근혜 시대의 정체와 역진이 있었다. 그랬지만 촛불들의 뜨거운 참여와 수고로 판문점선언(2018.4.27), 9월 평양선언이 가능했다. 역사는 도전과 응전의 연속이다. 우리는 숱한 재난과 위기 속에서 놀라운 반전의 기회를 발굴해냈다.

셋. 양심을 지닌 시민이라면 진영을 막론하고 힘을 합치자. 적폐인 보수가 아니요, 노폐인 진보가 아니라면 약자는 안전하고 강자는 정의로운 떳떳한 나라를 만드는 데 성심을 모으자. 지킬 것을 지키고, 고칠 것을 고쳐서 이룰 것을 이루는 역사의 현장에서 모두 만나자.

넷. 믿음을 가진 모든 형제자매들에게 호소한다. 꼿꼿이 서서 몸을 태우는 제대 초의 듬직한 몸가짐처럼 병든 세상과 어려운 이웃을 위해 십자가의 수고를 즐거이 감당하자. 곤경을 위한 곤경은 없다. 소중한 기회가 있을 뿐이다. 지금이 은총의 때다.

2023년 3월 20일
전주 풍남문광장에서
천주교정의구현전국사제단

윤석열,
당신은 대한민국의 대통령인가

'을사조약'을 다시 생각하는 대구·경북 지식인의 우국憂國 성명

"저 개돼지만도 못한 이른바 우리 정부 대신들이 영리榮利만을 생각
하고 거짓 위협에 벌벌 떨며 나라를 팔아먹은 도적이 되어 4천 년 역
사의 강토와 5백 년 종묘사직을 남에게 바치고, 2천만 백성을 노예로
만들었도다."

- 아, 이날을 목놓아 우노라(是日也放聲大哭)

1905년 대한제국의 외교권을 일본에 팔아넘긴 '을사늑약'의 매국
행위를 보고 장지연 선생은 이렇게 목놓아 울었다.

윤석열 정부가 들어선 지 채 일 년도 되지 않아 이 땅의 민주주의
가 뿌리째 흔들리고 있으며, 우리의 조국 한반도가 전운戰雲으로 가
득하다. 대한민국의 지식인으로서, 그리고 윤석열 정부를 창출한
보수의 본거지 대구·경북의 지식인으로서 우리들은 한없이 참담하
고 고통스럽다. 5천만 국민과 반만년 역사 앞에, 죄스러운 마음을
차마 말로 형용할 수 없다.

윤석열 정부의 '일제 강제동원 피해 제3자 변제안'은 대한민국의 헌법을 유린한 불법적 처사이며, 고통의 당사자인 징용피해자들의 권리를 무시한 반인권적 작태이다. 돈만 받으면 그 오랜 역사적 고통이 치유되고, 경제만 나아지면 우리 국민의 정당한 요구가 사라질 것이라고 생각하는가. 역사의 정의를 바로세우고자 하는 자국민의 정당한 요청을 구걸의 행위로 전락시킨 윤석열의 매국 행위 앞에 우리 대구·경북의 지식인들은 비통함을 금할 수 없다.

　'1965년 한일청구권협정은 개인의 청구권을 소멸할 수 없으며, 따라서 강제동원 피해자들에게 일본 전범기업이 직접 사죄하고 배상할 것'을 주문한 2018년 대법원 전원합의체의 판결은 역사의 정의를 바로세우고 과거 청산의 방법을 구체적으로 제시한 준엄한 명령이었다.

　어두운 과거를 청산하지 아니하고 어찌 건강한 미래가 가능할 것인가.

　가해자인 일본 전범기업이 지불해야 할 배상액을 국내기업이 갹출한 돈으로 대리변제하도록 한 윤석열 정부의 기만적인 배상안은 대한민국 법원의 판결을 전면 부정한 위중한 매국행위이며, 사법부의 권한을 행정부의 수반이 침해한 반헌법적 처사이다. 대한민국 헌법과 삼권분립의 정신을 전면 부정한 윤석열의 국기문란 행위를 우리는 도저히, 도저히 용서할 수 없다.

　윤석열 당신은, "나는 헌법을 준수하고 국가를 보위하며 조국의 평화적 통일과 국민의 자유와 복리의 증진 및 민족문화의 창달에 노력할 것"이라고 헌법 제69조 앞에서 선서한, 대한민국의 대통령이 아니었던가?

매국적 굴종의 처사를 마치 민족의 미래와 국가안보를 위한 대결 단으로 포장한 윤석열 정부의 안보 전략은 도대체 무엇인가? 그간 어렵사리 진행해온 한반도 평화-프로세스를 중단하고 한·미·일 동 맹을 강화하는 것이, 과연 민족의 미래를 위한 참된 방법인가?

지난 11월 캄보디아 프놈펜에서 한·미·일 정상이 발표한 '인도-태 평양 한·미·일 3국 파트너십 성명'의 핵심은 미국의 인도·태평양 전 략의 연장선에서 한·미동맹을 미·일동맹의 하위개념으로 복속시킨 것이었다. 한·미·일의 협력을 북핵의 위협에 대한 삼각동맹이라고 떠들어 대었지만, 그것은 인도·태평양 지역에서 중국과 러시아 세 력을 차단하고 해양지배력을 확보하고자 하는 미·일동맹의 패권 전 략 속에 한국이 종속되는 것을 의미한다.

미국과 일본이 짠 판에 한국이 종속되는 것, 이러한 체제 속에 한· 미·일 군사 공조가 강화되는 일은 섶을 들고 불덩이에 뛰어드는 일 이다. 중국을 적으로 돌리고 미·일의 패권 전략 속에 편입되는 것이 어찌 한반도의 평화와 통일을 위한 길인가? 일본의 군대가 한반도 의 동해와 서해에서 군사작전을 펴고 우리의 땅 독도에 함정을 접안 하는 일이 어찌 우리들의 평화를 지키는 일인가?

한국 현대사의 비극을 만들었던 냉전체제가 다시 한·미·일, 북·중· 러의 대결 구도로 재편됨으로써 한반도의 긴장이 고조되고 있다. 무 지하고 오만한 대통령 윤석열이 대한민국의 평화와 안전을 위협하 는 최대의 적이 되고 있다. 이 목전에 당도한 끔찍한 민족의 미래 앞 에서, 우리는 윤석열에게 묻는다. 당신은 헌법 제69조에 명기된, 국가

보위와 조국의 평화적 통일을 위해 대통령의 사명을 다하고 있는가?

윤석열 정부가 출범한 지 채 1년도 되지 않은 대한민국이 총체적 파국을 맞고 있다. 자신을 비판한 언론을 무차별적으로 공격하고 정적 죽이기에만 몰입한 채 민생을 외면하는 현 정부의 작태를 우리는 규탄한다. 이 정부는 점점 벼랑 끝으로 몰리는 서민들의 삶이 보이지 않는가?

자기 세력에는 한없이 관대하고 비판 세력은 수사와 기소로 탄압하는 검찰공화국을, 우리는 이대로 지켜볼 수 없다. 노동자들의 삶과 약자들의 고통에는 무심하면서 가진 자와 기업의 곳간을 채우려는 나라, 자국민의 인권과 심정은 외면하면서 미국과 일본의 전략에 종속되는 굴욕적인 나라를, 우리는 원치 않는다. 우리가 원하는 나라는 평화와 정의가 강물처럼 흐르는 나라이다. 윤석열 정부의 반민주적, 반헌법적, 그리고 매국적 책동은 즉각 중단되어야 한다.

"아, 원통하고 분하도다. 남의 노예가 된 우리 2천만 동포여! 살았는가, 죽었는가. 단군 이래 4천 년 국민정신이 하룻밤 사이에 홀연히 멸망하고 마는 것인가. 원통하고 원통하다. 동포여, 동포여!"

일제강점기 애국과 우국의 거점, 대구·경북의 지식인들은 윤석열 정부의 매국적 책동을 보며, '을사늑약'에 피를 토하는 심정으로 시국을 통탄했던 장지연 선생의 외침을 재삼 생각한다. 윤석열은 매국적 굴욕 책동을 즉각 중단하라. 우리는 윤석열 정부의 반헌법적 매국 행위를 강력히 규탄하며, 반反 윤석열 대열에 결연히 나설 것임을 천명하는 바이다.

2023년 3월 21일

(준)민주평등사회를 위한 대구경북교수연구자 연대회의(전국교수노동조합 대경지부/전국국공립대학교수노동조합 대구경북지부/민주평등사회를위한교수연구자협의회 대경지부/한국비정규교수노동조합 대구경북지부), 대구경북 전문직단체협의회(대구경북 인도주의실천의사협의회/건강사회를위한치과의사회 대경지부/건강사회를위한약사회 대경지부/민주사회를위한변호사모임대구지부/경북대민주화교수협의회/영남대민주화교수협의회/대구사회연구소)

"대통령 윤석열을
파면한다"

반만년의 역사에서 외세의 침략이 적지 않았으나 지난 36년간의 일제 강점기는 직접통치권을 빼앗긴 유일한 기간이었다. 그 기간 동안 물자의 수탈은 물론 제국주의 전쟁 기간에 인력의 강제동원은 너무나 고통스러운 것이었다.

그동안 일본군 위안부와 강제동원 피해자들이 국가가 받아내지 못한 일본과 일본 전범기업의 불법행위로 인한 개인 피해를 배상하라는 요구를 계속해왔다. 대한민국 대법원은 일제의 강제 병합이 불법적이고, 그 기간의 강제동원 역시 불법행위이므로, 강제동원의 주체인 일본 전범기업에 대한 우리 국민의 배상 요구는 정당하다는 판결을 내렸다.

그런데 윤석열 정권은 이 문제에 대한 외교적 해법을 내세우면서 사법부의 압류 절차를 중지시켰다. 대통령 윤석열이 한일 양국의 불편한 관계를 개선해서 미래로 나가야 하는 한다는 명분을 들어 내어 놓은 '해법'이라는 것은 불법행위의 주체인 일본 전범기업을 대신해서 국내기업에 배상을 떠넘기는 것이었다.

피해자들과 국민이 일본에 대하여 사과를 요구하는 것은 감정의 문제가 아니고, 배상을 요구하는 것은 돈이 필요해서가 아니다. 피해자에 대한 마땅한 배상뿐 아니라 과거 제국주의 침략에 대한 역사적 평가를 양국 국민이 함께 공유함으로써 다시는 침략행위를 반복하지 않는다는 약속을 하자는 것이다.

대통령 윤석열이 내세운 논리에 따르면 일제의 조선 강점이 합법이 되고, 그 기간 우리 국민은 일본 국민으로 인정되고, 그래서 강제동원은 합법 정부에 의한 국민동원이 된다. 이 논리는 극우세력이 항일 임시정부의 존재를 부정하면서 1948년 대한민국 건국을 주장하는 것과 맥이 통한다. 이는 대한민국 헌법 전문에서 "우리 대한민국은 3·1운동으로 건립된 데 대한민국임시정부의 법통"을 이었다는 선언을 부정하는 셈이다.

게다가 그는 일본을 방문해서 그동안 양국 사이의 갈등이 한국 정부의 잘못으로 인정하고, 일본의 부당한 요구를 모두 수용하는 굴욕적인 행동을 했다. 아울러 위안부 문제와 독도 영유권에 대한 일본의 요구를 들었음에도 이를 숨기고 있다.

더 큰 문제는 대통령 윤석열이 열어가려는 한국과 일본의 미래는 단지 굴욕적인 것을 넘어서 나라와 국민의 생존을 위태롭게 한다는 점이다. 우리나라는 강력한 국력을 바탕으로 자주적 외교를 통해 국가와 국토를 보위하고 평화를 유지함은 물론 지역의 균형자 역할을 통해 국익을 도모하여야 하는 지정학적 위치에 있다. 이는 보수와 진보를 가리지 않고 역대 정부 모두가 취했던 외교 원칙이다.

그러나 대통령 윤석열은 집권하자마자 친미, 친일을 내세우며, 반중, 반러 외교를 표방하고, 북한에 대한 적대적인 태도를 보였다. 그결과 대중국 수출이 격감하면서 1년째 무역적자를 통해 한국경제를 침몰시키고 있으며, 남북 간의 긴장을 넘어 강대국 간의 분쟁에 휘말리면서 한반도의 전쟁 위기는 그 어느 때보다 높아지고 있다.

게다가 대통령 윤석열은 검찰 독재를 통해 국민을 억압하고, 언론을 통제하며, 무능한 경제정책으로 국민을 도탄에 빠뜨리고 있다. 이는 대통령의 헌법상 책무인 '국가의 독립·영토의 보존·국가의 계속성과 헌법을 수호할 책무'를 위반한 것이다.

우리는 오늘 대통령 윤석열의 헌법 위반 행위를 고발하고 그의 파면을 촉구한다.

첫째, 행정 수반인 대통령이 그 권한을 남용하여 대한민국 사법부의 판결을 무력화시킨 것은 헌법이 정한 삼권분립의 헌법 원칙을 위반한 것이다.

둘째, 강제동원 피해자들의 배상 권리를 부정하는 것은 일제의 강점을 합법화하고 대한민국 임시정부의 존재 이유를 무시하는 것으로서 헌법이 선언하는 '대한민국 임시정부의 법통'을 부정하는 것이다.

셋째, 대한민국 영토인 독도를 일본과의 논의 테이블에 올려놓는 행위는 헌법상 '영토 보존의 책무'를 위반한 행위이다.

넷째, 대통령 윤석열은 자주적 노동조합 활동을 탄압하고, 대대적인 노동조합의 파괴를 획책하고 있다. 아울러 장시간 노동을 강요하는 정책을 추진하고 있다. 이는 헌법 제33조를 무력화시키는 행위다.

다섯째, 대통령 윤석열은 언론의 자유를 심각하게 침해하고 있다. 통제에 따르지 않는 언론을 탄압하고, 보도한 기자를 고소하고, 거액의 배상을 요구하는 소송을 통해서 언론장악을 획책하고 있다. 이는 헌법 제21조를 침해하는 것이다.

여섯째, 대통령 윤석열은 이태원 참사를 예방하지 못했음은 물론, 이후 수습과정에서도 범죄행위에 대한 은폐, 피해자에 대한 비난과 탄압을 자행함으로써 헌법 제34조의 재해 예방과 국민 보호의 책무를 위반하였다.

이러한 헌법 위반 행위는 윤석열을 대통령의 직에서 파면시킬 충분한 이유가 된다.

우리 역사에서 반민주 세력과 반민족 세력은 항상 한 몸이었다. 안으로는 민중을 억압하고, 밖으로는 외세에 굽신대면서 외세를 이용해 권력의 연장을 꾀했다.

이에 대하여 우리 민중은 동학농민군의 모습으로, 의병의 모습으로, 항일 독립군의 모습으로, 4.19 항쟁의 시민으로, 그리고 광주항쟁과 6.10 민주항쟁의 시민으로, 그리고 촛불혁명의 시민으로 역사의 고비마다 자주 독립된 나라에서 국민이 주인 되는 세상을 만들기 위해서 떨쳐 일어섰다.

우리 퇴직교사들은 교단에서 가르쳤던 민족 자주의 원칙, 시민이 주인 되는 민주주의의 원칙이 짓밟히는 것을 보고만 있을 수 없다. 윤석열 퇴진을 요구한다. 우리 아이들에게 이렇게 망가진 나라를 물려줄 수 없기 때문이다.

이에 우리와 함께하는 경북지역의 퇴직교사들의 뜻을 모아 선언
한다.

"대통령 윤석열을 파면한다."

2023년 3월 22일

친일 식민사관 윤석열 정권 퇴진촉구
경북지역 퇴직교사 선언 참가자 269명

우리는 윤석열 정부의
'강제동원 배상안'에 반대하며
철회를 강력히 요구한다

첫째, 윤석열 정부가 제시한 방안은 강제동원 피해자인 국민의 기본권과 인권을 방기한 조치이다. 2018년 대법원은 강제동원 피해자들이 일제 가해기업에 정신적, 물질적 피해에 대한 배상을 청구할 권리를 가지고 있다고 판결했다. 대법원의 최종 판결은 무고한 피해를 본 국민이 정당한 권리를 행사할 수 있도록 최대한 지원해야 한다는 민주국가의 기본 원칙을 확인한 것이다. 반면 이번 윤석열 정부의 방안은 이러한 대법원의 판결을 무효화 했고, 3권 분립의 원칙을 무너뜨리는 반헌법적인 조치일 뿐이다. 강제동원 피해자의 권리와 이를 존중한 대법원의 결정을 무시함으로써 대한민국 헌정 체제의 근간을 흔드는 정부의 방안은 용납할 수 없다.

둘째, 국민적 기대에 반하고 국가 정체성을 뒤흔드는 방안이 일방적으로 추진되어서는 안 된다. 1964~1965년 한일협정 추진은 일제 식민지배를 겪었던 국민의 기대와 동떨어진 밀실야합 방식으로 추진되어 전 국민의 공분을 샀다. 미국의 압력 속에 경제 논리를 우선시하며 체결한 협정은 현재까지도 양국 간에 협정문 해석의 불일치를 낳으며 일본에게 불법적 식민지배에 대한 면죄부를 주는 결과를 초래했다. 지금 윤석열 정부도 과거 정부의 오류를 반복하고 있다. 국민은 한국 대법원 판결에 경제 보복 조치로 맞선 일본 정부의 행태에 분노하고 있는데도, 정부는 과거사에 대한 반성이 없는 일본의 가해기업에 면죄부를 주는 방안을 선택했다. 이는 일본은 물론 우리 사회내부에서의 역사 왜곡과 갈등을 부추기게 될 것이다. 대통령이 3·1절 기념행사에서 식민화의 원인을 내부로 돌리고 일제 침략 행위에 일언반구도 비판하지 않은 데 이어 가해기업에 면죄부를 주면서까지 추진하는 한일관계의 '정상화'란 도대체 무엇이며 누구를 위한 것인가. 3·1 운동이란 전민족적 저항을 통해 수립된 민주국가 대한민국의 정체성을 무너뜨리는 반역사적이고, 반민주적인 정부의 행태를 강력히 규탄한다.

셋째, 강제동원 피해자 배상 문제 해결을 동아시아 지역 군사동맹 확립의 수단과 계기로 삼아서는 안 된다. 이번 윤석열 정부의 조치는 올바른 미래로의 진전을 막을 가능성이 크다. 한국과 일본을 포함한 동아시아 각국의 시민들은 21세기 평화와 번영을 위한 공동체 수립을 당면 과제로 제시하며 지난 세기의 전쟁과 대립이 다시 한반도와 동아시아를 휘감는 상황을 막고자 힘써왔다. 제국주의 지배와 강제동원, 전쟁과 분단이 연이었던 극단의 역사를 성찰하며 미완의 과제를 하나씩 해결해 나갈 때, 비로소 한반도를 포함한 동아시아

지역의 평화와 번영의 미래는 실현될 수 있다. 우리는 강제동원 피해자 배상문제를 한·일 군사협력 강화의 수단으로 활용하려는 윤석열 정부의 조치가 향후 동아시아 지역의 군사적 대립과 긴장을 더욱 고조시키는 결과를 낳지 않을까 크게 우려한다. 대한민국의 번영과 안보는 국민의 지지 기반하에 일본의 잘못된 과거사에 대한 책임을 분명히 하고 급변하는 국제질서를 냉철히 파악하면서 동아시아 평화 공동체의 실현에 전력을 기울일 때 확보할 수 있을 것이다.

강제동원 피해자들의 숙원과 대법원의 판결을 무시하며 추진한 윤석열 대통령의 방일은 예상에서 한 치도 벗어나지 않았다. 일본 정부의 반성과 사과, 가해기업의 배상 참여는 없었다. 참으로 안타깝고 참담한 심정이다. 국민 기본권과 역사적 과제의 해결을 외면한 어떠한 외교, 안보, 경제 정책도 정당성과 생명력을 가질 수 없다. 강제동원 피해자의 숙원 해결이 정치·외교적인 사안이기 전에 21세기 미래를 위한 가치와 정의를 세우는 역사적인 사안임을 다시 한번 강조하며, 윤석열 정부의 '강제동원 배상안'의 철회를 강력히 요구한다.

2023년 3월 22일
윤석열 정부 '강제동원 배상안'에 반대하는
고려대학교 교수 115명 일동

"윤석열 정부는 매국적 강제동원 해법 추진을 즉각 중단하고, 분노하는 국민들에게 석고대죄하라"

윤석열 정부의 일제 강제동원 판결 관련 해법에 대한 비판 성명서

지난 3월 6일 윤석열 정부는 강제동원 관련 대법원 판결을 이행하는 문제에 대한 '해법'을 발표했다. 2018년 10월 대법원 확정판결을 받은 피해자에게 한국 기업의 자발적 기여로 배상금과 지연이자를 지급하겠다는 3자 변제 방안이다. 이 방안은 당사자인 가해 일본 기업의 책임 언급이나 판결 이행 요구가 없다는 점에서 우리 대법원의 판결을 정면으로 짓밟은 결정이었을 뿐만 아니라, 사법부의 판결을 행정부가 뒤집는, 삼권분립이라는 민주주의 기본 원리를 무시한 반헌법적인 도발이다. 무엇보다 이 방안은 그동안 일본의 우익정부가 주장해온 '청구권 없음'이라는 기준에 철저히 맞추어져 있다는 점에서 충격적이다. 결국 이는 그간 일제강점의 역사적 불법성을 입증하면서, 피해자 중심 문제 해결이라는 국제사회의 인권규범, 민주주의와 평화 등의 보편적 가치를 내걸고 오랜 기간 연대하여 싸워온 피해자들과 한일 시민사회의 노력을 일본 우익들의 입장에서 짓뭉개버리는 매국적이고 망국적인 폭거가 아닐 수 없다.

2008년 일본 최고재판소는 비록 배상판결을 내리지 않았으나 피해자들을 "기망 혹은 협박을 통해 정신대원에 지원하게 한 것으로 인정"하여 강제동원의 불법행위 자체는 인정한 바 있고, 대한민국 대법원은 2012년에 '1910년 강제병합조약이 불법이었고 일제의 지배는 불법적인 강점에 지나지 않는다'는 역사인식을 전제로 '외교협정으로 개인청구권이 소멸할 수 없다'는 취지의 판결을 내린 바 있다. 이런 인식에 기반하여 대한민국 대법원은 2018년 판결로 마침내 피해자들이 손해배상을 이행할 수 있는 길을 열었다. 그러나 피해자들이 스스로의 존엄을 지키기 위해 어렵고 힘들게 개척한 바로 그 성과를 윤석열 정부는 매몰차게 부정하고 일본 우익 정부의 편에 서기로 결정한 것이다. 피해자들은 이런 움직임을 도저히 받아들일 수 없다는 결연한 의사를 여러 차례 밝혔으며, 일본 정부나 전범기업들의 책임이 면제되는 제3자 변제를 결코 허용하지 않겠다는 의사 표시를 분명히 하고 있다. 이러한 현 정부의 매국적 망동에 직면하여 우리는 분노하며 이를 더 이상 좌시하고 있을 수만은 없다.

우리를 더욱 분노하게 하는 것은 반헌법적이고 피해자의 인권을 짓밟는 방안을 대가로 성사된 한일정상회담 기간 내뱉은 윤석열 대통령의 망언이다. 그는 "2018년 그동안의 정부 입장과 1965년 협정에 대한 정부의 해석과는 다른 판결이 내려졌다"며 대법원 판결을 부정하는 발언을 일본 미디어 앞에서 서슴지 않았으며, 일본의 가해기업에 대한 구상권 청구를 포기한다는 무책임한 발언을 내뱉기도 했다. 또, 그간 한국에서 사용했던 '강제동원(강제징용)'이라는 용어와 일본에서 사용했던 '징용공 문제'라는 용어 대신 '옛 한반도 출신 노동자 문제'라는 근본도 없는 용어를 의도적으로 사용하여 강제동원의 역사를 부정하는 기시다 총리의 발언을 옆에서 승인해준 윤석열 대통령의 모습은 과연 그가 어느 나라 대통령이고 누구의 이익을 대변해주는 사람인지 그 본질을 잘 보여주었다. 한국어로는 '김대중-오부치 선언'을 계승한다고 이야기했지만, 일본어로는 '역대내각의 역사인식'을 계승한다고 했던 외교적 속임수도 언급하지 않을 수 없다. 김대중-오부치 선언의 핵심은 일본의 식민지배에 대한 반성과 사죄에 기반해서 한일 관계를 미래 지향적으로 재정립하겠다는 것이었다. 반면, 이날 일본어로 표명된, 계승될 '역대 내각의 역사인식'이란 식민지배의 역사에 대해 사죄할 필요가 없으며 다시는 사죄하지 않겠다는 아베 신조의 역사인식으로 귀결되는 것임은 두말할 나위도 없다.

지난 삼일절 기념사에서 시작된 윤석열 정부의 이런 매국적, 망국적 행보는 한국의 시민사회와 피해자뿐만 아니라 민주주의와 인권, 평화 등 보편적인 가치를 지키기 위해 한국의 시민사회와 연대하여 투쟁해 온 일본의 민주주의 세력 및 시민사회에도 씻을 수 없는 배신을 의미한다. 일본 총리와 한국 대통령이 공유한다는 그 '보편적 가치'는 일본의 우익 국가주의가 옹호하는 냉전과 자본주의, 대립과 전쟁주의 등 세계를 더욱 위기로 몰고 가는 반평화, 반민주주의의 궤변에 불과하다. 나아가 윤석열 대통령이 그토록 성과라고 강조하고 있는 한일 군사협력과 한미일동맹의 강화는 한반도 및 동아시아를 군사분쟁과 대결로 몰아넣어 우리의 생명과 안전을 더욱 심각한 위험으로 몰고 가는 가장 위험천만한 전쟁놀음의 전조일 뿐이다.

생존 피해자들과 유족들이 정부의 이 방안을 완강하게 거부하고 있으며, 한일 시민사회에서 지속적으로 문제를 제기하고 있다. 이 방안은 결코 문제의 해법이 아니며 새로운 문제와 갈등의 시작일 뿐이다. 식민지 강제동원 문제에 대한 윤석열 정부의 매국적이고 망국적인 해법 제시와 굴욕적인 대일외교는 씻을 수 없는 역사의 오점이 될 것이며, 이 정권의 반민주적이고 매국적인 정체성을 만천하에 드러낸 것이다. 이러한 점에서 민주주의와 평화, 진리를 사랑하는 우리 한신대학교 교수들은 윤석열 정부에게 매국적이고 망국적인 강제동원 해법 추진을 즉각 중단하고, 국민 앞에 석고대죄할 것을 요구한다. 이러한 요구가 이루어지지 않는다면 우리는 전국민과 함께 일본 우익정권의 매국적 하수인으로 전락한 윤석열 정부의 퇴진을 위해 앞장서 나설 것이다.

우리는 한치의 불의를 용납하지 않고 싸울 것이며, 지금까지 최선을 다해 피해사실을 드러내고 스스로 권리를 쟁취하며 국제인권규범을 발전시킨 피해자들과 함께할 것이다. 아울러 평화와 민주주의를 사랑하는 한일 시민사회의 연대를 더욱 굳건히 하기 위한 노력 또한 게을리하지 않을 것이다. 나아가 이번 윤석열 정부의 망동으로 발생할 모든 역사왜곡에 반대하며, 21세기에 걸맞는 민주적이고 평화지향적인 한일관계를 진취적으로 재구성하기 위해 앞장서 투쟁할 것이다.

2023년 3월 22일
민주주의와 평화, 진리를 사랑하는
한신대학교 교수협의회, 전국교수노동조합 한신대학교 지회

연제노동자
시국선언문

지난 3월 6일, 윤석열 정부가 발표한 강제동원 해법은 한국 대법원 판결을 무시하고 사법 주권을 훼손한 해법이며, 일본 정부의 사죄 및 전범기업의 배상이 빠진 굴욕적 해법이다.

윤석열 대통령과 기시다 후미오 일본 총리의 정상회담은 국민의 자존심을 짓밟았을 뿐 아니라 일본의 식민지배를 합법화한 망국적인 외교 참사이다.

기시다 일본 총리는 정상회담 후 가진 기자회견에서 범죄사실 인정과 사죄는커녕 아베가 만든 '옛 한반도 출신 노동자 문제'라는 용어로 강제동원을 공식적으로 부인했다.

이렇게 반성 없는 전범 국가 일본의 오만함이 하늘을 찌르는데도 불구하고 윤석열 대통령은 일본 총리의 대리인으로 자처하고 나서 주권과 국익, 국민을 모두 내동댕이쳤다.

정부가 우리나라의 사법부를 무력화한 것도 심각한 문제이다.

윤 대통령은 강제동원과 관련해 어떤 사과도 없는 일본 정부에게

"구상권 청구는 없다"는 약속을 했다.

피해자의 아픔을 묵살하고 국민의 자존심을 짓밟은 것도 부족해 행정부의 수반으로서 사법부의 판결을 부정하는 반헌법 작태에 분노를 금할 수 없다.

윤석열 정부의 반인권, 반헌법, 반역사적 강제동원 해법은 폐기되어야 한다. 양금덕, 김성주 할머님을 비롯한 강제동원 피해자들이 더 이상 그 누구에게도 모욕당하지 않고, 제대로 된 사죄배상이 하루빨리 이뤄져야 할 것이다.

강제동원 노동자의 역사를 기억하고 정의를 바로 세우기 위해 노동자의 후배로서 연제 노동자들은 아래와 같이 요구하며 요구가 관철될 때까지 투쟁해나갈 것이다.

1. 반인권, 반헌법, 반역사적 정부의 강제동원 해법안 폐기하라!
2. 피해자 무시 졸속협상, 윤석열 정부 굴욕외교 규탄한다!
3. 일본 정부는 강제동원 사죄하고, 전범기업은 배상하라!

2023년 3월 22일
연제주민대회조직위원회 노동단체 대표자 일동

연제노동자 시국선언 참가단체_마트산업노동조합 부산본부 홈플러스 연산지회·마트산업노동조합 부산본부 홈플러스 아시아드지회·전국학교비정규직노동조합 부산지부 연제지회·전국택배노동조합 CJ 연제수영지회·전국택배노동조합 우체국 연제지회·전국택배노동조합 로젠 동래연제지회·전국건설노동조합 부산건설

기계지부 레미콘지회 경동레미콘분회·공공연대노동조합 부산본부 법원공무직지회·전국보건의료산업노동조합 부산의료원지부·국민건강보험노동조합 부산본부 연제지부·전국공공운수사회서비스노동조합 국민연금지부 부산울산본부·한창버스노동조합·부산광역시 공무직노동조합 연제지부·과학기술통신부공무원노동조합 부산본부·전국금속노동조합 현대자동차지부 부산서비스지회·전국건설노동조합 부산울산경남건설지부 형틀, 골조분회

성균관대 재학생 및 졸업생
시국선언문

성균인은 나라와 민족을 팔아넘긴

윤석열 대통령의 친일 굴욕외교를 반대합니다.

윤석열 대통령의 친일 굴욕외교에 온 나라가 모욕감을 느끼고 있습니다.

다른 날도 아니고 3.1절에 윤석열 대통령은 유관순, 안중근을 비롯한 독립운동가들의 사진 앞에서 일본의 식민지배의 책임을 묻기는커녕 "일본은 협력 파트너"라고 말했습니다.

이어 윤석열 대통령은 우리나라 대법원이 일본 전범기업에 내린 강제징용 배상 판결을 부정하고 '법적 배상'이 아닌 일본과 우리 기업이 피해자와 미래세대를 위해 기금을 조성하겠다는 이른바 '강제징용 제3자 변제 해법'을 제시했습니다. 죄를 지은 일본이 아닌 피해를 본 우리가 보상하겠다는 말도 안 되는 '해법'에 국민은 모욕감을 느끼고 분노하고 있습니다.

"윤석열 대통령은 한국 사람이오, 일본 사람이오?"

"굶어 죽어도 그런 돈 안 받는다."

강제징용 피해자 양금덕 할머니가 하신 말씀입니다. 평생을 일본의 강제징용에 대한 사죄와 배상을 요구해오신 피해자분들은 윤석열 대통령의 '강제징용 해법'을 거부하며 "윤석열 퇴장"을 외쳤습니다.

윤석열 대통령은 피해자뿐만 아니라 대한민국 사법부의 사법주권마저 일본에 팔아넘겼습니다. 삼권분립은 헌법에서 규정한 우리나라의 통치 원리입니다. 대법원의 판결은 행정부의 수반인 대통령이 함부로 뒤집을 수 없습니다. 대법원의 강제징용 배상 판결을 무시하는 윤석열 대통령의 '강제징용 해법'은 삼권분립의 원칙을 무시하는 위헌적 행태입니다.

일본은 여전히 강제징용을 부정하고 있습니다.

윤석열 대통령의 굴욕적인 '해법'에도 불구하고 일본은 우리에게 더욱 저자세를 요구하고 있습니다. 하야시 요시마사 일본 외무상은 "일본의 조선인 강제동원은 없었다"고 말했습니다. 16~17일 진행된 한일 정상회담 기간에 기시다 총리는 '오므라이스와 폭탄주' 외에 어떤 답례도 내놓지 않았습니다. '외교참사'라는 말로 다 표현이 안 되는 상황입니다.

윤석열 대통령의 친일 굴욕외교의 목적은 일본의 재무장입니다.

"지지율이 10%까지 떨어지더라도 한일 관계를 개선하겠다"고 말했다는 윤석열 대통령이 이렇게까지 한일 관계를 개선하려는 이유는 한미일 간의 군사적 동맹을 완성하기 위해서입니다.

윤석열 대통령은 한일 정상회담에서 한일 군사비밀정보보호협정 지소미아 정상화를 선언했고, 그전에는 일본의 "적기지 공격능력 보유를 충분히 이해한다"고 말하기도 했습니다. 전범국가이기 때문에 공격능력 보유가 불가능하도록 규정한 일본의 평화헌법 위반이지만 윤석열 대통령이 이를 인정해준 셈입니다.

앞으로 독도, 위안부, 후쿠시마 방사능 오염수도 문제입니다.

일본 언론에 따르면 한일 정상회담에서 독도, 위안부 문제, 후쿠시마 방사능 오염수 방류 문제 등 한일 간 현안에 대해 이야기했다고 합니다. 우리정부는 그 내용도 밝히지 못하고 있습니다. 윤석열 대통령이 이번 강제징용 문제와 같이 매국적인 입장을 유지한다면 이번과 같은 참사가 반복될 것입니다.

성균인이 윤석열 대통령의 친일 굴욕외교를 막아냅시다.

성균관대는 우리민족을 대표하는 교육기관인 성균관의 명맥을 잇고, 항일 독립운동가이자 민족의 어른이셨던 설립자 심산 김창숙 선생님의 뜻을 잇는 대학입니다. 성균관대 학생들은 심산의 아들, 딸을 자처하며 불의와 부정에 맞서 목소리를 내왔습니다. 윤석열 대통령의 친일 굴욕외교에 맞서 나라와 민족의 자존심을 지키는 일에 성균인이 앞장섭시다.

윤석열 대통령의 친일 굴욕외교 반대한다!

윤석열 대통령은 굴욕적 강제징용 해법 철회하라!

2023년 3월 24일

윤석열 대통령의 친일 굴욕외교를 반대하는 성균인 일동

경남민주교수연대,
경남지식연대 비상시국선언

"왜 미리 대피 안 됐나?"

2022년 8월 9일 반지하 침수 현장 방문한 대통령이 반지하에서 사는 주민들을 망신 주는 말입니다. 그때만 해도 '왜 저러나?' 했습니다. 9월 미국 순방 중에 한 대통령의 발언은 '바이든'인지 '날리면'인지를 떠나 국민의 대표이자 헌법기관인 국회를 무시하는 것이었습니다.

"여기서 그렇게 많이 죽었다고?"

10월 이태원 참사 현장에서 한 발언입니다. 희생자 가족들은 영정 없이 장례를 치러야 했지만 억울한 죽음에 대한 '검찰' 출신 대통령의 인식을 잘 드러냈습니다. 이번 방일에서 대통령은 게이오대학에서 연설을 했습니다. 그 대학 설립자 후쿠자와 유키치가 했던 말이 떠오릅니다. "조선 인민은 소와 말, 돼지와 개 같다."

"그로부터 104년이 지난 오늘 우리는 세계사의 변화에 제대로 준비하지 못해 국권을 상실하고 고통받았던 우리의 과거를 되돌아봐야 합니다."

2023년 3월 1일 삼일절 대통령 기념사 중 한 대목입니다. 일본의 침탈을 조상 탓으로 돌리고 말았습니다. 강제 노역 희생자와 위안부는 물론 가족의 희생을 무릅쓰고 목숨을 걸었던 독립유공자를 욕보이는 일을 우리나라 대통령이 먼저 나서서 한 것입니다. 경제나 외교 분야에서 많은 것을 일본에 내주고도 일본의 선처를 기다리는 정부도 이런 대통령의 인식을 바탕으로 한 것입니다. 대일관계에서 국익과 국권 훼손에 대한 우려는 조만간 돌이킬 수 없는 현실이 될 것입니다. 코로나 극복과 한류 덕분에 부러움 받던 'K-' 한국은 취임 1년도 되지 않은 현재 주당 최대 69시간을 일해야 하는 비웃음거리 국가가 되어버렸습니다.

강제노역 피해자들에게 배상토록 확정한 대법원 판결을 무효화한 뒤 그분들의 피눈물을 외면하고 일본에서 드셨던 돈가스와 오무라이스는 맛있었습니까? 대표적인 친일파 양성소였던 게이오대학에서 연설하고 박수받으셨을 때 설레었고 일본이 더 '아름답게' 느껴졌습니까? 우리 국민들의 저력을 잘 알고 있는 일본 우익들이 대통령 탄핵을 걱정할 때 무역적자는 올 3월까지 31조를 넘었습니다. 3개월도 지나지 않았는데 지난 한 해 적자의 절반을 넘었습니다. 대북 선제타격, 핵무장 운운할수록 우리는 일본 인도·태평양 전략의 연장선에서 한·미동맹을 미·일동맹의 하위개념으로 전락하고 말았습니다.

독도는 한국 땅이라고 당당하게 말하지 못하는 대통령은 이제 필요 없습니다. 국민들의 피눈물을 외면하고 일본 가서 박수 받는 대통령은 필요 없습니다. 강제동원 문제의 '정의로운' 해결을 위해 3월 6일 발표한 정부 해법을 당장 철회하십시오. 우리 대법원 판결을 존중하고 이에 따라 일본 전범 가해기업들의 책임을 이행하십시오. 이번 굴욕적 외교 참사의 주무 장관인 박진을 해임하십시오. 국민의 생명과 이익을 지키려 하지 않고, 주권자의 존엄과 국격을 훼손하는 대통령을 언제까지 국민들이 참을 것이라고 생각하십니까? 우리 교수연구자들도 그런 대통령을 좌시하지 않을 것입니다.

2023년 3월 27일

경남민주교수연대, 경남지식연대

구걸외교 친일행각
윤석열은 퇴진하라

우리는 한평생을 2세 교육에 전념했던 대구지역 퇴직교사들이다. 교단에서 아이들에게 자신의 이익을 위해 남의 것을 함부로 탐하지 말며, 오로지 약자와 피해자의 인권을 존중하며 더불어 살아가라고 가르쳐왔다.

하지만 반만년 역사를 이어온 민족의 자긍심을 짓밟고 인류의 보편적 가치에 위배되는 윤석열 대통령의 3.16. 대일굴종외교와 한일정상회담을 지켜보며 참담한 심정으로 이 자리에 섰다. 오늘 우리는 끓어오르는 분노와 교육자의 뜨거운 양심으로 윤석열 정부의 반민족 매국적 망동과 반민주적 헌정유린을 엄중히 규탄한다.

윤석열은 대한민국의 국익과 민족의 자긍심을 수호해야 할 대통령으로서 그 소임을 망각하고 3.1절 기념사에서 이미 반민족적·반역사적인 망언을 자행하였다. 이날 윤석열은 "세계사의 변화에 제대로 준비하지 못해 국권을 상실했다"고 말해 일본의 야만적 침략 행위와 36년 식민지배의 책임이 마치 피해자인 우리 민족에게 있는 듯 제국주의 침략자 일본에게 면죄부를 안겼다. 이로써 일제의 침략에 맞서 싸운 애국선열들의 자랑스러운 항일독립투쟁과 3.1 독립운동은 명분 없는 저항 행위로 치부되고 말았다. 통탄할 일이다.

그러나 이것은 작은 시작에 불과했다. 3월 6일 윤석열은 강제동원 피해당사자와 국민의 여망을 깡그리 무시한 채 일본의 이익을 대변하는 '제3자 변제를 통한 강제동원 배상안'을 일방적으로 발표하였다. 2018년 우리 대법원 전원합의부는 '일제침략하에서 일본의 전범기업이 저지른 범죄행위에 대하여 직접 피해자에게 배상하라'는 판결을 내렸다. 그러나 일본 정부와 전범기업인 ㈜신일철주금(옛 '신일본제철')은 우리 대법원의 최종판결에 대해 수년 동안 어떠한 사과와 조치도 없이 모르쇠로 일관하였다. 곰곰이 생각해보면 윤석열의 언술과 제안은 철저히 강자와 가해자의 논리, 제국주의 논리, 정글의 논리가 깔려 있다. 우리 국민이 뽑은 대통령이 맞나? 참으로 분통이 터지지 않을 수 없다.

일제의 강제동원에 대한 재판은 고령의 피해자들이 돈 몇 푼을 받겠다고 해온 것이 아니었다. 일제의 침략과 공범인 ㈜신일철주금은 이제라도 범법행위를 인정하여 사과하고 배상하라는 것이다. 하물며 대통령이라는 자는 생존한 세 분 피해자에게 어떠한 상의도 하지 않은 채 일본 정부와 전범기업에는 면죄부를 주고, 아무런 이해관계도 없는 우리 기업들에게 대신 변제하라는 뜬금없이 내놓은 해결책을, 우리는 도무지 이해도 수용도 할 수 없다. 더욱이 대법원의 최종 확정판결을 행정부 수반인 대통령이 임의로 변경하는 행위는 명백히 삼권분립을 위배한 헌정유린에 해당하여 그 누구도 부정할 수 없는 탄핵의 대상이며 파면의 사유다. 게다가 피해자인 우리의 국익을 대변해야 할 대통령이 가해자인 일본의 입장과 이익을 도모하는 반민족적·반역사적인 행위이며, 인류의 보편적 가치인 인권과 평등과 정의의 원칙을 저버린 처사임이 분명하다.

이에 우리 대구지역 퇴직교사들은 윤석열 정부의 3.16. 대일굴종외교에 대해 엄중히 항의하고 규탄하면서 아래 우리의 요구와 결의를 밝힌다.

우리의 요구와 결의

1. 윤석열 정부는 민족의 자긍심을 짓밟는 3.16. 굴종외교와 매국적 친일행위를 즉각 중지하고 민족과 역사 앞에 사죄하라!
2. '일제 강제동원 제3자 변제안'을 즉각 폐기하고, 헌정유린 행위에 대해 머리 숙여 사과하고 이번 굴종외교 모두를 원인무효 조치하라!
3. 일본 정부는 윤석열의 굴종외교에 편승한 망언과 망동을 즉각 중지하고, 일제의 침략행위와 강제동원의 피해에 대해 정중히 사죄하고, 일본 전범기업은 피해자에게 즉각 직접 배상하라!
4. 한국 기업들은 일본 전범기업을 대신하여 배상해야 할 아무런 책임도 근거도 명분도 없으니, 윤석열 정부의 어떤 부당한 요구에도 절대 응하지 마라. 국민의 요구와 명령을 어기는 기업은 국민적 저항과 불매운동의 표적임을 명심하라!
5. 우리는 윤석열 정부의 대일굴종외교와 매국적 '강제동원 제3자 변제안'이 폐기되고, 일본 전범기업의 직접 배상이 실현되는 그

날까지 끝까지 투쟁할 것을 엄숙히 선언한다.

2023년 3월 27일

대구 퇴직교사 시국선언자(총 245명) 일동

대통령 윤석열은
퇴진하라!

망국적 윤석열 친일정부 퇴진 촉구 전남 퇴직교사 시국선언문

유구한 우리 역사에서 일제 강점기 36년은 가장 부끄럽고 비통한 시간이었다. 해방 이후 일제의 잔재와 민족반역자의 처벌 등 역사 청산을 제대로 하지 못한 일은 더 없는 패착이었다. 여기서 살아남은 친일세력들이 친미반공을 내세우며 분단을 유지하고 통일을 반대하는 기득권 세력을 구축함으로써 민족과 국가의 미래와 발전을 방해하는 족쇄로 지금까지 작용하고 있다.

반민특위 해체 이후 일본 식민지 역사 청산 작업은 국가와 정부가 아니라, 피해자 개인들과 시민사회의 목숨을 건 투쟁에 의해 조금씩 진전되었다. '내가 일본 군대에 끌려간 위안부요' 고백하고 명예를 회복하기 위해 싸움에 나선 고령의 여인들에 의해서 천인공노할 일본군 성노예 실상이 드러났다. 그리고 강제징용으로 야만적인 광산촌에서, 군사 기지에서 청춘을 빼앗기고, 강제 동원된 조선인들에 의해 군함도 같은 살인적인 노동 강도와 반인권적인 강제징용의 실상이 드러나게 되었다.

우리는 이번 대통령 윤석열 정부의 한일정상회담은 우리 국민들의 역사적 노력과 진전을 한순간에 짓밟은 폭거라고 규정한다. 윤석열 정부는 국익을 위한 외교이며 한일 간의 과거를 넘어 미래로 나아가는 길을 열었다고 자화자찬을 늘어놓고 있지만, 이것은 궤변에 불과하다. 국민이 없는 국가가 어디 있으며, 국익을 고려하지 않은 외교가 어디 있을 수 있는가? 역사적으로 피해를 본 국민들을 보듬지 않고 역사가 앞으로 나아간다는 것은 어불성설이다.

더욱이 이웃나라를 침략하여 반인륜적 범죄를 저지른 일본은 전혀 반성하는 태도를 보이지 않고 있다. 만행은 물론 명명백백한 침략 사실조차 인정하지 않을 뿐 아니라, 자신의 과거 치부를 가리기 위해서 한국은 물론 다른 나라의 작은 도시에 설치된 소녀상까지 쫓아다니며 없애려는 치졸한 행태를 보이고 있다. 또한 국내적으로 자국 국민의 우경화를 부추겨 군대를 보유할 수 없도록 한 평화헌법을 파기하고 전쟁할 수 있는 나라가 되기 위한 헌법개정 작업을 시도하여 미국의 세계 재편 작업에 편승하는 제국주의 부활을 시도하고 있다.

우리는 지난 대통령의 3.1절 기념사를 참담한 마음으로 지켜보았다. 또한 한일정상회담을 보면서 대통령과 정부의 역사 인식의 부족과 외교적 무능함을 확인하였다. 반성하지 않는 가해자를 피해자가 먼저 용서하는 일은 현실적으로 가능하지도 않고 옳지도 않다. 가해자가 사실을 인정하지도 않는데도 피해자가 화해를 운운하는 것은 만용이거나 기꺼이 속고자 하는 자발적 기만에 불과하다. 반성하지 않는 가해자를 용서하는 것은 가해자에게 똑같은 범죄를 다시 저지르도록 용인하고 부추기는 행위이기 때문이다.

대통령 윤석열은 검사 출신으로서 기회 있을 때마다 법치주의를 강조해 왔음에도 불구하고 대법원의 판결을 무시함으로써 삼권분립 헌법정신을 위배하였다. '피해자들에게 일본 전범기업이 사과하고 배상하라'는 2018년 대한민국 대법원 전원합의제의 판결을 한국기업이 갹출한 돈으로 대리변제하도록 한 배상안은 사법부의 권한을 침해한 반헌법적 처사이다. 국가가 외면한 일을 노령의 피해자들이 평생을 걸고 싸워온 싸움을 한순간에 무너뜨린 반인류적 행위라고 할 수 있다.

또한 최근의 기업편향 반노동정책과 경쟁교육으로 회귀하는 교육정책도 인권과 인간애의 이해 부족에 기인한 것이다. 이에 대한 근본적인 자성과 철회를 촉구한다.

우리 전라남도 퇴직 교원들은 학생들이 역사적 논쟁 상황에서 사실과 진실이 무엇인지, 국가의 역할과 기능이 무엇이어야 하는지 스스로 사고하고 판단하고, 민주사회의 주체적 시민으로서 무슨 일을 해야 하고, 지식인으로서 어떤 태도를 가져야 하는지를 가르치기 위해 한평생을 바쳤다.

오늘날 나라의 최고 지도자인 대통령과 정부 인사들에 의해 역사와 국가의 존엄성, 민주주의와 법치주의가 통째로 무너지는 모습을 보면서 가슴을 치고 통탄하며, 시정을 요구하는 것이 이 시대 스승으로서 참된 모습이며 양심을 지키는 것이라고 믿는다. 지금이라도 대통령 윤석열과 정부는 각성하고 국민이 무엇을 원하는지 진심으로 살피고 그 자리에서 퇴진하기를 촉구한다.

우리의 요구

1. 굴욕적 친일외교정책을 폐기하라!

1. 반헌법적 강제동원 배상 조치를 철회하라!

1. 자가당착식 역사 왜곡을 중단하라!

1. 독도에 대하여 어떠한 암묵적인 양보 조치도 하지 말라!

1. 교육본질에 부합하는 교육정책을 실시하라!

1. 기업편향적 반노동정책을 수정하라!

1. 언론을 탄압하지 말고 바람직한 언론문화를 창달하라!

2023년 3월 28일

전남참교육동지회(대표 김영효 외 150명)

전남참교육동지회는 2017년 5월 28일 전교조 결성 28주년을 맞아 창립한 전교조 퇴직교사들의 단체로, 현재 전남은 150여 명의 퇴직교사들이 가입하여 활동 중이다.

윤석열 정부의
굴욕외교를 규탄하며
한반도 평화체제의 수립을 요청한다!

 이번 한일정상회담은 대일 굴욕외교의 극치이자 국민의 안전을 책임져야 할 국가수반이 오히려 한반도의 전쟁위기를 고조시킨 망국 행위다. 윤석열 대통령은 외교의 기본을 망각하여 단 한 건의 국익을 챙기지 못한 채 일본의 부당한 요구를 모두 들어준 외교 참사를 저질렀다. 대한민국의 역사로 볼 때 '일제 식민지배의 불법성'은 대일외교에서 절대 포기 불가의 영역이다. 그럼에도 윤석열 대통령은 미래라는 미명 아래 '그랜드 바겐'이라는 황당한 흥정거리 대상으로 삼았음은 물론 이를 대가로 추호도 일본의 사과나 해명도 받아내지 못했다. 가해자의 진심 어린 사죄와 책임인정을 전제하지 않은 미래는 비극을 예비하며, 성찰 없는 과거는 미래가 된다. 5년짜리 대통령이 반만년의 대한민국 역사를 전면적으로 부정할 자격이 없다.

 제3자 변제 해법은 국제 인권규범과 헌법을 위반하고 민주주의와 대한민국 역사를 부정하는 반민주적이고 반역사적인 폭거다. 윤석열 대통령은 일본으로부터 아무런 사과를 받지 않은 채 지난 3월 6일에 일제 강점기의 강제동원 피해에 대한 '제3자 변제' 해법을 제시하였다. 대법원은 이미 2012년에 "한일청구권협정으로 개인청구권이 소멸할 수 없다"라는 판결을 내렸고, 2018년에는 이 판결 취지에 따라 강제징용 피해자들의 청구를 인용하는 확정판결을 선고했다. 당시 국민의힘의 전신인 자유한국당조차 "강제징용 피해자의 권리가 구제되고 역사를 바로 세우는 계기로 일본의 태도 변화를 기대한다"라며 대법원 판결을 환영하는 논평을 발표한 바 있다. 이는 한국과 일본의 시민사회가 강제동원을 둘러싼 과거사 문제를 해결하기 위해 수십 년 동안 운동을 해 온 것이 마침내 결실을 맺은 것이자 피해자 중심의 문제 해결이라는 국제사회의 인권규범을 재확인한 것이었다. 그럼에도 윤석열 대통령은 대법원 판결을 정면으로 부정하여 삼권분립의 원칙을 명시한 헌법을 위반하고 시민사회의 노력과 피해자의 인권과 자존심을 철저히 짓밟는 반민주적 폭거를 행하였으며 대한민국의 역사를 부정하는 반역사적 만행을 행하였다. 나아가 피해자 의사를 무시한 이른바 '제3자 변제방안'을 거꾸로 제안함으로써 피해자 중심주의라는 국제적 인권규범조차 위반하였다. 무엇보다 일본의 불법적 식민 지배와 일본 기업의 반인도적 행위로 말로 표현하기 어려운 고통을 당하였던 강제동원 피해자들의 가슴에 다시 국가가 2차 가해라는 대못을 박았다.

더 큰 문제는 이것으로 그치지 않고 더 큰 대형 참사를 예비한다는 우려다. 일본의 수출규제조치 해제를 위한 WTO 제소와 지소미아 유보는 한국이 행사할 수 있는 대표적 외교적 수단의 지렛대임에도 윤석열 대통령은 이를 자발적으로 포기하고 일본에 헌납했다. 정상회담 직후 NHK의 기하라 세이지 관방 부장관 발언에 근거한 보도에 의하면, 정상회담 자리에서 독도 영유권 문제를 포함한 한·일 현안과 일본군 '위안부 합의'의 실행을 촉구했다고 한다.

왜 윤석열 대통령은 아무리 불법이고 위헌이며 99%의 국민이 반대하더라도 이토록 굴욕적 태도를 견지하겠다고 하는가. 역사의식의 부재, 국제질서에 대한 무지와 천박한 인식만이 아니다. 윤석열 대통령은 "유사시에 (자위대가) 들어올 수도 있는 것"이라고 공언한 바 있다. 즉, 현 정부의 이 무도한 굴욕적 외교정책의 근저에 한미일 안보협력의 강화가 자리한다. 미국은 유럽과 브릭스(브라질, 러시아, 인도, 중국)의 부상에 맞서서 일극의 패권 유지와 중국 포위 전략을 강화하고 있고, 이에 위협을 느낀 러시아가 중국과 협력하여 미국을 견제하려 하면서 우크라이나 전쟁이 벌어졌다. 이런 상황에서 우리가 4대 강국의 균형자 역할을 할 수 있는 중요한 위상에 있음에도 이를 저버리고 미·일 동맹체제에 가담하고 북한과 대결구도로 일관하면, 중국과 대만/미국 사이에 전쟁이 일어날 경우 한반도는 제2의 우크라이나가 될 가능성이 농후하다. 미국의 매파와 일본의 극우세력이 다음 차례로 노리는 것은 한미일 동맹체제를 강화하여 중국에 맞서서 전쟁을 수행하는 것이다. 이 경우 전쟁이 주로 한반도와 대만에서 벌어지면서 전쟁의 피해는 온전히 대만과 한국의 국민이 겪고, 일본은 한국전쟁 때 후방 병참기지 역할을 하여 패전 이후 부활의 발판을 마련한 것처럼 장기침체에서 벗어나 재도약을 할 수 있고 미국은 일극으로서 패권을 유지할 수 있다. 이의 대안은 자주적 균형외교를 복원하고 북한과 평화협정을 맺고 한반도 평화체제를 수립하는 것이다.

지금 윤석열 정권이 들어선 이후 한국 사회 전반에서 급격한 퇴행이 진행되고 있고 국민들은 생활고로 도탄에 빠졌으며 국격은 빠른 속도로 추락하고 있다. 정치, 경제, 사회문화 모든 면에서 위기에 놓였다. 이제 민주주의는 뼈대만 남았고 나라는 안팎으로 파국 직전이다. 이 모든 위기보다 더 심대한 것은 전쟁위기다. 우리는 민주주의를 파괴하고 서민을 도탄에 빠트리고 친일 매국 행위를 하며 전쟁위기를 조장하는 현 정권을 강력히 비판하며, 윤석열 대통령이 지금이라도 대오각성하여 민주주의 확대와 자주외교, 한반도 평화체제 수립의 길에 나설 것을 강력히 요청한다. 이를 저버릴 경우 우리는 여러 형식을 통해 윤석열 정권을 비판하거나 반대하는 운동에 적극 나설 것을 공개적으로 천명한다.

2022년 3월 28일
나라의 미래를 걱정하는 한양대 교수 50명 일동

대일 종속 외교 규탄
시국선언

참담한 마음으로 윤석열 정권의 대일 굴종적 외교와 독재적 정치 행태를 규탄한다.

작금의 대일 굴종적 외교를 보면, 윤석열 정권은 역사를 잃은 정도가 아니라, 아예 일본제국주의의 역사관으로 무장되어 있는 것처럼 보인다. 이번 일제의 강제징용에 대한 윤석열식 해법을 보면 이완용이 환생했다고 해도 과언이 아닐 것이다. 윤석열 정권의 대일 굴종적 태도는 나라의 주권도, 국민의 자존감도, 민족의 긍지도 없는 토착 왜구, 그 이상도 이하도 아닌 행태이다. 이에 평생을 교단에서 후학을 가르쳤던 우리 인천퇴직교육자협의회 회원 일동은 다음과 같은 이유로 윤석열 대통령의 퇴진을 요구한다.

첫째, 나라의 근간이 뿌리째 흔들리고 있다!

대한민국은 민주공화국이다. 민주공화국은 국민이 주인이다. 주인인 국민의 의사를 무시하고, 이를 거스르는 자는 독재자이다. 국민의 다수가 독재자의 굴종 외교로 비롯된 국기문란에 분노하며,

단호히 거부하고 있다. 과거의 독재자들이 국민에 의해 타도되었듯이 윤석열 대통령도 타도의 대상이 되었다. 윤석열은 역사의 준엄한 심판을 받을 것이다.

둘째, 대통령은 삼권분립을 무시한 헌법 파괴행위를 하였다!

일제강제징용에 대한 대법원의 배상판결은 누구도 거역할 수 없는 엄중한 결정이다. 그런데 행정부의 수장인 대통령이 대법원의 판결을 무시하고, 제3자 셀프 배상안이라는 기괴한 논리를 들고 나왔다. 이것은 피해 당사자를 비롯한 국민의 자존감을 짓뭉개는 행위를 넘어서, 사법권의 파괴로 삼권분립의 헌법정신을 파괴한 국기문란의 행위이다.

헌법을 파괴한 대통령에게 더는 나라를 맡길 수 없다. 당장 그 자리에서 내려오라!

셋째, 국가와 국민을 지키아 하는 대통령의 책무를 어겼다!

강제징용 피해자는 일본과 가해기업의 사죄와 배상을 원한다. 사죄도 없이, 가해기업의 배상도 아닌, 국내기업의 배상을 원하는 피해자는 아무도 없다. 더구나 최근의 일본 방문외교에서 일본언론들은 독도 문제, 후쿠시마산 멍게 수입 등을 다루었다고 밝혔다. 그러나 윤석열 정부는 이에 대해 부인하거나 모호하게 대응하면서 국민을 기만하고 있다. 또한 일본의 간악한 수출규제에 맞서서 발전시켜온 국내 소부장 산업 지원 예산을 전액 삭감하고, 일본산 부품을 수입하게 하여, 다시금 대일 경제종속의 길로 향하고 있다.

윤석열은 진정 어느 나라를 위한 대통령인가.

또한 주당 노동시간을 69시간으로 늘리려 시도하고 있어 국민의 인간다운 삶을 파괴하려 하고 있다.

대한민국의 대통령은 대한민국의 국익과 영토 수호, 국민의 안전과 행복을 지키기 위해 존재해야 한다. 이를 부정하는 대통령은 이미 대통령이 아니다. 당장 그 지리에서 내려오라!

우리는 지금 여기에서 역사의 방관자였다는 부끄러움을 남길 수 없다. 또한 후손늘에게 물려줄 이 나라가 부끄러운 역사를 되풀이하는 것을 방관할 수도 없다.

우리는 애국선열이 지켜온 나라의 주권을 굳건히 지키기 위해 힘을 뭉쳐 나갈 것이다. 그리하여 후손들에게 영광된 대한민국을 물려주기 위해 모든 노력을 경주할 것이다.

우리의 요구

하나. 일제의 강제 동원에 대한 굴종적 배상안을 철회하라.

하나. 일본에 대한 굴종적 외교를 즉시 중단하라.

하나. 선열들이 이룩한 민족사의 왜곡을 중단하라.

하나. 윤석열 대통령은 합법의 탈을 쓴 독재적 정치행태를 즉각 중단하라.

하나. 우리의 요구를 수용할 수 없다면 윤석열은 당장 퇴진하라.

2023년 3월 29일

인천퇴직교육자협의회 73명 일동

10. 29 이태원 참사와
퇴행적 역사 현실을 마주하는
문화예술인 시국선언

2022년 10월 29일, 159개의 우주가 소멸되던 그 밤에서 우리는 자유롭지 못하다. 좁은 골목길로 내몰리던 10만 명의 사람들은 과연 누구였는가? 우리의 이웃, 우리의 형제, 우리의 아들딸, 우리 자신이었다. 축제에 나온 우리들의 생명과 안전은 지켜지지 않았고 그 밤의 아픔과 슬픔, 충격과 공포는 죽어간 이들과 살아남은 우리의 몫으로 오롯이 떠넘겨지고 있다. 예견된 참사, 끝없는 구조요청과 신고를 외면하고 불과 1,500미터 옆 대통령 용산집무실을 지키는 일에만 몰두하던 공무원은 누구로부터 녹을 받아먹는 누구의 공무원인가? 유가족들의 진상규명·책임자처벌의 요구와 '우리를 잊지 말아 달라'는 외침에도 우리 사회는 침묵을 강요당하거나 세뇌당하고 있다. 정치적 이해득실을 따지며 책임을 지지 않으려고 발버둥치는 정부, 희생자 이름도 영정 사진도 하나 없는 분향소를 거대하게 차려놓고 일방적인 애도를 강요하던 정부에게 우리는 묻고 싶다. 우리는 꼭 알아야겠다. 왜 막을 생각이 없었는지, 왜 구하지 않았는지.

그날 밤 희생자들에게 어떤 짓을 했는지. 왜 유가족들에게 감추고 알리지 않았는지. 왜 유가족들을 모이지 못하게 했는지….

우리는 예술인이다. 예술인은 침묵과 무기력, 눈치보기, 줄세우기에 결코 순응하지 않는다. 오히려 촛불처럼 자신을 불사르며 예술작품으로 세상을 향해 나아가고 세상을 밝힌다. 외세에 의해 유린당하고 전쟁의 참화를 지나 현대사의 굴곡과 소용돌이를 겪어온 우리 역사와 삶의 길목마다에서 예술은 어디에서 무엇을 해왔는가? 반외세, 반봉건, 보국안민의 동학운동과 자주독립을 선언한 3.1 만세운동, 부정선거 규탄과 민주실현을 외치던 4.19 민주항쟁, 5월학살자 군부독재를 끝장내려던 6월항쟁, 농민들의 삶에 함께하는 농민회운동, 민주노조의 힘으로 일떠선 노동조합운동, 깨어있는 시민의 힘으로 나라를 바꾸어온 시민운동, 대추리-매향리-군산미군기지-강정해군기지-성주사드기지에서 울려퍼지는 평화운동, 4.16 세월호참사와 박근혜퇴진 촛불의 거리에서 빠짐없이 우리 예술인들은 '살만한 사회'를 간절하게 염원하며 어둠을 밝히려고 행동해왔다. 우리는 마땅히 기꺼이 그러했고 충분하다고 생각했다. 이만하면 살만한 나라가 되었다고도 생각했다. 슬프고 힘들고 억울한 곳, 이젠 한 걸음 뒤로 물러나 즐겁고 경쾌하고 아름다운 것들을 바라보며 노래하면 되리라 생각했다. 더 이상 예술이 겨울 거리에 서지 않아도 되리라 생각했다. 착각이었다.

불과 0.7%, 24만 표 차이로 취임한 윤석열 정부는 역사의 퇴행과 역행을 저지르고 있다. 겸손하고 낮은 자세로 국민의 말을 경청하고 민의를 따라야 마땅한 선출직 대통령이 무소불위의 권능을 가진 것

마냥 오만과 만용을 일삼고 있다. 충분한 검토와 논의도 없이 2달 만에 대통령실 이전을 강행한 이후 검찰 권력을 앞세워 야당을 길들이려 들고, 자신들의 정당조차 '윤핵관'과 우익 전체주의자들의 전유물로 만들어 대결적 정치행보를 이어가고 있다.

또한, 옆에서 사람이 죽어도 다시 기계를 돌려야 하는 처참한 노동현실에서도 노동조합과 노동운동가를 불온시하고 사문화된 국가보안법을 꺼내 노동조합과 시민단체 활동가들을 잡아가두며 온 국민을 불안정노동·장시간노동의 암울한 삶으로 밀어 넣으려 하고 있다. 오직 더 많은 이윤을 위해서라면 국민들의 일상을 파괴하고 쥐어짜도 된다는 산업개발 독재시대의 망령이 되살아나고 있다.

뿐만 아니라 윤석열 정부는 한미일 공조를 앞세워 동북아의 평화질서를 깨뜨리고, 동북아 전쟁도 불사하겠다는 위험천만한 대결주의 망동으로 내달리고 있다. 자유민주주의국가들과의 국제연대를 추진하겠다면서 낡고 천박한 이념대결을 도모하며 신냉전의 돌격대를 자처하는 윤석열 정부에게 국민의 생명과 안전은 소모품이자 기회비용일 뿐이다. 이 땅에서 벌인 잔혹한 일본 군국주의 전쟁범죄에 굴욕적인 면죄부를 주고는 새로운 미래를 향해 나가자고 포장한다. 국가 간 이념 대결과 군사력 대결은 결국 침략과 전쟁으로 귀착될 뿐이다. 한반도 평화를 위해 종전을 선언하고 평화협정을 맺자는 당연한 이야기도 북한의 지령이라며 친북좌파로 몰아 잡아가두는 퇴행을 어찌 지켜보고만 있을 것인가?

이명박·박근혜 정부에서 자행했던 문화예술계 블랙리스트 사건의 국가소송을 통해 피해 예술인에 대한 보상이 이루어졌으며, 예술 표현의 자유를 침해하는 부당한 국가권력에 대한 법률적 조치로 '예술인권리보장법'까지 제정되었다. 그럼에도 윤석열 정부는 자신을 풍자하고 비판하는 청소년의 만평 입상을 취소하고, 행사 공연 선곡을 바꾸지 않는다고 공연 순서에서 제외하고, 국회의 전시작품을 새벽에 강제 철거하는 일까지 벌이고 있다. 각종 문화예술기관 단체상들을 코드인사로 일제히 교체하고 지원예산의 편향적 삭감과 몰아주기를 자행하고 있다. 국회와 지방의회에선 정부 여당 의원들을 앞세워 특정 문화예술인들을 조사하며 물어뜯는 일까지 벌어지고 있으니 이를 어찌할 것인가?

과거를 기억하지 못하면 과거의 오류를 반복하게 되어 있다. 우리가 피땀으로 일구어온 민주·평화·인권의 시계를 30년 전으로, 아니 100년 전으로 거꾸로 돌리고 있는 정권의 망나니춤을 지켜볼 수만은 없다.

"우리는 권력에 충성하지 않는다. 공정과 상식이 통하는 세상을 만들기 위해 노래할 것이며, 자유의 가치를 지키기 위해 창조하며 그릴 것"이라는 저들 입술 위 거짓의 말은 우리에게 와서 참말이 될 것이고 우리의 행동이 될 것이다. 우리는 기꺼이 불공정과 몰상식의 세상에서 블랙리스트가 될 것이다.

다시 이곳이다. 또 그 자리라는 낙담과 허무를 허물고 새롭게 다시 이곳이다. 3월 만세를 외치던, 4월 의거를 시작하던, 6월 열사를 눈물로 부르던, 눈망울 같은 촛불을 들고 다짐하던 이곳 광장이다. 바로 여기에 차가운 겨울을 석 달 견디고, 불온한 봄을 또 두 달 기다린 159 청춘들의 영정이 있다. 우리 예술인들은 10월 29일 그날의 진실이 밝혀질 때까지 유가족들의 곁에 설 것이다. 무책임을 거짓으로 가린 자들이 처벌받을 때까지 희생자들의 영정 곁에 서서 그들의 존엄을 지킬 것이다. 이곳에 굳게 발을 딛고 연대하며 우리 예술인과 문화예술단체들은 생명과 평화를 향한 걸음을 힘차고 끈질기게 내디뎌 갈 것이다.

2023년 3월 29일
10.29 이태원 참사와 퇴행적 역사 현실을 마주하는
문화예술인 시국선언 참가자(125개 문화예술단체와 930명의 개인) 일동

대일 굴종 외교 윤석열 정권 퇴진하라

유구한 역사를 이어온 우리 민족의 정통성을 짓밟고 일본제국주의 역사관으로 무장한 듯한 윤석열 대통령의 일제의 강제징용에 대한 해법을 보면서 참담한 마음으로 이 자리에 섰다. 윤석열 정권은 나라의 주권도, 국민의 자존심도, 민족의 긍지도 저버린 집단이다. 평생을 교단에서 아이들을 가르쳤던 우리는 교육자의 양심과 끓어오르는 분노를 담아 윤석열 정권의 대일 굴종적 외교와 반민주적 헌정 유린을 엄중히 규탄한다.

윤석열은 국가와 국민을 지켜야 할 대통령의 책무를 망각하고 3.1절 기념사에서 "세계사의 변화에 제대로 준비하지 못해 국권을 상실했다"라고 말해 침략자 일본의 야만적 침략행위와 36년 식민지배의 책임이 마치 피해를 본 우리 민족에게 있는 것처럼 치부함으로써 제국주의 일본의 만행을 정당화시켰다. 일제의 침략에 맞서 들불처럼 일어났던 우리의 자랑스러운 3.1 운동과 이후 활발하게 전개된 항일 독립투쟁을 깔아뭉개 버렸다.

2018년 우리 대법원 전원합의부는 "일제 침략하에서 일본의 전범 기업이 저지른 범죄행위에 대하여 직접 피해자에게 배상하라"고 판결했다. 일제 강제징용에 대한 대법원의 배상 판결은 누구도 거역할 수 없는 결정이다. 그런데 윤석열은 대법원 판결을 무시하고 일본의 이익을 대변하는 "제삼자 변제를 통한 강제 동원 배상안"을 일방적으로 발표하였다. 이것은 강제노역 피해자와 국민의 여망을 무시하는 행위를 넘어서 삼권분립의 헌법정신을 파괴하는 국기 문란 행위이다. 윤석열의 강제 동원 배상안은 강자와 가해자의 논리, 제국주의 논리를 그대로 대변하는 것이다. 더 이상 헌법을 파괴하는 대통령에게 나라를 맡길 수 없다.

일제의 강제징용 피해자는 돈 몇 푼을 받겠다고 싸워온 것이 아니다. 침략자 일본과 가해기업이 저지른 범죄행위에 대하여 사죄하고 배상하라는 것이다. 전범기업의 배상이 아닌 국내 기업의 배상을 원하는 피해자는 아무도 없다.

대통령은 국익과 영토 수호, 국민의 안전과 행복을 지키기 위해 존재해야 한다. 그런데 피해자인 우리의 국민을 대변해야 할 대통령이 가해자인 일본의 입장과 이익을 도모하는 대통령은 이미 대통령이 아니다. 반민족적·반역사적인 행위, 인류의 보편적 가치인 인권과 평등과 정의의 원칙을 저버리는 대통령은 이미 대통령이 아니다.

이에 우리는 윤석열 정권의 대일 굴종 외교에 대해 엄중히 항의하고 규탄하면서 아래 우리의 요구와 결의를 밝힌다.

우리의 요구와 결의

하나. 일본에 대한 굴종 외교와 매국적 친일 행위를 즉각 중단하라!

하나. '일제 강제 동원 제3자 변제안'을 즉각 폐기하라!

하나. 일본 정부는 침략행위와 강제 동원의 피해에 대해 성중히 사죄하고, 일본 전범기업은 피해자에게 즉각 배상하라!

하나. 한국 기업들은 전범기업을 대신하여 배상할 아무런 책임도 근거도 명분도 없다. 윤석열 정부의 어떤 부당한 요구에도 절대 응하지 마라!

하나. 윤석열 대통령은 합법의 탈을 쓴 독재적 정치행태를 즉각 중단하라!

하나. 우리의 요구를 수용할 수 없다면 윤석열 대통령은 당장 퇴진하라!

하나. 이상의 요구가 관철될 때까지 우리는 끝까지 투쟁한다!

2023. 3. 30.

대전 퇴직교사 시국선언자 171명 일동

윤석열 정부는 매국적
강제동원 보상안을 즉각 철회하라!

매국적 일제 강제동원 보상안 규탄 충남대학교 교수 공동성명

지난 3월 6일 윤석열 정부는 강제동원 관련 대법원 판결을 이행하는 문제에 대한 기이한 해법을 내놓았다.

우리는 윤석열 정부의 매국적인 강제동원 보상안을 다음과 같은 이유로 강력히 비판한다.

1. 무엇보다 이 정부가 내놓은 납득할 수 없는 조치는 국민의 기본권과 인권을 침해하며, 삼권분립 원칙을 훼손한다. 대법원은 2012년에 1910년 강제병합조약의 불법성을 명확히 하면서 "국가간 외교협정으로 개인청구권이 소멸할 수 없다"는 취지의 판결을 했다. 이어서 2018년 10월 대법원은 가해 일본 기업의 배상 책임을 확인했다. 사법부의 최종판결이다. 그런데 윤석열 정부는 확정판결을 받은 피해자에게 한국 기업의 자발적 기여로 배상금과 지연 이자를 지급하겠다는 3자 변제 방안을 제시했다. 대법원의 판결을 정면으로 짓밟은 결정이다. 이는 최고사법기관의 판결을 행정부가 뒤집는

것으로 유례를 찾기 힘들다. 삼권분립이라는 민주주의 기본 원리를 무시한 것으로서 여러 법률가가 지적하듯이 헌법을 위배한 탄핵 사유이다.

2. 제3자 변제안은 윤석열 정부가 일본의 책임을 회피하려는 야망에 부응한 결과이다. 강제동원에 시달렸던 노인들의 팔을 꺾는 반인권적 행위다. 제3자 변제안은 우리 기업들이 배상금과 지연 이자를 물도록 하려는 것이다. 이는 우리 기업이 막대한 손해를 감수하라는 것으로 권력자의 직권남용이다. 생존 피해자들과 유족이 제3자 변제안을 강력히 거부하는 것은 너무나 당연한 반응이다. 강제동원자에 대한 일본 가해기업의 배상 책임을 명확히 한 대법원 판결은 수십 년간 한국 사회가 강제동원 등을 둘러싼 과거사 문제의 해결을 위해 싸워 얻은 소중한 결실이다. 더 나아가 가해자의 시각이 아니라 피해자 중심에서 문제를 접근해야 한다는 국제사회의 인권규범을 따른 상식적인 판결이었다. 그런 판결을 짓밟고 오직 일본의 시각에서 제3자 변제안을 꺼내든 윤대통령이 어느 나라 국가 수반인지를 우리는 묻지 않을 수 없다.

3. 이 정부는 지금까지 어렵게 이룩한 한반도 평화 프로세스를 완전한 실패로 규정하면서 현실적 근거를 찾기 힘들 뿐 아니라 자칫 한반도를 국제 열강의 대리 전쟁터로 만들 수 있는, 한미일 안보협력을 강화한다는 변명을 내세운다. 한반도를 위기에 빠뜨리는 위험천만한 선택이다. 이런 발상은 한반도의 평화와 대한민국의 국익이 아니라 일본 극우세력의 입장에 투항하는 결과를 낳을 것이 불을 보듯 뻔하다. 외교와 국제정치는 "우리가 호의를 베풀고 머리를 숙이

면 상대도 그렇게 나올 것이다"라는 순진함이 통하는 곳이 아니다. 냉철한 국제정치 현실에 대해 천박한 수준을 드러낸 윤석열 정부의 강제동원피해자 해법은 문제의 해결이 아니라 더 많은 갈등을 만들어내는 출발점이 될 것이다.

4. 대한민국 대통령은 "헌법 준수, 국가 보위, 평화적 통일과 자유, 복리, 민족문화 창달을 위해 노력한다"는 엄숙한 사명이 있다. 대한민국 헌법 전문에서는 "우리 대한국민은 3·1 운동으로 건립된 대한민국임시정부의 법통과 불의에 항거한 4·19 민주이념을 계승하고, 조국의 민주개혁과 평화적 통일의 사명에 입각하여 정의·인도와 동포애로써 민족의 단결을 공고히" 한다고 되어 있다. 그간의 어지러운 행보는 윤대통령이 "3.1 운동"의 민족정신과 "4.19 민주이념"을 제대로 이해하고 있는지를 의심하게 만든다.

이에 우리는 윤석열 정부에게 매국적인 강제동원 해법 추진을 즉각 중단하고 국민 앞에 정중히 사과할 것을 강력히 요구한다.

2023년 3월 30일

충남대학교 교수 서명자 135명 일동

윤석열 정부의
'일제 강제동원 배상안' 철회를 요구한다

우리는 헌법적 가치와 역사 정의에 역행하는 윤석열 정부의 '강제동원 배상안'에 심각한 우려를 표방하며, 국민적 기대에 반하는 일방적인 정책 추진을 즉각 철회할 것을 강력하게 요구한다.

일본은 1931년 만주사변, 1937년 중일전쟁, 1941년 태평양전쟁을 일으키며 전시 통제·동원정책을 강화하였다. 이 과정에서 1938년 〈국가총동원법〉, 1944년 〈국민징용령〉 등을 통해 조선인에 대한 징용과 강제동원을 실시하였다. 조선인 강제동원 피해자는 대략 7백 8십만 명에 이르며, 이들 대부분이 약속한 급여를 받지 못한 채 탄광, 항만, 비행장, 발전소, 군수공장 등에서 강제노역에 시달렸다.

해방 이후 1965년 체결된 한일청구권협정이 외면했던 강제동원 피해자들의 권리 찾기 운동은 1990년대 제기된 피해 배상 소송으로 본격화되었다. 비록 일본 법원에서의 소송은 패소하였지만, 한국에서 일본 기업을 상대로 한 피해 배상 소송은 오랜 법정 공방 끝에 2018년 승소하였다. 당시 한국 대법원은 '강제동원 배상 청구권은

1965년 한일청구권협정에 포함되지 않으므로, 일본 기업의 배상은 정당하다'는 판결을 확정하였다. 판결에 불복한 일본 기업은 배상 이행을 거부하였고, 일본 정부 역시 경제 보복 조치로 대응하면서 한일관계는 경색되었다. 출범 직후부터 한일관계 정상화에 대한 적극적 의지를 표명했던 윤석열 정부는 한일정상회담을 앞두고 소위 '제3자 변제 방안'을 제안하였으며, 일본 수상과의 회담을 통해 이를 공식화하였다.

윤석열 정부의 이번 '제3자 변제 방안'은 과거사에 대한 반성이 없는 일본 가해기업을 대신해 한국 기업이 피해 배상금을 지급하겠다는 것으로, 참으로 굴욕적이고 참담한 외교실패이다. 뿐만 아니라 국가의 책무를 저버리고 국민을 기만하는 반헌법적이며 반민주주의적인 행태로서 도저히 용납할 수 없다.

첫째, 윤석열 정부의 배상안은 피해 당사자의 동의를 얻지 못한 일방적인 조치로서 피해자 중심의 문제 해결을 원칙으로 하는 국제사회의 인권규범에 정면으로 배치된 상식 밖의 결정이다. 또한 국민 일반의 정서에 반해 가해자인 일본 기업에게 사실상의 면죄부를 주었다는 점에서 우리 대법원의 사법적 결정을 스스로 부인한 반헌법적 행위로 지탄받아 마땅하다. 우리나라 헌법은 부당한 식민통치로 인해 고통받은 피해자들의 정신적, 육체적, 경제적 회복과 치유에 앞장서야 할 중대한 책무와 당위성을 포괄하고 있다. 현 정부는 이러한 헌법적 가치에 입각한 대법원 판결을 존중하고 국민의 존엄을 지키기 위해 앞장서야 함은 당연하다. 그럼에도 국민의 존엄과 헌법적 가치를 내팽개친 채 오로지 일본의 입장만을 일방적으로 대변한 윤석열 정권은 국민적 저항과 역사의 준엄한 평가를 받게 될 것이다.

둘째, 윤석열 정부는 한일관계 파탄의 책임이 일본에게 있음을 분명하게 말하지 못한 채, 국익을 명분으로 피해자들의 희생을 요구하는 2차 가해를 중단해야 한다. 잘못된 과거사의 반성 문제를 경제 보복 조치로 맞서며 한일관계를 파국으로 몰아간 것은 일본 정부이다. 양국의 과거사 문제는 상호존중을 바탕으로 계속해서 협의해야 할 사안임에도 일방적인 경제 보복 조치로 일관한 일본 정부에 대해 현 정부가 일언반구도 비판하지 않는 이유는 무엇인가? 과연 이 나라 국민인 피해자들의 존엄과 정당한 법적 권리를 지키지 못하고 그들을 외교적 흥정의 대가로 해서 얻는 국익이 무엇인지, 그것이 정당한 것인지, 누가 윤석열 정부에게 이와 같은 권한을 주었는지 물을 수밖에 없다. "어디 윤석열 대통령은 한국사람인가, 조선사람인가, 어느 나라에서 온 사람인지 모르겠다"는 양금덕 할머니의 피맺힌 외침은 피해자들만의 절규가 아니라 온 국민의 준엄한 물음이다. 윤석열 정권은 이 물음에 답해야 한다.

셋째, 우리는 이번 '강제동원 배상안' 사태로 나타난 윤석열 정부의 외교정책이 신냉전체제의 강화로 이어질 것을 우려한다. 21세기 동아시아의 평화와 번영을 위한 한일관계는 불행한 과거사를 지우는 것이 아니라 비록 아프지만 성찰하고 반성하며 완전한 치유의 길로 나아가야 한다. 불행한 과거사에 대한 반성은 미래 발전적 한일관계를 가로막는 장애물이 아니라 더 큰 상호신뢰와 협력의 토양이라는 사고의 전환이 필요하다. 잘못된 과거사에 대한 진실한 사죄는 더 큰 울림과 반향 속에서 일본을 동아시아 평화공동체의 일원이 되게 할 것이다. 또한 이번 강제동원 배상안 사태의 이면에 놓여 있는 한·일 군사협력 강화는 동아시아 지역의 군사적 긴장과 대립을 고조시킬 위험이 있다. 동아시아 주변국과의 호혜적인 관계 발전에 역행하는 신냉전질서의 구축은 한반도의 분단질서를 극복하고 평화를 유지하는 데 결코 도움이 될 수 없다. 우리는 급변하는 국제정세 속에서 현 정부가 전쟁 위기를 고조시키는 신냉전체제에 가담하기보다는 동아시아 지역의 평화를 위한 외교정책을 추진할 것을 요구한다.

강제동원 배상방식은 대법원의 판결에 입각하여 피해자에게 정당한 배상이 이루어지도록 하는 것 이외에는 다른 방법이 없다. '사죄 없이 동냥처럼 주는 돈은 받지 않겠다'고 토로하신 피해 당사자의 울분은 35년 굴욕의 식민통치를 뛰어넘어 자주독립국가의 국민으로 대접받고 싶다는 간절한 소망에 다름 아니다. 우리는 지금이라도 윤석열 정부가 제시한 '강제동원 배상안'을 즉각 철회하고 새로운 해결방식을 국민과 함께 모색할 것을 강력히 요구한다.

1980년 5·18 항쟁의 발원지인 우리 전남대학교의 교수들은 불의에 맞서 '타인의 고통'에 응답했던 광주시민의 주먹밥과 연대의 정신을 기억하며, 강제동원 피해자들과 함께할 것이다.

2023년 3월 30일

윤석열 정부 '일제 강제동원 배상안' 반대
전남대학교 시국성명 참여 교수 일동

친일 매국,
윤석열은 퇴진하라!

우리의 요구

1. 굴욕적 강제 동원 배상안을 철회하라!

1. 강제 동원 배상 조치에 대하여 사과하라!

1. 일본에 대한 친일 매국 외교 중단하라!

1. 반복적인 역사 왜곡 중단하라!

1. 국민 건강 좌우하는 방사능 오염수 방출을 저지하라!

3.1절 기념사를 포함하여 방일 외교에 이르기까지, 윤석열 정부는 자신들의 무능과 역사 인식의 부재를 그대로 드러내었다. 국가가 국민과 역사를 저버린 행위를 하였다. 이에 우리 퇴직교사들은 윤석열 정부의 친일 매국 굴욕 외교를 규탄하며 퇴진을 촉구한다.

윤석열 정부는 궤변으로 일관하고 있다. 국익을 위한 외교였다고 강변하지만, 국민이 없는 국익은 있을 수 없다. 역사적으로 피해를 본 국민을 저버리고 앞으로 나아간다는 것은 어불성설이다.

침략을 통해 인류에 반하는 범죄를 저지른 일본은 반성하는 태도를 보이지 않고 있다. 일본은 타국의 작은 소녀상 하나까지 쫓아다니며 치밀하게 자신들의 역사를 감추기에 급급하다. 군대를 보유할 수 없는 전범 국가임에도 불구하고 과거에 대한 반성은커녕, 평화헌법을 통해 눈 가리고 아웅하는 식으로 제국주의 부활을 시도하고 있다.

반성하지 않는 가해자를 피해자가 먼저 용서하는 일은 가능하지 않다. 가해 당사자가 사실을 인정하지도 않는데 화해를 운운하였다. 반성하지 않는 가해자를 용서하는 것은 가해자에게 똑같은 범죄를 저지르는 것을 용인하는 행위일 뿐이다.

윤석열 대통령은 검사 출신으로서 늘 법치주의를 강조했다. 대법원의 판결 결과를 대통령이 무시하고 폐기하는 것은 법치주의에 맞지 않는 일이며, 반드시 지켜야 할 원칙은 내던진 일이다.

1965년 '한일청구협정'과 관련해 개인청구권 소멸은 불가능하다며 2018년 대한민국 대법원 전원합의체도 '피해자들에게 일본 전범 기업이 사과하고 배상하라'라고 주문했다. 하지만 가해자 전범기업이 지불할 배상액을 한국 기업이 갹출한 돈으로 대리변제하도록 한 배상안은 대법원 판결을 부정한 것이며 행정부 수반이 사법부를 침해한 반헌법적 처사이다.

이번 일본과의 외교에서 기준은 국익이었다고 강변한다. 윤석열 정부는 국익이라는 말로 국민을 저버린 행위를 정당화하려고 한다. 국민은 손해를 보았는데 이익은 누가 보았는가? 국가 존재 이유는 국민을 보호하는 것이다. 국민을 보호하지 않는 정부가 국익을 논할 자격이 있는지 묻고 싶다.

윤석열-기시다 한일 정상회담은 매국 행위에 다를 바 없는 굴욕적인 외교였다. 지난해 11월 캄보디아 프놈펜에서 한·미·일 정상이 발표한 '인도·태평양 한·미·일 3국 파트너십 성명'을 보면, 한·미 동맹을 미·일 동맹 하위개념에 복속시켰다. 미국과 일본이 짜놓은 판에 한국이 종속되는 모양새로 군사 공조를 강화했다. 그 탓에 일본 군대가 한반도 동해와 서해에서 군사작전을 수행했고, 우리 땅 독도에 함정을 접안했다. 국가와 국민을 지켜야 할 대통령이 대한민국 평화와 안전을 위협하고 있다. 나라의 미래와 국운이 걱정된다.

우리는 학생들이 역사적 논쟁 상황에서 사실과 진실이 무엇인지, 국가의 의미가 무엇인지 스스로 사고하고 판단하여, 민주주의 사회의 주체적 시민이 되도록 적극적으로 돕기 위해 일평생을 바쳐왔다. 아이들에게 가르쳐온 올바른 역사 인식과 민주주의와 법치주의의 가치가 무너지는 모습을 보며 개탄하지 않을 수 없다. 지금이라도 윤석열 정부는 각성하고 국민이 무엇을 원하는지 겸허한 자세로 살펴볼 수 없다면 퇴진하는 것이 정답이다.

2023. 3. 30.

경기지역 퇴직교사 시국선언자 일동

대일 구걸, 굴욕외교
윤석열 정부 규탄!
일본의 사죄배상 촉구!

　윤석열 정부는 우리 기업의 기부를 모아 국내 재단이 피해자들에게 대신 보상하는 '제3자 변제안'을 강제동원 해법으로 공식 발표했다. 국민 60% 이상의 반대에도 불구하고, 정부는 한일정상회담을 통해 전범기업의 사죄도 배상도 빠진 이 해법에 쐐기를 박았다. 정부는 일본의 '성의 있는 호응'을 구걸했지만, 돌아온 일본의 반응은 '지켜보겠다'는 적반하장의 태도였다. 피해자가 가해자를 찾아가 오지도 않을 호응을 구걸한 바 당연한 결과였다. 오히려 정부·여당은 "우리 대법원 판결 탓에 강제징용 문제가 불거진 상황에서 대승적으로 결단한 것"이라며 망언을 쏟아냈다. 김진태 도지사 역시 "과거에만 발목을 잡혀서도 안 된다"며 낯뜨겁게 옹호했다.

　일본 정부의 태도는 예상을 한치도 비껴가지 않았다. 시종일관 식민지배 가해사실을 부정했고, 피해국이 해법을 가져오라며 적반하장으로 일관했다. 사과와 배상 대신 '과거 정권의 역사인식을 계승한다'는 모호한 입장만 표명했다. 일본의 역대 정권들은 한결같이 식민지배를 부정했으며, 그나마 고노 담화와 무라야마 담화와 같은 추상적인 사과조차 스스로 뒤집으며 퇴행을 거듭해 왔지 않는가. 피고기업들 역시 "1965년 한일청구권협정으로 이미 배상의무는 끝났다"며 기존 입장을 반복했다. 심지어 기시다 총리는 "옛 조신반도 출신 노동자"라는 표현을 사용하며, 식민지배와 강제동원 사실 자체를 부정하는 가해자의 역사인식을 한국 대통령 앞에서 버젓이 읊조렸다.

면전에서 모욕당한 와중에도 윤석열 대통령은 "구상권청구는 없을 것"이며 일본의 일방적 수출규제에 맞서 제기한 WTO 제소를 알아서 취하하겠다고 밝혔다. 강제동원 문제를 희생해 얻어낸 대가는 단 3개 품목의 수출규제 해제였으며, 그나마 화이트리스트(일반포괄허가) 복구 문제는 결렬되어 온전한 회복은 얻어내지도 못했다. 대한민국 영업사원 1호를 자처하던 일국의 대통령이 오므라이스 한 그릇과 폭탄주 한 잔에 주권을 팔아넘긴 셈이다.

2018년 대법원 판결은 일제의 한반도 불법강점과 그로 인한 강제동원의 불법성을 인정하고, 이로부터 피해자 개인에 대한 일본기업의 배상책임을 인정한 판결이었다. 그러나 이번 해법은 '한반도 불법강점과 강제동원은 애초에 존재하지 않았으며', '한일청구권협정으로 배상책임은 소멸되었다'는 일본 우익의 주장을 그대로 받아들인 꼴이다. 사법주권과 삼권분립을 내다 버린 결정이, 입만 열면 법치를 강조하던 검찰 출신 대통령에게서 어떻게 나올 수 있었는지 통탄할 노릇이다.

한일 재벌기업의 '미래청년기금' 조성은 또 무슨 의도인가. 전범기

204

업은 쏙 빼놓은 정체불명의 기금이라는 점에서 피해자를 치유하는 방안과 아무런 관련 없는 물타기임은 말할 것도 없다. 피해자를 팔아 받은 돈으로 일본 유학생을 지원하는 게 손해배상과 무슨 상관이란 말인가. 과거사를 팔아넘긴 것도 모자라 미래세대의 역사까지 팔아넘기고, 청년 신新 친일파를 길러내겠다는 음모다.

한일정상은 이번 회담에서 한일군사정보보호협정(지소미아)이 완전히 복원됐음을 선언했다. 한일 군사협력은 이제 군사동맹으로까지 나아갈 토대를 갖췄으며, 자위대의 한반도 진출은 이제 우려가 아니라 현실이 되었다. 한반도가 첨예한 신냉전 대결구도로 빨려 들어가고 있는 상황에서, 이번 해법은 피해자를 제물 삼아 한국을 미일 군사동맹의 하위파트너로 완전히 편입시키는 길이며, 일본의 군국주의 부활에 손을 들어주는 길이다.

춘천 시민들은 윤석열 정권의 치욕스러운 외교참사를 결코 잊지 않고 당당하게 나설 것을 선언한다. 수많은 일제 피해자의 존엄과 인권을 위해, 역사정의와 민주주의를 위해, 한반도와 동북아의 평화를 위해, 오늘의 불법적인 해법을 반드시 무효로 만들어낼 것을 다짐한다.

1. 반인권, 반헌법, 반역사적 정부의 강제동원 해법안 폐기하라!
2. 피해자 무시 졸속협상, 윤석열 정부 굴욕외교 규탄한다!
3. 대일 망국외교 책임자 박진 장관, 김성한 국가안보실장, 김태효 차장을 파면하라!

4. 일본 정부는 강제동원 사죄하고, 전범기업은 배상하라!

2023년 4월 3일

대일 구걸, 굴욕외교 윤석열 정부 규탄!
일본의 사죄배상 촉구!
춘천 시민 시국선언 참가자 일동

윤석열 정부의
망국 외교를 규탄한다

우리는 윤석열 대통령이 3.16 도쿄 한일정상회담에서 보여준 굴종적 친일외교 행위를 규탄한다. 대통령은 3.16 도쿄 한일정상회담을 대한민국 역사상 최악의 외교 참사로 만들어 버림으로써 자신이 역사인식과 주권의식을 제대로 갖추지 못한 무지한 최고통치자임을 만천하에 드러내고야 말았다. '대한민국 1호 영업사원'이라고 자화자찬하던 대통령의 본 모습이 과거사를 전혀 반성하지 않는 일본에게 이처럼 굴종하자는 것인가! 우리는 대통령 자신의 역사적 무지와 외교적 무능이야말로 국민의 자존감을 떨어뜨리고 국가의 앞날을 어둡게 만드는 것이기에 이를 통렬하게 비판하는 바이다.

대통령은 일본 측의 부당한 요구에 모두 백기를 들고 말았다. 외교란 서로의 이익을 교환하는 고도의 정책 행위라는 기본원칙을 무너뜨리고 일방적으로 대한민국의 이익을 양보했다. 이것이 집권 여당이 주장해 마지않던 "우리 외교의 원칙은 오직 국익입니다"라는 말의 진정한 모습이란 말인가! 우리는 대통령이 한일정상회담에서 도대체 어떤 국익과 성과를 가져왔는지 묻고 싶다. 대통령은 참담하게도 단 하나의 실익도 챙기지 못한 채 빈손으로 돌아왔다.

이 최악의 외교 참사의 징조는 대통령의 삼일절 기념사에서 이미 드러났다. 그는 기념사에서 "변화하는 세계사의 흐름을 읽지 못하고 미래를 제대로 준비하지 못한다면 과거의 불행이 반복될 것은 자명하다"며 놀랍게도 우리 국민에게 반성을 촉구했다. 이런 황당한 주장을 현실적 정책으로 가시화한 것이 바로 3월 6일 고지된 일제강점기 강제동원 피해자에 대한 '제3자 변제' 해법이다. 이것도 피해 당사자의 어떠한 동의 없이 정책 당국에 의해 일방적으로 제시되었음은 물론이다. 이에 맞서 피해자와 시민사회는 강제 동원의 최종 책임자인 일본의 사죄와 배상을 묻지 않는 것은 친일매국 행위와 다름없다며 연이어 뜨겁게 비판했지만, 대통령을 비롯한 집권당은 안하무인의 태도로 이런 부당한 해법이 국익을 우선한 선견지명 정책이라는 망언을 일삼았다.

윤석열 정부의 '제3자 변제'는 비참한 삶을 살아온 강제징용 피해자들의 정당한 요구를 무시하고 그들의 인권을 정면으로 짓밟는 정책이다. 나아가 우리 대법원의 확정판결을 부정한 반민주주의적 폭거이다. 이러한 사실을 고려하면, 한일정상회담에서 벌어진 굴욕적 투항은 이미 예견된 장면에 불과하다. 현 정부의 외교적 무능과 대통령의 천박한 역사 인식에서 비롯된 굴종적인 외교 참사는 보편적 상식과 정서에 기초하여 일제의 전쟁범죄 문제를 해결하기 위해 지난 수십 년간 쉼 없이 싸워온 시민사회의 자긍심과 헌신마저도 한번에 무너뜨려 버렸다.

대통령은 정상회담에 앞서 《요미우리신문》과의 인터뷰에서 일본의 피고 기업에 대한 구상권 행사 가능성을 묻는 질문에 "걱정할 필요가 없다"고 잘라 말했다. 강제동원 피해자들이 30년 이상의 법정 투쟁으로 쟁취한 한국 대법원의 판결을 한국의 대통령이 정면으로 부정해버린 것이다. 나아가 정상회담에서 "1965년 한일청구권협정에 대한 정부의 해석과 대법원 판결이 다르다"며 진정한 사죄와 책임 있는 배상을 도외시하는 일본 편을 들어줬다. 이것이 "구상권을 행사하지 않겠다"는 어처구니없는 공언이 나오게 된 배경이다. 여기서 우리는 윤석열 대통령이 도대체 어느 나라의 국가수반인지 묻지 않을 수 없다.

이로 인해 우리는 윤석열 정권이 대한민국의 미래를 파국으로 이끌 것이라는 불길한 예감을 더 이상 감출 수 없다. 윤석열 정권은 그들이 더럽힐 수 없는, 또 너럽혀서는 안 될 역사적 진실을 더 이상 왜곡하고 외면해서는 안 된다는 점을 깨달아야 한다. 지금의 대한민국은 오직 일본의 식민지배를 벗어나 자주독립과 해방을 이루기 위해 수많은 사람들이 자신의 소중한 생명과 가족을 초개와 같이 버린 결과임을 깨달아야 한다. 그들의 희생이 없었다면 대한민국은 개인의 권리와 행복의 추구가 보장되는 민주공화국도, 세계 10위권의 경제력을 갖춘 선진국도, K-컬처를 통해 세계의 마음을 사로잡는 문화강국도 될 수 없었을 것이다. 윤석열 정부는 참담한 외교적 참사에 대해 국민 앞에 사죄하고 강제동원의 졸속적 해법을 즉각 철회해야 한다. 강제징용은 가해자가 아닌 피해자의 관점에서 올바른 보상이 이루어져야 하기에 대통령은 즉각 일본에게 진정성 있는 사죄와 정의로운 배상을 요구해야 한다. 과거사가 올바로 청산되지 않고서는 정의로운 미래도 없다는 것을 알아야 한다. 우리의 선열들이 우리에게 부끄럽지 않게 행동했듯이, 지금의 우리도 미래의 후손들에게 부끄럽지 않게 행동하는 것이 정의임을 보여주어야 한다. 반성 없는 전범국가를 옹호하는 것이야말로 한반도 평화를 위태롭게 하는 것이자 세계의 공생과 공존을 무너뜨리는 것임을 명심해야 할 것이다.

2023년 4월 3일

나라의 앞날을 걱정하는 인하대 교수, 직원, 연구자들 148명이 뜻을 모아

윤석열 대통령은 기괴한 강제동원 해법을 당장 철회하라

분하다. 윤석열 대통령은 하루아침에 대법원 판결을 뒤엎고 피해자들의 권리를 무시하며 역사를 퇴행시켰다. '제3자 변제'라는 기괴한 방식으로 일제 강제동원 문제를 해결하겠다고 나섰다. 이후에 구상권도 행사하시 않겠다고 선언해 비렸다. 피해자들이 수십 년을 싸워 획득한 사법적 권리를 내팽개치고, 일본 전범기업에 면죄부를 주었다.

2018년 대법원 판결의 취지는 명확하다. 조선인을 강제동원한 일본 기업의 책임이 분명하니 피해자들에게 강제징용 배상금을 지급하라는 것이다. 〈국가총동원법〉(1938년)에 의거해 제국주의 일본과 전범기업들은 정책적·조직적·집단적·폭력적·계획적으로 각종 산업현장에 조선의 민중들을 강제로 징용했다. 그들은 달콤한 취업 조건을 미끼로 피해자들을 강제 노동에 끌어들였다. 거짓말임을 알고 항의해도 붙잡아 두었다. 그만두겠다고 하면 두들겨 팼고, 도망가면 잡아와 다시 두들겨 팼다. 임금도 제대로 주지 않았다. 비참한 노동에 시달리다가 상한 몸과 빈손으로 해방을 맞이했다. 대법원 판결은 이러한 일본 기업의 전시 범죄에 대한 단죄인 것이다. 그동안 외롭게 법적 투쟁을 해 온 피해 당사자들의 노력은 인류 보편적 정의와 인권은 무엇으로도 소멸시킬 수 없다는 것을 확인받은 쾌거라 할 수 있다.

식민 지배자들의 진솔한 사과와 전범기업에 대한 배상 요구는 정당하다는 대법원 판결을 '제3자 변제' 방식으로 왜곡하여, 개인청구권에 따른 사죄와 배상 의무를 함부로 거역할 권한은 누구도 부여받지 않았다. 윤석열 대통령은 이번 조치를 '미래를 위한 대승적 결단'이라고 주장하고 있다. 하지만 가해자에겐 면죄부를, 피해자에겐 씻을 수 없는 치욕감을 주는 조치는 대승적 결단이 될 수 없다. '강제징용'을 '옛 한반도 출신 노동자 문제'라 왜곡하는 일본과 맺는 '건전한 양국 관계'라는 게 도대체 무엇인지 묻지 않을 수 없다.

이번 한일 정상회담은 일본의 침략역사와 전쟁범죄를 승인하고 노골적인 역사 왜곡의 길을 터주는 항복 외교이자 굴종 외교였다. 국내 기업의 팔을 비틀어 마련한 돈을 피해자 호주머니에 찔러주기만 하면 과거사가 잊혀지고 우호적인 미래가 열릴 것이라는 기대는 순진함을 넘어 아둔함의 극치라 말할 수밖에 없다.

침략역사를 왜곡하고 군사 대국화를 포기하지 않는 일본을 보라. 자유무역의 기본 질서를 훼손한 경제 보복 조치, 식민 지배에 대한 변함없는 미화, 일본군 '위안부' 강제 연행 부정, 독도 영유권 주장, 후쿠시마 원전 오염수 방류 등 주변국을 대하는 일본 정부의 태도는 달라진 게 아무것도 없다. 최근 통과된 일본 교과서만 봐도, 독도가 자신들의 고유영토인데 한국이 불법 점령하고 있다고 한다거나 강제 징용을 '지원'이라고 표현하는 등 역사왜곡의 강도를 더 높이고 있을 뿐이다. 반성과 사죄는커녕 평화주의를 버리고 '전쟁 가능 국가'로 탈각하면서 아시아 맹주의 자리를 다시 차지하겠다는 야심을 숨김없이 드러내고 있다. 대통령이 말하듯, 일본이 '군국주의 침략자'에서 '협력 파트너'가 된 것이 분명한가? 조만간 분쟁과 갈등의 시대는 가고 평화와 협력의 시대가 올 것이 분명한가? 우리는 믿지 않는다.

대통령은 국민의 생명과 안전을 담보하고 인간의 존엄성을 옹호할 의무밖에 없다. 억울한 사람의 한을 풀어주고 차별을 줄이며 정의롭고 평등한 사회를 만들 의무밖에는 없다. 역사와 양심의 나침반을 깨버리고 정녕 이 나라를 어디로 향하게 하려고 하는가? 실망과 좌절감으로 분노한 국민들의 한숨소리가 들리지 않는가? 자국민의 심장을 찔러 정녕 무얼 얻으려고 하는가?

우리 국민은 윤석열 정부의 굴종적인 강제동원 해법과 비상식적 해명에 속아넘어갈 정도로 우매하지도, 이를 묵과할 정도로 게으르지도 않다. 우리는 강제동원 피해자에 대한 반인권적 조치를 징검다리 삼아 신냉전 체제에 편입하려는 현 정부를 그대로 지켜보지만은 않을 것이다.

윤석열 대통령에게 요구한다.

사법부에서 인정한 보편적 인권과 피해자들의 권리를 배반하지 말라.

피해자들이 돈 몇 푼으로 입을 다물 것이라 기대하지 말라.

아시아의 진정한 평화와 공존을 꿈꾸는 한일 양국의 양심적 시민들의 노력과 역사의식을 무시하지 말라.

굴욕적 한일회담을 반성하고 기괴한 강제동원 해법을 당장 철회하라.

2023년 4월 4일

강제동원 해법 철회를 요구하는
경희대학교 시국선언 참여 교수 일동

굴욕외교 친일행각
윤석열 매국정권 퇴진하라!!

윤석열 정부는 한반도 역사 시계를 뒤로 돌리고 있다. 곧 취임 1년이 되는 윤석열 정부는 이 나라를 어디로 끌고 가려는가? 지난 3년 동안 인류 사회를 괴롭힌 코로나 역병 기세가 약해져 숨통이 좀 트이나 했더니 이 정부는 아직도 우리나라가 나아갈 방향조차 제대로 제시하지 못하고 있다. 아니 우리나라 헌법 가치를 부정하는 망국의 구렁텅이로 몰아가고 있지 않은가 의심하게 한다. 자유를 입에 달고 사는 대통령 치하에서 언론 자유는 위축되고 정치와 경제, 노동과 교육, 문화 예술 전반에 활기가 사라지고 있다. 한반도 상공과 바다에는 대량 살상 전략 무기들이 횡행하고 마치 곧 한반도를 둘러싸고 핵전쟁이 벌어지기라도 할 것처럼 분위기가 흉흉하다.

이런 와중에 지난 3월 6일 박진 외교부장관은 일제 강점기 강제 징용 해법으로 이른바 '제3자 변제안'을 발표했다. 가해자 일본 정부와 기업이 져야 할 책임을 면제하고 1965년 대일청구권 자금 수혜를 받은 우리 기업들에게서 기금을 걷어 피해자들에게 배상하겠다는 것이다. 인류 역사에 피해국이 가해국 책임을 스스로 면제해주는 이런 후덕한 해법도 있었던가? 윤석열 대통령은 이 조치를 '미래지 향적 한일 관계로 나아가기 위한 결단'이라고 자평하고는 지난 3월 16일 한일 정상회담에 즈음하여 일본 언론과 가진 회견에서 아예 '구상권 청구는 없다'고 단언했다. 박근혜 정부가 2015년 감행한 한 일 위안부 문제 합의를 '최종적이고 불가역적인 해법'이라고 한 일 본 측 주장을 듣는 듯한 착각을 불러일으킨다.

이 같은 발언은 피해 당사자들은 물론, 우리나라 주권자들이 도저 히 받아들일 수 없는 망발이다. 가해자 일본이 이렇다 할 의미 있는 대 응이 없는 상황에서 대한민국 정부가 이 사건과 관련하여 2018년 나 온 대한민국 대법원 판결을 완전히 무시하는 잘못을 범했기 때문이 다. 이는 3권 분립을 규정한 대한민국 헌법을 위반한 범법 행위이다.

대통령과 정부가 저지른 위헌 행위를 규탄하는 목소리가 드높다. 주권자들이 위임한 권력을 오용하고 있는 대통령과 정부를 어떻게 할 것인가? 각계각층에서, 전국 각지에서 주권자들이 분노하며 묻 고 있다. 퇴진을 요구하는 목소리까지 나오고 있다. 오늘 이 규탄 대 열에 동참하는 우리는 퇴직교사들이다. 평생 교육현장에서 우리나 라 미래를 열어나갈 학생들과 더불어 우리 헌법 전문이 담고 있는 가치 실현을 어떻게 할 것인가 궁리하며 살아왔는데 윤석열 정부가 헌법을 유린하다니!

우리는 2018년 대한민국 대법원이 일제 강제 동원 피해자들이 제 기한 손해 배상 소송 최종심 결정을 '청사에 빛날 판결'로 평가한다. 우리 대법원은 이 판결을 통해 강제 동원은 '반인도적인 불법 행위'

로 '불법적인 식민지배 및 침략전쟁'과 직결됐다고 명시했다. 이 판결은 1945년 패전 이후 일본제국이 35년 동안 행한 식민지 조선 지배가 합법이라고 주장하는 일본 극우 정부에게 크게 한 방 먹인 통쾌한 심판이었다. 대법원 판결 내용은 "2001년에 남아프리카공화국 더반에서 열린 유엔 주최 '인종주의, 인종차별, 배외주의, 그리고 그와 관련된 불관용에 반대하는 국제회의'가 구미 제국이 자행해온 노예무역, 노예제도, 식민지배에 대해 적용한 '인도에 반하는 죄' 개념과도 정확하게 부합하며, 2005년 유엔 총회에서 통과된 피해자 우선 원칙에도 맞고, 지금 서유럽에서 진행되는 피해자 인권에 대한 판례하고도 딱 들어맞는다." (김영호 동북아평화센터 이사장, 〈민들레〉 2023. 3. 11.) 당시 일본 변호사 160여 명도 대법원 판례 지지 성명을 냈다.

놀이켜보년 일본은 1876년 강화도 조약부터 한일병합 조약까지 조선을 식민지로 강점하기 위해 갖은 불법 행위를 저질렀다. 강화도 조약은 관세도 없는 세계 최악의 근대 통상조약이었다. 이른바 을사보호조약은 원문이 없는 조약이라는 사실이 확인됐다. 1910년 한일합방 조약에는 고종의 수결이 없다. 일찍이 유수한 국제법학자들은 '강제에 의한 조약은 무효'임을 밝히고 대표 사례 중 하나로 1905년 을사늑약을 들었다. 이 원칙은 1963년 유엔총회에서 정식 채택했다. 안타깝게도 1965년 한일기본협정 체결 당시 유엔 결의를 아예 몰랐던 박정희 정권은 유엔이 협정 2년 전에 채택한 이 원칙을 내세워 불법성 인정을 일본 정부에 분명히 관철하지 못했다. 그에 앞서 한국은 1951년 태평양전쟁 강화를 위한 샌프란시스코 평화회담에 당사자로 초청받지 못해 식민지 지배 불법성을 따질 기회를 아예 차단당했다. 그 뒤 일본은 단 한 차례도 식민지배 자체가 지닌 불법성을 인정한 적이 없다.

이런 역사를 윤석열 대통령 자신과 한국 외교부는 알고 있었는가? 알고 있으면서도 '국제정치의 폭력성, 행정부의 기만행위를 바로잡은' 대한민국 대법원 판결을 깔아뭉개버리고 민족 전체를 모욕하는 참담한 일을 저질렀는가? 일제 지배가 합법이라면 우리 겨레가 목숨 바쳐 전개한 독립 투쟁이 모두 불법이 된다는 것을 알기나 하는가? 일제 식민지 강점은 분단과 전쟁, 군사독재를 비롯하여 우리 겨레가 겪는 고난과 불행에 근본 원인을 제공했다. 이런 사실을 아는지 모르는지 윤석열 대통령은 '제3자 변제안'과 관련해 "한국 정부가 국익의 관점에서, 국민을 위해 대국적 차원에서 내린 결단"이니 일본도 행동에 나서야 한다고 강조했다. 일본이 고분고분하게 호응해 줄 것이라고 기대했다면 외교 기본도 모르는 얼치기 대통령으로 비난받아 마땅하다.

일본 정부는 한국 대통령이 보여준 이런 결단에 어떻게 대응했는가? 회담장에서 기시다 일본 총리는 의제에도 없던 독도 문제와 위안부 문제를 꺼냈다고 한다. 귀국 후 이를 추궁하자 한국 정부는 '논의하지 않았다'라고 궁색한 변명을 내놓았다. 그러나 일본 극우 정부는 조금도 주저 없이 대한민국 영토 침탈 야욕을 드러냈다. 초등학교 11종 교과서에 모두 독도를 일본 고유 영토인 '다케시마'로 표현하기로 한 것이다. 일본 정부는 정한론과 황국사관을 반영한 우익 교과서를 통해 이전부터 한반도 고대사를 왜곡 조작했고, 실체도 없는 '임나일본부'를 기정사실로 학생들에게 주입해 왔다. 일본 극우세력은 끝내 한반도 남쪽을 자기 세력권에 묶어두려고 획책하지 않고서야 어찌 저런 망발을 공공연히 벌이겠는가. 우리는 사과도 반성도 불법성 인정도 없는 일본 극우 정부와 손잡고 이번 망국 외교 참사 과정에서 윤석열 대통령이 강조한 바, 우리나라가 지향할 '미래'가 무엇인지 묻고 싶다.

대통령 윤석열은 대한민국 대법원이 2018년 내린 강제 동원 관련 판결을 무시할 작정인가?

대통령 윤석열은 대한민국 대법원과 국제사회가 불법으로 규정한 식민지 지배를 합법으로 인정할 작정인가?

대통령 윤석열은 '국가의 독립·영토의 보전·국가의 계속성과 헌법을 수호할 책임(헌법 제66소2)'을 포기할 작정인가?

대통령 윤석열은 '조국의 평화적 통일을 위한 성실한 의무(헌법 제66조3)'를 포기할 작정인가?

대통령 윤석열은 미국을 중심으로 해양세력이 대륙세력을 상대하여 획책하는 '제2 샌프란시스코 체제'에 한국을 편입시켜 군사대국 일본과 손을 잡을 작정인가?

윤석열 대통령은 1년 전 취임식에서 대한민국 헌법 제69조 규정에 따라 '헌법 준수와 국가 보위, 조국의 평화적 통일과 국민의 자유복리 증진, 민족문화 창달 노력, 대통령 직책 성실 수행'을 주권자 국민 앞에 엄숙히 선서했다. 지난 1년간 과연 이 선서를 준수했다고 생각하는가? 우리가 보기에는 윤석열 대통령은 역사 시계를 거꾸로 돌리고 있다. 그러니 헌법을 준수하고 대통령직을 성실히 수행할 자신이 전혀 없다면 당장 퇴진하는 것이 옳다. 이에 우리 서울지역 퇴직교사들은 윤석열 정부의 3.16. 대일굴종외교에 대해 엄중히 항의하고 규탄하면서 다음과 같이 우리의 요구와 결의를 밝힌다.

우리의 요구와 결의

1. 윤석열 정부는 반인권적·반헌법적·반역사적 '일제 강제동원 제3자 변제안'을 즉각 폐기하라!
1. 윤석열 정부는 36년 동안의 일제 식민통치에 면죄부를 주는 3.16. 굴종외교와 매국적 친일행위에 대해 즉각 사과하라!
1. 굴욕외교 친일행각, 매국행위 자행하는 윤석열은 즉각 퇴진하라!
1. 일본 정부는 일제의 침략행위와 강제동원의 피해에 대해 정중히 사죄하고, 일본 전범기업은 피해자에게 즉각 직접 배상하라!
1. 우리는 윤석열 정부의 대일굴종외교와 매국적 '강제동원 제3자 변제안'이 폐기되고, 일본 전범기업의 직접 배상이 실현되는 그날까지 끝까지 투쟁할 것을 엄숙히 선언한다.

2023년 4월 5일

친일 매국 윤석열 정부의 퇴진을 촉구하는
서울지역 퇴직교사 시국선언 참가자 549명 일동

친일매국 헌법파괴
윤석열은 퇴진하라!

우리는 한평생을 학생들의 참교육을 위해 전념했던 충북 퇴직교사들이다. 아이들에게 자신의 이익을 위해 남의 것을 함부로 탐하지 말며, 오로지 약자와 피해자의 인권을 존중하며 더불어 살아가라고 가르쳐왔다. 하지만 오늘 우리는 참담한 마음으로 윤석열 정권의 대일 굴종적 외교와 반민주적 헌법파괴를 엄중히 규탄하기 위해 충북교육청 앞에 섰다.

윤석열 정권은 대한민국의 국익과 민족의 자긍심을 수호해야 할 대통령으로서 그 소임을 망각하고 3.1절 기념사에서 "세계사의 변화에 제대로 준비하지 못해 국권을 상실했다"는 반민족적·반역사적인 망언으로 야만적 침략 행위와 36년 식민지배에 대해 강제동원도 없고 위안부도 없고 침략전쟁이 아니었다는 일본에게 면죄부를 주었다.

윤석열 정권은 강제동원 피해 당사자와 국민의 여망을 깡그리 무시한 채 일본의 이익을 대변하는 "제3자 변제를 통한 강제동원 배상안"을 일방적으로 발표하였다. 이것은 대통령이 일본 전범기업이 저지른 범죄행위에 대해 직접 피해자에게 배상하라는 대법원의 판결을 무시한 헌법 파괴 행위이다. 일본의 부당한 요구를 모두 수용하는 굴욕적인 대통령을 대한민국 국민은 원하지 않는다. 대통령은 대한민국의 국익과 영토수호, 국민의 안전과 행복을 지키기 위해 존재한다. 이를 지키지 않는다면 대통령으로서의 자격이 없다.

윤석열 정권은 외교참사뿐만 아니라 노동자와 서민들의 삶도 나날이 고통으로 내몰고 있다. 부자에게는 감세 추진, 노동자와 서민에는 장시간 노동 강요, 노동조합을 탄압하고 파괴하려고 하고 있다. 헌정질서를 무너뜨리고 국민의 안전과 인간다운 삶을 지키기 못하는 대통령은 자격이 없다.

우리 퇴직교사들은 후손에게 물려줄 이 나라가 부끄러운 역사를 되풀이하거나 민주주의가 파괴되는 것을 더 이상 바라 볼 수 없다. 굴종외교, 민생을 살피지 않는 정권에 경고하며 다음과 같이 윤석열 대통령의 퇴진을 요구한다.

우리의 요구

1. 대한민국 사법부의 판결을 무시하고 헌법이 정한 삼권분립을 위반한 윤석열 대통령은 퇴진하라!

2. 윤석열 정권은 일제 강제동원 '제3자 변제안'를 즉각 폐기하고 일본에 대한 굴종적 외교를 중단하라!

3. 일본 정부는 침략행위와 강제동원의 피해에 대해 사죄하고 일본 전범기업은 피해자에게 직접 배상하라!

4. 윤석열 정부는 노동조합에 대한 탄압과 파괴행위를 멈추고 공안
   몰이를 즉각 중단하라!
5. 윤석열 정권은 헌법과 민주주의를 파괴한 행위를 민족과 역사 앞
   에 사죄하고 즉각 퇴진하라!

2023년 4월 6일

충북퇴직교사 시국선언자 155명 일동

윤석열 대통령의 자진 사임과
강제징용 배상안 철회를 촉구한다

"나 주가 말한다. 무서워서 울부짖는 소리가 들려온다. 평화는 없고, 폭력뿐이다." (예레미야서 30:5)

감리회는 대한민국의 독립과 민주주의, 인권신장과 남북화해 등 각 부문의 발전을 선도한 자랑스러운 교회입니다. 감리회는 대한민국 건립의 기초가 된 〈3.1 기미독립선언〉 민족대표 33인 중 9인, 상해임시정부 설립을 주도한 김구, 이동녕, 이동휘, 이시영, 현순 목사, 손정도 목사, 독립운동가인 전덕기 목사, 이준, 안창호, 서재필, 주시경, 이상재, 이상설, 이회영, 신채호, 박은식, 심훈의《상록수》의 주인공 최용신 등 수많은 독립운동가를 배출했습니다. 또한 감리회는 대한민국 근대교육과 의료, 복지와 인권, 민주주의와 통일 분야의 걸출한 인물을 배출했습니다. 그러나 오늘 대한민국은 감리회 선조들이 피와 땀을 흘려 일구어 온 자랑스러운 역사에 오점을 남기고 있습니다. 윤석열 정권 아래서 민족의 독립을 위해 흘린 선조들의 피와 땀은 그 빛을 잃었습니다. 지금껏 힘겹게 군사독재정권과 싸우며 일구어낸 민주주의는 무너져 내리고 있습니다. 어렵사리 심고 싹을 틔우고 가꾸어 온 남과 북 사이의 화해와 통일의 싹은 시들고, 대결과 전쟁의 기운만 짙어가고 있습니다. 감리회의 후예이자 시대의 예언자로 부름받은 우리는 윤석열 정권의 폭정과 만행으로 인한 역사의 후퇴를 이대로 두고만 볼 수는 없습니다. 그것은 하나님의 뜻에 반하는 것은 물론, 국가와 국민의 비극적인 운명을 방치하는 것과 다르지 않기 때문입니다. 따라서 우리는 윤석열 정권에 대해 다음과 같이 우리 뜻을 밝힙니다.

• 우리는 윤석열 정권의 종일매국從日賣國 행위를 용납할 수 없습니다!

대한민국 헌법 제66조 2항은 "대통령은 국가의 독립·영토의 보전·국가의 계속성과 헌법을 수호할 책무를 진다"고 정하고 있습니다. 그러나 윤석열 대통령은 헌법이 대통령에게 부여한 국가의 독립과 영토의 보전이라는 책임을 외면했습니다. 이완용이 먼저 조선과 일본의 합병을 일본에 제안했듯이, 윤석열 대통령은 한일정상회담이 열리기도 전에 강제동원 피해자 제3자 변제 등 일본의 요구를 모두 들어주었습니다. 거기에 더해 회담에서 일본 총리 기시다가 독도 영유권, 일본군 위안부 합의 이행, 후쿠시마산 수산물 수입, 핵발전소 오염수 배출 문제 등을 언급했다는 일본 언론의 보도에 대해 정식 의제로 거론된 적이 없다고 말할 뿐 명확하게 답변하지 못하고 있습니다. 이는 동아시아 패권을 장악한 일본 제국주의에 국가를 넘기는 것이 국가의 안정과 실리에 부합하는 길이라며 나라를 일본에 팔아먹은 이완용의 행태와 다르지 않습니다. 국가의 영토를 보전해야 한다는 헌법이 부여한 책임을 외면하고, 국민의 안전과 이익을 보호하지 못하는 자에게 더 이상 대한민국 대통령의 직을 맡기는 것은 옳지 않습니다.

따라서 우리는 국민의 이름으로 윤석열 대통령의 자진 사임을 요구합니다.

• 우리는 검찰독재정권인 윤석열 정권을 용납할 수 없습니다!

대한민국 헌법 제11조 1항은 "모든 국민은 법 앞에 평등하다. 누구든지 성별·종교 또는 사회적 신분에 의하여 정치적·경제적·사회적·문화적 생활의 모든 영역에 있어서 차별을 받지 아니한다"고 선언하고 있습니다. 그러나 윤석열 정권 아래서 "모든 국민은 법 앞에 평등하다"는 헌법 조항은 휴지 조각으로 전락했습니다.

우리는 대통령 부부의 모습에서, 거짓 증언자를 내세워 거짓 혐의를 뒤집어씌우고 포도원 주인을 돌로 쳐서 죽인 후 그의 포도원을 빼앗았던 북이스라엘의 아합과 이세벨 부부를 봅니다. 윤석열의 검찰은 불법적이고 부당한 방식으로 남의 재물을 탈취한 대통령의 처와 장모의 죄에는 눈을 감고 있습니다. 반면 부정과 불법을 지적하는 이들은 모든 수단을 동원해 죄를 뒤집어씌워 처벌하려 하고 있습니다. 그뿐 아니라 검찰은 전임 정부 주요 인사와 정치적 경쟁자에 대해서는 압수 수색과 소환을 되풀이하며 혐의 뒤집어씌우기에 여념이 없지만, 대통령과 그 측근들의 범죄와 불법에는 눈을 감거나 진실을 감추기 위해 골몰하고 있습니다. 그러나 우리는 모든 국민은 법 앞에 평등하고, 어떤 영역에서도 차별받지 아니한다는 헌법의 정신을 짓밟는 윤석열 정권 검찰의 이런 행태를 용납할 수 없으며 그 최종 책임은 대통령 윤석열에게 있다고 판단합니다.

따라서 우리는 힘겹게 쌓아온 민주주의를 허물고 검찰독재로 전락시킨 책임을 지고 윤석열 대통령은 자진 사임할 것을 요구합니다.

• 우리는 남북 갈등과 전쟁 위기를 고조시키는 윤석열 정권을 용납할 수 없습니다!

우리 헌법 제66조 3항은 "대통령은 조국의 평화적 통일을 위한 성실한 의무를 진다"고 규정하고 있습니다. 이에 따라 진보와 보수를 막론하고 대한민국 정부는 화해와 불가침을 원칙으로 평화통일과 공동 발전을 위한 남과 북 사이의 대화를 지속해 왔습니다. 1972년 박정희 정부의 〈7.4 남북공동성명〉, 1991년 노태우 정부의 〈12.13 남북기본합의서〉, 2002년 김대중 정부의 〈6.15 남북공동선언〉, 2007년 노무현 정부의 〈10.4 남북공동선언〉, 2018년 문재인 정부의 〈4.27 판문점선언〉과 2018년 〈9.19 평양선언〉이 남과 북 사이에 있었던 역사적인 대화와 노력의 기록입니다. 감리회 역시 그동안 남과 북 사이의 화해와 평화통일을 위해 기도하고 노력해 왔습니다. 하지만 지금 윤석열 정권 아래서 남과 북의 대결은 격화되고, 전쟁의 위기는 고조되고 있습니다. 역대 정부의 이와 같은 노력과 성과를 무시하고 윤석열 정권이 선제타격 운운하며 남과 북 사이의 갈등을 고조시키고 있기 때문입니다. 그러나 이는 명백한 반민족적이고 반통일적인 행위입니다. 또 헌법이 대통령에게 부여한 책임에 반하는 반헌법적인 행위입니다. 우리는 이와 같은 반민족적이고 반통일적이며, 반헌법적인 윤석열 대통령이 직무를 계속 수행하도록 하는 것은 세 살배기 아이 손에 칼을 쥐어 주는 것과 같이 위험한 일이라고 판단합니다.

따라서 우리는 국가의 안위와 국민의 생명을 보호하기 위해서라도 남과 북 사이의 대결과 전쟁 위기를 고조시키는 윤석열 대통령의 자진 사임을 요구합니다.

"너희가 해야 할 일은 이러하다. 서로 진실을 말하여라. 너희의 성문 법정에서는 참되고 공의롭게 재판하여, 평화를 이루어라." (스가랴서 8:16)

2023년 4월 6일
기독교대한감리회 선언 참여자 343명 일동

친일 굴욕외교 강행하는 윤석열 매국 정권은 국민 앞에 사죄하라!

지난 3.1절 기념사에서 윤석열은 "세계사 변화에 제대로 준비하지 못해 국권을 상실했다"면서 일본 제국주의 침략에 면죄부를 주는 반민족적 망언을 자행했다.

식민지배의 책임이 제국주의 일본에 있는 것이 아니라 우리 탓이라면 3.1 만세운동의 의미는 축소될 수밖에 없을 것이다.

2018년 10월 대법원 전원합의부는 강제동원 피해자들의 위자료 청구권을 인정하고 일본 전범기업이 배상하라는 판결을 내렸다. 20년 넘게 오랜 기간에 걸쳐 강제동원 피해자들이 투쟁하여 어렵게 얻어낸 판결이었다.

대법원 판결대로 일본기업에 대한 재산압류가 착실히 진행되어가는 상황에서 금년 3월 16일 정부는 일본의 사과도 기금참여도 없이 일본 전범기업을 대신해서 한국기업 재원으로 강제동원 피해자들에게 배상금을 지급하겠다는 제3자 변제안을 발표했다.

제3자 변제안은 "강제동원 피해자 보상은 한국이 알아서 하라"는 일본의 줄기찬 요구에 굴복한 굴욕적이고 반민족적인 해법이고 정부가 일방적으로 대법원 판결을 무시한 반헌법적인 해법이며, 강제동원 피해자들이 겨우 어렵게 얻어낸 판결을 무력화시킨 반인권적 해법이다.

인류 역사에 피해국이 가해국 책임을 스스로 면제해 주는 이런 황당한 해법이 어디에 있단 말인가!

윤석열 대통령은 이 조치를 "미래지향적 한일관계로 나아가기 위한 결단"이라고 자평하고 지난 3월 16일 한일정상회담에 즈음하여 일본 언론과 가진 기자회견에서는 아예 "구상권 청구는 없다"고까지 단언하였다.

일제 식민지배와 제국주의 침략의 책임을 묻지 않고 지향하는 미래는 어떠한 미래인가? 일본의 요구에 굴복하는 미래, 침략의 책임을 묻지 않는 미래지향에는 어두운 미래가 있을 뿐이다.

이 나라가 어떻게 되어갈 것인지, 2세 교육을 담당했던 교육자로서 나라의 앞날이 심히 우려되어서 참담한 마음으로 다음과 같이 우리의 요구를 천명한다.

우리의 요구

하나, 친일 굴욕외교 강행하는 윤석열 매국 정권은 국민 앞에 사죄하라!

하나, 윤석열 정부는 반헌법적, 반민족적, 반인권적인 일제 강제동원 피해자 제3자 변제안을 즉각 폐기하라!

하나, 일본정부와 전범기업은 일제의 침략행위와 강제동원 피해에 대해 정중히 사죄하고, 피해자에게 직접 배상하라!

2023년 4월 10일

친일매국 윤석열 정권을 규탄하는
세종충남 지역 퇴직교원 시국선언 참가자 279명 일동

삯꾼은 안 된다

"한다한 사람들아 언제까지나 너희 마음을 고집할 셈이냐.

어찌하여 헛일을 좋아들 하며 거짓을 찾아서 얻으려느냐." (시편 4:3)

1. 월요시국기도회의 취지

서울에서 시작하여 전국 모든 교구를 순회하고 다시 서울로 돌아오는 월요시국기도회를 오늘 개막한다. 지금이 절체절명의 비상한 때임을 알리고, 뜻과 슬기를 모아 여럿이 함께 기도하기 위함이다. 멀쩡했던 나라가 빠르게 무너지고 있다. 외교와 안보, 경제·민생·복지 등 모든 면에서 흔들리고 있다. 국고부터 줄줄 새고 있다. "1분에 1억 늘어나는 나랏빚, 앞으로 4년간 이자만 100조"라는 뉴스가 넘쳐난다. 어려운 국민을 돕는 자애로운 지출 때문이 아니다. 위정자 자신을 치장하느라 흥청망청한 결과다.

기왕 뽑았으니 믿고 맡기는 수밖에 없지 않은가, 할지 모른다. 사제의 양심상 가만히 두고 볼 수 없어 월요시국기도회를 시작하였다. 하느님 나라여야 할 우리나라가 이렇게 망가지고 있으니 "이 세상에 계실 때 큰 소리를 부르짖고 눈물을 흘리며 기도와 탄원을 올리셨"(히브 5:7)던 예수님처럼 엉엉 울기라도 해야겠기에 전국 팔도를 다니며 기도할 것이다. 이는 평소에는 마르타처럼 일상에 충실하다가 비상한 때가 되면 마리아처럼 분주했던 모든 일손을 놓고 골똘해지는 복음적 행동이라고 생각한다. 아울러 엿새는 본당에서 사목하고, 하루는 세상을 "두루 다니며 좋은 일을 하시고 짓눌리는 이들을 모두 고쳐 주셨"(사도 10:38)던 예수님을 생각하며 우리 눈으로 우리가 처한 현실을 확인하고자 하는 것이다. 월요기도회가 못마땅한 사람도 있을 것이다. 경술년 여름 "나라가 선비를 기른 지 오백 년인데" 하며 죽음으로써 망국을 책임지려 했던 매천 선생은 못 되더라도 신부가 되어 오늘까지 겨레로부터 받은 은혜에 만분의 일이라도 보답이 될까 하여 기도하는 것임을 거듭 말씀드린다. 사제들의 월요 시국기도회는 "불이야, 불이야!" 하고 외치는 다급한 호소다.

2. 퇴진을 요구하는 이유

대통령은 대한민국 최고 권력이니 그가 '모심과 살림'이라는 막중한 책무를 짊어지는 자라서 그런 권한을 허락하는 것이다. 누가 만인을 모시고 살리는 저 신성한 직무를 감당할 수 있겠는가? 사적 욕망을 다스려 공익을 앞세울 줄 아는 사람이라야 한다. 성경이 '목자'라고 불렀던 하느님의 일꾼이 바로 그런 인물이다. 옛사람들은 먼저 자기를 완성하고 마침내 타인을 완성시켜 세상을 천국으로 만드는 것을 최고의 이상으로 여겼다. 조선의 선비들은 관직을 성직으로 여겠다. 저를 추켜세우는 벼슬이 아니라 자기를 허물어 낮추고, 낮은 자리의 동포들을 높이는 일을 소명으로 이해하였기 때문이다. 대한 민국 대통령 취임 선서는 바로 이런 전통에 닿아 있다.

그런데 일 년 전만 해도 우리 시민사회의 일원이었던 윤석열 씨 는 하나부터 열까지 자신이 온 국민 앞에 바쳤던 맹서를 모조리 배 신하였다. 얼마든지 살릴 수 있었던 젊은이들이 죽게 놔두었고(이태 원 참사), 농민을 무시하고(양곡관리법 거부) 노동자들을 적대시함으로 써("화물연대 파업은 북핵보다 더 위험하다") 유사 이래 궂은일과 힘든 수 고를 도맡았으면서 대접 한 번 받아보지 못한 '천하지대본'에게 굴 욕과 수모를 안기고 있다. 그의 안중에는 1%의 부자와 대기업, 일본 과 미국뿐인 듯하다. 내치와 외치 모든 면에서 국익, 국리민복에는 무관심하고 애오라지 특권층의 기득권 수호에만 열을 올린다. 강한 자에게 한없이 비굴하고 약자들에게는 한없이 비정한 "삯꾼"(요한 10:12)을 국제사회가 비웃고 있다.

모시고 살리는 섬김의 본분을 팽개치고 반성이나 참회는커녕 거 짓말과 변명으로 하늘을 가리고 있다. 남은 4년 내내 똑같은 사고가 반복되거나 더 나쁜 일들이 벌어질 것임이 불 보듯 뻔하다. 부끄러 움도 모르고 뉘우치는 마음조차 갖추지 못했으니 나라의 주인이 어 찌해야겠는가. 나라를 살리고 그를 파멸에서 건져주려면 즉각 퇴진 이외에 다른 수가 없다.

3. 시대착오적 역진, 위험천만한 일탈

2016년 겨울 촛불대항쟁은 우리가 이대로 '헬 조선'이어선 미래가 없다는 외침이었다. 2020년 봄 코로나19 사태는 살던 대로 살아서는 전 인류가 공멸이라는 강력한 경고였다. 그런데 윤석열 씨는 시시각각 현실이 되고 있는 '거대한 위험'을 무시하며 낡은 삶을 고집하고 있다. 동고동락, 공생공락이 아니라 한 마리 양을 위하여 아흔아홉을 희생시키는 자본의 자유를 주장한다. 시대착오적 역진이다. 기후위기가 부를 '대멸종'을 아는지 모르는지 재생에너지를 비웃고 원전강국을 주장하는 그의 일탈은 끔찍하고 위험천만하다.

가만두어도 윤석열과 윤석열의 정부는 망할 수밖에 없다. 그를 움직이는 엔진이 욕망이기 때문이다. 아무리 먹고 마셔도 허기와 갈증에서 벗어나지 못하는 아귀의 비극으로 끝날 것이다. 문제는 그러는 동안 피땀 흘려 이룬 한국사회의 가치와 열매들이 무너지고 사라지는 참사다. 당장 삼성반도체가 어떤 지경에 이르렀는지 보라.

2023년 4월 10일
서울광장에서 월요시국기도회를 시작하며
천주교정의구현전국사제단

"하느님의 눈앞에는 모든 것이 다 벌거숭이로 드러나게 마련입니다. 언젠가는 우리도 그분 앞에서 심판을 받아야 합니다." (히브 4:13)

윤석열 대통령의 몰역사적, 반민족적, 비민주적인 한일정상회담을 규탄한다!

윤석열 대통령은 한일정상회담에서 강제징용 피해자들에게 가해자인 일본 기업이 아닌 우리 기업의 기금으로 손해를 배상하는 제 3자 변제방식을 꺼내 들었다. 이는 식민지 지배의 불법성과 일본 기업의 배상책임을 모두 부정하는 일본 정부와 일본 기업의 입장을 한국의 대통령이 앞장서서 옹호하는 꼴이다. 이에 우리 부산대학교 교수 연구자 일동은 굴욕적인 한일정상회담을 비판하고, 윤 대통령이 일방적인 반민족적, 반헌법적 폭주를 중단하기를 다음과 같이 요구한다.

윤석열 대통령의 대일 외교는 다음과 같은 문제점을 안고 있다.

첫째, 윤 대통령의 제3자 변제방식은 일본의 식민지배와 반인도적 강제 동원이 명백한 불법이라는 대법원의 역사 인식과 판단을 부정하고, 나아가 대한민국의 법통과 역사까지 모호하게 만들었다. 불법적 식민지배와 강제징용으로 인해 발생한 손해를 가해자인 일본 기업이 아니라 왜 한국의 기업이 배상하는가?

둘째, 민주주의 원칙인 삼권분립과 법치주의를 철저히 무시했다. 윤 대통령은 제3자 변제방식을 고집하고 일본에 대한 추후 구상권 청구를 스스로 포기한다고 발언했다. 윤 대통령은 우리 대법원 판결의 핵심 취지를 부정함으로써 삼권분립과 법치주의를 위배하였다.

셋째, 윤 대통령의 제3자 변제방식은 구걸외교이자 빈털터리 외교의 전형이다. 국민 여론은 반대 60% 찬성 33%였다. 그럼에도 대통령 개인이 해결책이랍시고 국민 여론을 무시한 채 쫓기는 듯 모두를 양보했다. 언론보도에 따르면 우리 외교부는 일본 정부의 사과와 일본 가해기업의 배상 참여, 이 두 가지 조건을 최저 요구선으로 정했다. 하지만 한국 정부의 최종안에는 이 두 가지 최저 요구안이 모두 빠졌다. 전문 관료들의 외교 경험과 전문성조차 무시하는 대통령외 외교 행각은 친일 그 자체이다.

넷째, 오히려 안보 불안의 위험성이 커졌다. 윤 대통령은 한일 간 관계 경색을 해소함으로써 경제적 협력이 긴밀해지고 한미일 안보 협력이 공고화되면서 한국의 국익이 확보되는 계기가 마련되었다고 주장한다. 하지만 보수언론인 조선일보조차 한일정상회담 결과가 국민 기대에 못 미쳤다고 평가했다. 한미일 군사협력의 강화는 오히려 안보 불안을 가중하고 안보 비용만 늘리는 악순환이 되풀이될 위험성이 크다. 이러한 상황이 어찌 우리의 국익에 부합한다고 하겠는가? 우리의 안보상 국익은 한반도가 신냉전의 최전선으로 내닫는 상황을 막아내는 데 있다.

다섯째, 윤 대통령은 일본의 식민지 지배와 강제 동원의 불법성에 대해서 일언반구도 하지 않음으로써 일본 정부와 일본 법원의 판단을 묵인하는 태도를 보였다. 식민지배의 불법성에 대해 우리의 입장을 적극적으로 밝히지 못한 그가 과연 우리의 대통령인지 의심스럽다. 국제노동기구[ILO]는 이미 1999년 일본의 대규모 징용이 강제 노동을 규제하는 ILO의 29호 협약 위반이자 반인도적 범죄임을 명확히 하였다. 이 문제에 대한 대통령의 태도는 친일이고 매국이라는 비판에서 결코 자유로울 수 없다.

여섯째, 윤 대통령은 보편적 국제규범인 인권에 대한 인식에서도 큰 문제를 드러냈다. 징용피해자의 인권을 옹호해야 하는 자리에서 이를 언급하지 못했다. 독일 '기억·책임·미래재단'의 핵심 관계자는 "강제노역이라는 불의는 결코 돈으로 원상회복될 수 없다. 먼저 불의에 대한 자인과 정치지도자의 사과 그리고 그 이후에 배상"이라고 말했다. 일본은 이런 독일과 거리가 너무 멀다. 윤 대통령은 가해자 일본의 손을 들어주고 돌아왔다.

일곱째, 윤 대통령이 정상회담에서 헌법 수호자의 의무를 다했는지 의문이다. 일본 언론에 따르면, 일본 정부는 위안부 합의 이행과 독도 영유권 문제, 후쿠시마 수산물 수입 재개 등까지 윤 대통령 앞에서 언급했다고 한다. 우리 대통령실은 이에 대해 회담 의제가 아니었다고 하면서 회담 내용을 밝히지 않고 있다. 대통령실은 기시다 총리의 독도 발언에 대해 윤 대통령이 어떻게 답변했는지 명확하게 밝혀야 한다. "대통령은 국가의 독립과 영토의 보전, 국가의 계속성과 헌법을 수호할 책무를 진다." 우리 헌법 제66조 제2항의 내용이다. 윤 대통령이 헌법상의 대통령 책무를 다하지 않았다면 그 책임은 결코 가볍지 않다.

이에 우리 부산대학교 교수 연구자 일동은 다음을 엄중히 요구한다.

하나, 윤석열 대통령은 독립을 위해 온몸을 바치신 선열과 대한민국의 미래를 걱정하는 모든 국민 앞에 반성하고 사죄하라.

하나, 윤석열 대통령은 몰역사적이고 반민족적이며, 비민주적이고 반인권적인 제3자 변제방식을 철회하라.

하나, 윤석열 대통령은 굴욕적이고 망국적인 한일정상회담에 대한 책임을 물어 외교부 장관을 해임하고 외교안보라인을 전면 쇄신하라.

하나, 윤석열 대통령은 국민 의견을 듣고 새롭고 미래지향적인 한일관계 개선안을 다시 마련하라.

위의 요구를 수행하지 않는다면 우리 부산대학교 교수 연구자 일동은 분노의 목소리를 표출하는 데 그치지 않고, 윤석열 정부의 퇴진 운동에 나서게 될 것임을 밝힌다.

2023년 4월 11일
부산대학교 교수 연구자 280명 일동

윤석열 정부의 반헌법적·반민족적 대일 외교참사를 규탄한다

우리는 윤석열 대통령과 정부의 반민족적 역사인식과 그에 기반한 치욕적이고 반헌법적인 대일외교를 강력하게 규탄하며, 대한민국의 국격에 걸맞는 대일관계를 설정할 것을 엄중하게 요구한다.

지난 3월 6일 윤석열 정부는 강제동원 문제에 관한 이른바 '해법'을 발표했다. 대법원 판결이 일본 기업에게 배상하라고 명했음에도, 한국 정부가 나서서 일본 기업의 책임을 면해주겠다는 어처구니없는 내용이다. 이는 강제동원 문제를 해결하기는커녕 오히려 악화시킬 뿐만 아니라, 일제의 강제동원 피해자들을 능욕하고 대한민국 국민 전체를 우롱하는 일이다.

일제 강제동원 피해자들은 1990년대 초 일본 법원에 일본 정부와 기업을 상대로 한 손해배상청구소송을 처음 제기했다. 일본 법원이 청구를 기각하자 피해자들은 다시 한국의 법원을 통해 동일한 소를 제기했고, 2018년 드디어 대법원 전원합의체로부터 승소판결을 받아냈다.

이 판결은 고령의 피해자들이 30년 가까운 긴 세월 동안 피눈물 나는 노력을 통해 쟁취한 감동적인 승리였을 뿐만 아니라, 정의와 평화를 염원하는 한국과 일본 그리고 전 세계의 시민들이 연대하여 성취한 역사적 쾌거였다. 그러나 윤석열 정부는 이렇게 중차대한 역사적 의미를 가지는 대한민국의 최고법원인 대법원 판결을 하루아침에 부정하고 일본 정부와 기업의 손을 들어주는 반민족적이고 반헌법적인 '해법'을 제시함으로써 강제동원 피해자와 국민들을 배신했다.

3월 16~17일의 한일정상회담은 3월 6일 '해법' 발표에 이은 또 하나의 참사였다. 윤석열 대통령은 회담 전날 보도된 요미우리신문과의 인터뷰에서 "그간 정치·외교적인 양국의 입장과 '청구권협정'에 관한 사법부의 해석이 상반된다"라고 발언해 이른바 '해법'이 대법원 판결을 부정하는 것임을 실토 했다. 윤 대통령의 '통 큰 퍼주기'에도 불구하고, 일본 총리는 '강제동원'은 물론이고, '식민지배'도 '사죄'도 '반성'도 입에 올리지 않았다. 대신 식민지배 책임을 부정한 2015년 '아베 담화'와 강제동원을 부정한 2021년 스가 내각의 각의 결정이 포함된 "역대 내각의 입장을 전체적으로 계승"한다고 밝혔다. 심지어 대한민국 대통령 면전에서 아베 내각이 강제동원 자체를 부정하기 위해 만든 조어인 "구 조선반도 출신 노동자 문제"라는 표현을 사용하는 뻔뻔함까지 보였다.

윤석열 정부는 일본 정부의 오만방자한 태도를 비난하기는커녕 2019년 두 차례에 걸친 일본의 통상공격에 대한 정당한 대응조치였던 WTO 제소, 지소미아 종료 통보 효력 정지, 백색국가 배제 등의 조치를 '선제적'으로 철회하고 일본의 '성의 있는 호응'을 구걸하고 있다. 또한 회담 기간 중 제기되었다는 일본 측의 독도 도발, 일본군 '위안부' 도발, 수산물 수입금지 철회 요구, 방사능 오염수 방류 강행 등에 관한 논란은 지금도 계속 이어지고 있고, 지난 3월 28일에는 강제동원을 정당화하고 독도 영유권을 주장하는 일본 정부의 초등학교 역사교과서 검증결과까지 발표되었다. 윤석열 정부가 주장하는 통 큰 외교의 결과가 이것이다.

이른바 '해법'으로 시작된 윤석열 정부의 대일 굴종외교는 강제동원 피해자들이 30년에 가까운 세월을 싸워 얻어낸 정당한 권리를 부정하는 것일 뿐만 아니라, '강제동원은 없었다', '불법강점 아니다'라는 일본 정부의 역사왜곡에 사실상 동조하는 반민족적, 반국가적 배신행위로서, 고령의 강제동원 피해자를 비롯한 대한민국 국민 전체를 우롱하는 것이다.

또한 윤석열 정부의 행태는 대한민국 최고 법원의 판결을 전면 부정하는 것으로서 헌법이 규정한 삼권분립을 심각하게 침해하는 것이며, 대법원 판결이 '불법강점'의 근거로 삼은 "3.1 운동으로 건립된 대한민국임시정부의 법통"을 부정함으로써 대한민국의 국가정체성을 송두리째 흔드는 것이다. 동시에 그것은 헌법에 명시된 대통령의 "헌법을 수호할 책무"를 스스로 저버리는 것이기도 하다.

일제의 침략에 당당히 맞서 싸워 일으켜 세운 대한민국이다. 불법적인 국가 폭력에 굳건히 저항하여 지켜온 대한민국이다. "대한민국은 민주공화국이다. 대한민국의 주권은 국민에게 있고, 모든 권력은 국민으로부터 나온다." 헌법 제1조는 국민이 대한민국의 주권자이자 주인임을 엄숙하게 선언하고 있다. 주권자로서 국민은 윤석열 대통령과 정부에게 우리의 권력을 5년 동안 위임했을 뿐이다. 국민은 윤석열 대통령과 정부에게 대한민국의 헌법과 역사를 부정하면서까지 일본과 이토록 수치스럽고 굴욕적인 외교관계를 맺으라고 명령하지 않았다.

이 땅의 지식인 학자로서 우리는 대한민국의 국격이 일개 정부의 잘못된 역사인식과 외교정책에 의해 허무하게 무너져 내리게 내버려둘 수는 없다. 우리는 윤석열 대통령에게 대한민국의 주권자로서 명한다.

하나. 윤석열 대통령은 반헌법적이고 반민족적인 강제동원 '해법'을 즉각 철회하라. 이 '해법'은 정치도, 외교도 아니다. 대한민국 국민인 피해자들의 인권이 배제된 '해법'은 정치적 야합과 타협에 지나지 않는다.

하나. 윤석열 대통령은 대한민국의 대통령인가, 일본의 대통령인가? 식민지근대화론에 기반한 왜곡된 역사관을 버리고 의연하게 대일관계에 임하라.

하나. 윤석열 대통령은 '헌법 준수 의무'를 다하라. 만일 그렇게 하지 않는다면, 우리는 대한민국 국민과 함께 역사와 헌법의 명령을 관철시켜 나갈 것이다.

2023년 4월 13일

경북대학교 시국선언 참여 교수 연구자 일동

주인이 해야 한다

1. 항쟁과 혁명

'부마민주항쟁'과 '4.19 혁명'의 도화선, 대한민국 최초의 유혈민주화운동 '3.15 의거'의 유서 깊은 현장에서 '항쟁'과 '혁명'에 대해 생각한다. 우리 역사에서 나라를 망치는 쪽은 대대로 특권을 누려온 지배층이었고, 되살리는 쪽은 한평생 궂은일을 도맡는 민중들이었다. 온갖 수고와 수모를 견뎌주다가 고비가 닥치면 세상의 죄를 정화하고 인간의 본래 품위를 회복시키기 위해 하느님과 연대하는 일꾼은 우리들, 우리 가운데 있는 보통사람들이다. 마산 시민들은 1960년에 "이승만은 하야하라, 일인독재 물러가라!", 1979년에는 "독재자 박정희 파쇼 물러가라!"고 외쳤다. 이승만 일인독재, 박정희 유신독재가 나라를 더럽히고 나라의 주인들을 못살게 괴롭혔으므로 가만히 있을 수 없었던 것이다. 결국 이 자리에서 시작된 '혁명'으로, 이 거리에서 격렬하게 벌어졌던 '항쟁'으로 나라도 사람도 말끔해졌으며 그 덕분에 대한민국은 전진할 수 있었다.

2. 자유란 무엇인가?

취임사에서 자유, 자유를 서른 번 넘도록 반복한 사람이 있다. 그가 추종하는 전임자들도 자유를 강조했다. 이승만도, 박정희도, 전두환도 "자유민주주의"를 내걸고 권력을 연장하거나 폭압을 변명하였고, 심지어 학살까지 자행하였다. 대답해 보라! 자유가 무엇인가? 자유自由는 '제맘대로'가 아니라 '자기로 말미암아'라는 뜻이다. 나는 나로 말미암아, 너는 너로 말미암아 그래서 존엄하다는 의미다. 자유자재自由自在라고도 한다. "거침없이 제 마음대로 할 수 있다"는 말이 아니다. 나는 나로 말미암아 스스로 존재한다는 뜻이다. 묻고 싶다. 당신은 자유로운 자유자재의 인간인가?

미국 정보기관이 대통령실을 도청한 사실이 드러났다. 동맹, 혈맹 그 이상으로 믿고 의지해 온 미국이 우리 뒤를 캐고 있다니 씁쓸하지만 대통령실의 대응이 가관이다. 시늉으로라도 화를 낼 법한데 "도청 사실은 터무니없는 거짓…상당 부분 위조가 됐다… 악의적 도청은 없었다… 미국과 협의하겠다"면서 도둑맞은 자가 되레 도둑을 두둔하고 있다. 한술 더 떠서 언론 자유보다 국익을 먼저 생각하라는 훈계를 빠뜨리지 않는다. 이게 어찌된 노릇인가. 여기저기서 죄다 털리고(기밀, 포탄) 혹은 알아서 먼저 갖다 바치고도(제3자 변제안) 납작 엎드리기만 하는 그를 두고 꼿꼿이 떳떳하게 직립하는 자유자재의 인간이라 말할 사람은 드물 것이다. 뭐가 무서워서 있는 걸 "있다!", 없는 걸 "없다!" 그 쉬운 말도 못하는지 나무라봤자 아무 소용이 없다. 뼛속까지 병든 한 영혼이 지금 대한민국의 운명을 틀어쥐고 있다.

3. 어차피 주인이 해결해야 한다

부활 소식을 듣고도 두려워하던 사람들이 마침내 빗장을 풀고 밖으로 나가던 때가 있었다. '자기我相'라는 지상 최대의 장벽을 무너뜨린 사람들이 대거 출현하던 혁명의 그날을 신약성경은 상세하게 기록하고 있다(사도 2:1-47 참조). "나는 그를 모르오."(마태 27:43) 하던 사람들이 우리는 남이 아니니 "한마음 한뜻으로 자기 재물을 자기 것이라고 주장하지 않고 모든 물건을 공동으로 소유"(사도 4:32) 하자며 '한살림'을 하기 시작했다. 생명의 실상을 자각한 이후 생겨난 놀라운 변화였다. 하느님과 사람, 나와 너, 사람과 자연이 둘로, 셋으로 가를 수 있는 별개가 아니라 하나에서 나온 하나다. 네가 없으면 나도 없다는 깨달음은 실로 성령의 불꽃이 지핀 위대한 통찰이었다. 너 따로 나 따로 살던 과거를 부끄러워하는 일이 회개요, 본래부터 하나이니 하나로 더불어 사는 '한살림'이 하느님 나라다. 이와 같이 저만 알고 저만 위하는 망상에서 깨어날 때 대한민국은 오늘의 파국에서 탈출할 수 있다.

건강한 사회라면 유력 계층일수록 사회를 보호하는 데 책임감을 느끼고 공익을 중시할 것이다. 소속 사회를 보전함으로써 가장 큰 혜택을 지속적으로 누릴 수 있기 때문이다. 하지만 우리 현실은 그렇지 않다. 1910년 한일병탄 이래 정상사회의 지도층이 갖춰야 할 도덕성을 가벼이 여기고 이기심에만 매달리는 사람들이 득세하는 풍토가 만들어졌던 것이다. 민족의 장래를 스스로 찾아 나갈 지도층을 육성하는 대신 일본의 이해관계를 대변할 협력자 집단을 키워 내는 것이 식민지 교육의 목표였던 바 그 흐름은 오늘까지 이어지고 있다.

그러면 어찌할 것인가? 세 들어 사는 사람이 더럽힌 집을 청소할 이는 오직 주인뿐이다. 동네 논밭 다 떠내려가게 생겼을 때, 앞뒤 가리지 않고 뛰쳐나가던 사람들이 결국 나라를 살리고 나라를 지켜왔다는 점을 다시금 생각하자. 우리가 해야 한다. 공정과 상식, 외교, 안보, 경제, 복지, 모든 가치를 무너뜨리는 윤석열의 폭주는 점점 가속될 것이다. 강한 자에게 한없이 비굴해지는 사대事大, 약한 자를 모질게 찌르고 사정없이 구박하는 천대賤待는 점점 심각해질 것이다. 순서만 다를 뿐 우리 모두에게 고통과 불행이 닥칠 것이다.

4. 단결과 연대가 우선이다

당장은 서로 어려움을 알아주고 힘을 합치는 단결과 연대가 우선이다. 여기저기서 얻어맞고 쫓겨나는 사람들이 속출할 것이다. 우리가 노동자들의 설움과 농민들의 한숨을 남의 일로 여기는 한 윤석열의 무모와 무례는 멈추지 않을 것이다. 주변을 살피고 어루만지자.

젊은이들에게 호소한다. 동료와 '경쟁'하지 말고 불의에 맞서 '투쟁'하는 청년의 마음을 간직해 주길 바란다.

"물질주의의 유혹에 맞서, 그리고 이기주의와 분열을 일으키는 무한 경쟁의 사조에 맞서 싸우기를 빕니다. 새로운 형태의 가난을 만들어 내고 노동자들을 소외시키는 비인간적인 경제 모델들을 거부하기를 빕니다. 생명이신 하느님과 하느님의 모상을 경시하고, 모든 남성과 여성과 어린이의 존엄성을 모독하는 죽음의 문화를 배척하기를 빕니다."

프란치스코 교종, 2014. 8. 15. 대전월드컵경기장 성모승천대축일 미사 강론

2023년 4월 17일
마산 창동사거리에서
천주교정의구현전국사제단

일본의 국익만 챙기는
윤석열 대통령 퇴진하라

윤석열 대통령은 이번 굴욕적인 한일정상회담에서 일본 지배세력의 요구는 모두 들어주면서 우리의 국익, 국격은 물론 국민적 자존심마저 내팽개쳤다.

윤석열 대통령은 일본 정부의 전쟁 범죄에 대한 반성과 사과를 더 이상 요구하지 않겠다고 했다. 일본의 전범기업들은 자신들의 책임을 인정조차 하지 않는데 우리 대법원의 배상 명령을 제3자 변제라는 꼼수로 전범기업의 책임을 사(赦)해주겠다는 기이한 해법을 제시하고 있다.

윤석열 대통령은 일본의 여야는 일치단결해 한일정상회담 결과를 반기는데 우리나라 야당은 회담의 성과를 폄훼하기만 한다고 비난했다. 도대체 사리분별이 없는 불평이다. 아무런 대가나 요구 조건 없이 일본 지배세력의 요구를 모두 다 들어주는데 일본의 여야가 함께 반기지 않을 이유가 있을까? 그것을 비판하는 우리 야당과 시민을 비난한다는 것 자체가 언어도단이다.

국제사회는 우방끼리도 국익을 놓고 대립, 갈등하는 총성 없는 전쟁터와 다름없다. 그런데 윤석열 대통령은 일본과는 주고받는 관계가 아니라고 했다. 줄 것을 먼저 주고 성의 있는 호응을 기대한다고 말했다. 대통령이 그런 무지한 자세로 한일정상회담을 진행했다는 말인가?

윤석열 대통령은 안보상의 불신을 이유로 일본이 한국을 화이트리스트(수출심사 우대국)에서 제외한 데 대해 우리 정부가 마땅히 대응했던 각종 조치들(국제무역구기구 제소, 한일 지소미아/한일 군사정보호협정 연장 거부 등)을 윤석열 대통령은 모두 무효화하고 우리 정부의 화이트리스트에서 삭제했던 일본을 아무 조건 없이 되살렸다. 그런데 일본 정부는 더 두고 보겠다며 그들의 화이트리스트에 한국을 되살리지 않고 있다.

이처럼 일본의 성의는 온 데 없고 일본의 언론들은 위안부 문제 해소, 오염 수산물 수입, 원전 오염수 방류 등 윤석열 대통령에게 전달한 일본 측의 청구서를 날리더니 급기야 독도까지 내놓으라고 다 그치고 있다.

올해 펴낸 일본의 역사 교과서는 독도 영유권 주장을 한층 더 강화했다. 그러더니 한일정상회담 직후 일본 정부의 한 관계자는 아예 윤석열 대통령의 임기 내 독도 영유권 문제를 해결하라고 요구하고 나섰다. 그것이 한국의 독도 영유권을 확정하자는 얘기는 아닐 것이다. 일본의 지배세력과 보수 우익 언론들은 일본의 독도 영유권 확정되는 날이 머지않았을 것으로 기대하고 있는 분위기다.

윤석열 대통령은 자신의 이번 한일정상회담을 미래를 위한 결단이라고 말했다. 그런데 그 결과는 우리의 국민적 자존심, 국격, 국익을 모두 내팽개치고, 일본을 요구하는 것은 다 내주는 것이었다. 윤석열 대통령의 결단은 결국 일본 지배세력의 미래를 위한 결단이었다.

윤석열 대통령의 친일 행보는 일본의 군사국가화, 한반도 개입을 인정하는 발언과 맥이 닿아 있다.

윤석열 대통령은 이번 회담 중에 중국, 북한 등 주변국의 미사일 기지를 직접 타격하는 일본의 '적기지 공격(반격) 능력' 보유 방침을 "충분히 이해한다"고 말했다. 이는 한반도에서의 일본의 사실상의 교전권, 적어도 사실상의 선제 타격권을 인정하는 발언이다.

윤석열 대통령의 이 발언은 '누구도 대한민국의 동의 없이 한반도의 군사행동을 결정할 수 없다'는(문재인 대통령 2017년 8·15 경축사) 한반도 방위를 위한 우리의 전략적 마지노선을 무너뜨리는 것이다. 윤석열 대통령은 후보시절 "유사시 한반도에 일본이 들어올 수도 있다"고 말하기까지 했다.

윤석열 대통령은 일본이 한반도를 대륙 병참기지로 만들고 식민지로까지 끌고 간 청일전쟁, 러일전쟁의 기억마저 잊은 것인가?

청일전쟁, 러일전쟁의 교훈을 잊은 사람, 우리의 국민적 자존심, 국격, 국익을 모두 내던지고 일본의 지배세력이 요구하는 것은 무엇이든 내주겠다는 사람이 대한민국의 대통령이어서는 안 된다.

이에 우리는 국민의 이름으로 명령한다. 윤석열 대통령은 퇴진하라!!!

2023년 4월 17일

울산지역 사회단체 29개 일동

부유식해상풍력울산시민추진단, 사회개혁로마로, 울산새생명교회, 울산기후위기
비상행동, 울산내일포럼, 울산미래여민포럼, 울산민예총, 울산민주산악회, 울산민
주시민교육네트워크, 울산민주화운동동지회, 울산사회연대노동포럼, 울산언론발
전을위한시민모임, 울산잼잼봉사단, 울산진보연대, 울산환경운동연합, 울주사랑
모임, 울주정책포럼, 울산진보연대, 울산촛불행동, 유월애벗, 정책과비전포럼, 중
소상인네트워크, 진실규명시민연대, 참교육학부모회울산지부, 천지산우회, 태화
강국가정원홍보단, 평화–경제포럼, 평화통일교육센터, 함께만드는정책연구소

굴욕외교를 규탄하며
전면적 국정 쇄신을 요구한다

윤석열 대통령의 방미와 취임 1주년을 맞으며

1.

오는 5월 10일 윤석열 대통령은 취임 1주년을 맞는다. 취임 전부터 여론의 반대를 무시하고 대통령 집무실의 이전을 강행한 윤석열 정부는 지난 1년간 독선적 국정 운영으로 일관했다. 그동안 대한민국은 후퇴에 후퇴를 거듭하며 미증유의 위기를 맞고 있다. '나라가 망할지도 모른다'는 걱정은 이제 단지 수사가 아니다.

먼저 민주주의와 협치가 실종되고 '검찰 독재'라 일컬어지는 정치의 파행이 계속되고 있다. 친일 부역에 앞장섰던 고등문관시험 출신들이 해방 후에도 독재를 떠받쳤듯이, 이 정권하에서도 법률 기술자들은 정치를 사법화하며 권력의 파수꾼 노릇을 하고 있다. 대통령은 연일 '자유 민주주의'를 강변하지만, 타협과 관용의 정치는 고사하고 국제사회가 우려할 정도로 언론의 자유마저 위협받고 있다.

국가경제가 추락하고 민생도 위기 상황이다. 작년 한 해 500억 달러에 가까운 사상 최대의 무역적자를 기록한 이후, 2023년에는 무역적자가 불과 3개월 만에 작년의 절반을 넘어섰다. 물가는 연일 고공행진을 거듭하고 있다. 미중 무역 갈등의 틈바구니에서 IMF 경제위기 못지않은 대규모 공황이 닥칠지도 모른다는 우려도 심심치 않게 나오고 있다. 고물가와 고금리 때문에 민생은 더할 수 없이 팍팍해졌지만, 오히려 정부는 시대착오적 주 69시간 근무제와 노동탄압을 자행하고 있다.

사회 안전과 정의도 무너졌다. 단지 골목길을 걸어가기만 했을 뿐인데 159명이나 되는 사람들이 이태원에서 목숨을 잃었다. 하지만 모든 책임은 일선 공무원들에게 전가되었다. 대통령과 장관은 책임을 지기는커녕 유족이 받아들일 수 있는 진솔한 사과조차 하지 않았다. 무책임과 몰염치의 극치라 할 수 있다. 과연 이 정부는 대한민국을 어디로 끌고 가는가.

2.

그리고 전국적 규탄 행렬이 보여주듯, 지난 3월 6일에 발표한 '제3자 변제' 방식의 강제동원 배상안에서 윤석열 정권의 무능과 독선적 국정 운영은 우리 사회가 인내할 수 있는 한계를 넘고 말았다. 이는 일본 기업의 책임과 배상을 분명히 한 2018년 대법원 확정판결을 무시하는 차원을 넘어, 3.1 운동 정신을 전면에 내세운 대한민국 헌법을 완전히 부정하는 행태다. 나아가 식민과 전쟁 범죄를 단죄하고 평화와 인권을 옹호하는 인류의 보편적 가치에 반한다. 그 속에는 국민 여론은 물론 피해 당사자의 의사를 존중하지 않는 오만함과, 역사를 미래의 발목을 잡는 걸림돌 정도로 여기는 반역사적 인식이 담겨 있다.

윤석열 정부는 '국익'을 앞세우며 강제동원 배상안을 밀어붙였다. 북한의 위협에 맞서 한미동맹을 강화하고 이를 위해서는 미국뿐만 아니라 일본과의 협력이 필수적이라 주장한다. 실제로 한·미·일 동맹의 강화는 중국 견제에 힘을 쏟고 있는 미국이 동북아시아에서 추구하는 방향이다. 그래서 한국 정부가 강제동원 배상안을 발표하자 미국은 이를 크게 환영했다. 덕분에 피해자들과 한국민이 당한 굴욕과는 반대로 이미 일본에서 환대를 받았던 윤석열 대통령은 이제는 '국빈'으로 미국을 방문한다.

하지만 미국과 중국이 날카롭게 대립하고 있는 현시점에 한편에 일방적인 외교는 이익이 되기보다 해가 될 가능성이 크다. 예나 지금이나 미국에게 미일동맹과 한미동맹의 무게는 확연히 다르다. 한·미·일 동맹은 결국 미국을 정점으로 일본이 동북아 지역 거점이 되고 그 하위에 한국이 놓이는 수직적 질서가 될 수밖에 없다. 이 경우 한국이 가질 수 있는 자주성과 자율성의 폭이 매우 좁아진다.

군사적 긴장 상태에 놓인 한반도에서 능동적으로 균형을 잡지 못하는 외교는 무능과 굴욕을 넘어 재앙으로 이어질 수 있다. 미국의 대통령실 도청과 이에 대한 대통령실의 대응은, 미국 패권의 본질이 무엇이며 이 정권의 미국에 대한 태도가 얼마나 일방적인지 드러난 일이다. 우리는 실로 단순하고 거친 윤석열 정권이 과연 지정학적 위기 상황을 다룰 수 있는지 진정 우려한다. 윤석열 대통령이 진심으로 국익과 한반도 평화를 생각한다면 외교안보 정책을 전면 재고해야 한다.

3.

윤석열 정부 1년을 되돌아볼 때 퇴행의 속도가 너무 빨라 숨이 막힐 지경이다. 더 암담한 것은 윤석열 대통령의 임기가 아직도 4년이나 남아 있다는 사실이다. 윤석열 대통령이 지난 1년간 보여준 무능하고도 극단적인 국정 운영을 앞으로 쇄신하지 않는다면 남은 4년을 온전히 지속할 수 있을지 의문이다.

국민은 윤석열 정부의 전면적 국정 쇄신을 원하고 있다. 그 첫걸음은 당연히 강제동원 배상안의 철회가 되어야 한다. 동시에 외교를 참사로 잇달아 몰아넣은 인사들에 대한 문책을 시작으로 강도 높은 인적 쇄신이 수반되어야 한다.

우리는 윤석열 취임 1주년과 방미를 앞두고 다시금 굴욕외교를 규탄하며 국정 전반의 쇄신을 강력하게 요구한다. 그렇지 않을 경우 우리는 전국의 대학인들과 시민사회와 함께 정권을 종식시키는 투쟁에 나설 것이다.

2023년 4월 24일

성균관대학교 시국선언 참여 교수·연구자 일동

우리는 국민의 권리와 자존심, 국익과 민주주의 원칙을 망가뜨리는 윤석열 정부의 굴종 외교를 규탄한다!

윤석열 대통령은 일본 기업들의 사죄와 배상을 요구하는 강제 동원 피해자들의 의사를 무시한 채 지난 3월 16~17일 한·일 정상회담에서 강제 동원과 아무런 관련이 없는 한국 기업의 기금으로 피해자들의 손해를 배상하려는 제3자 변제 방식을 제시했다. 식민지배의 불법성과 가해기업들의 배상 책임을 모두 부정해온 일본 정부의 태도를 한국의 대통령이 앞장서서 이해한다고 밝히는 참으로 해괴한 광경이 펼쳐진 것이다. 아울러 후쿠시마 원전 오염수 방류에 대한 우리 국민들의 강력한 반대와 항의를 일본 정부에 제대로 전달하지 않은 윤석열 대통령은 대한민국의 대통령이 아니라 일본 정부의 심기를 살피는 하인처럼 보였다.

더욱이 지난 4월 11일 미국 정보기관의 도·감청 의혹과 기밀 누출 혐의자 긴급 체포에 대해 대한민국 대통령실의 고위 관계자는 "악의적인 정황이 없다", "상당수가 위조되었다"라고 언급하면서 미국 정부의 눈치를 보는 저자세 굽신 외교로 일관하고 있다. 대한민국 정부가 강자에게 아무 말도 하지 못하는 처량하고 굴욕적인 처지에 있음을 만천하에 드러낸 셈이다.

한·일 관계의 경색 국면을 해소하기 위해 일본 정부에 강제 동원 배상안의 제3자 변제 방식을 제시한 것은 문제의 해결이 아니라 이미 산적한 문제에 또 다른 짐 더미를 올리는 무익한 행위이다. 정상 회담을 통해 대한민국이 확보한 이익은 도대체 무엇인가? "오로지 국익을 위한 외교"라든가 "미래를 위한 결정" 운운하는 것은 가당치 않은 발언일 뿐이다. 오히려 그것은 미래 세대의 권리를 박탈하고 부담과 고통을 고스란히 떠넘겨 버렸던 1965년과 2015년의 독단과 오류를 되풀이했다. 박근혜 정부가 추진한 2015년 12·28 위안부 합의 시도와 다르지 않게 윤석열 정부는 강제 동원 피해자들의 의사에 역행할 뿐 아니라 2018년 한국 대법원의 판결 취지에도 어긋나는 일방적인 질주를 선보였다. 여론 조사에 따르더라도 국민의 반대 의견은 훨씬 더 많다. 주권자인 국민의 의사를 무시하는 정부의 조치는 사실상 효력이 없다.

이 문제 해결의 최소 조건은 일본 정부의 진지한 사과와 가해자인 일본 기업들의 배상 참여이다. 최소 조건이 전혀 담기지 않은 물 반 컵 채우기에 이어 가해자들이 선심을 베풀어 나머지 물 반 컵 채우기를 기대하는 것은 그야말로 구걸 외교이자 하인 외교이다. 피해자들의 상처 난 자존심을 짓밟는 행태일 뿐 아니라 매우 경솔한 판단이다. 독일의 과거사 정리 재단이 천명하는 대로 기억과 책임과 미래는 유기적으로 연결되어야 한다. 책임이 빠져 있는 미래의 모색은 사상누각이다. 강제 동원 배상안 문제는 통치자의 결단과 정치적 타협으로 단번에 최종 해결될 사안이 아니다. 법적인 해결책의 모색을 넘어 역사적 해법이 필수적이기 때문이다. 어렵더라도 그런 방향으로 나아가야 한다. 그것은 전쟁을 주도하면서 아시아·태평양 지역에서 수많은 인명을 살상한 일본 군국주의 체제와의 철저한 결별과 진지한 반성이 전제되어야 할 일이다. 나아가 전 세계적 탈식민의 흐름에 대한 명확한 인식, 폭력적인 노예 노동에 견줄 정도의 강제 노동의 심각성에 대한 감수성 있는 이해와 인권 의식의 제고가 전제되어야 할 것이다. 그것이야말로 한일 양국의 화해 모색과 미래지향적 관계 수립의 굳건한 토대일 것이다.

이에 우리 아주대학교 교수들은 한·일 정상회담에서 대한민국의 대통령이 보인 굴욕적이고 반민족적인 작태를 비판하고 대법원의 판결까지 거스르는 그의 일방적 신념 과시를 위헌적이라 규정한다. 따라서 그동안 보여준 저자세 하인 외교의 즉각적 중단과 전면적인 정책 수정을 강력히 촉구한다. 그렇지 않을 경우 도도한 역사와 국민의 심판을 면치 못할 것임을 엄중히 경고하며 다음과 같이 요구한다.

하나, 윤석열 대통령은 비민주적이고 반인권적이며 반역사적인 제3자 변제 방식의 강제 동원 배상안을 즉각 철회하라.

하나, 윤석열 대통령은 굴욕적인 한·일 정상회담과 미국의 도·감청 의혹 처리에 대한 책임을 물어 외교안보 정책 조직 구성을 전면 쇄신하라.

하나, 윤석열 대통령은 국가의 운명과 주요 정책 방향을 미국과 일본의 처분에 맡기는 저자세 하인 외교를 즉각 중단하고, 국민 자존의 원칙과 실용의 전략으로 '나라다운 나라'의 외교 정책을 수립하라.

하나, 윤석열 대통령은 주권자인 국민 다수의 의견을 경청하고 잘못된 정책에 대해 사과하라.

2023년 4월 24일

아주대학교 시국성명 참여 교수 일동

행동 없으면 죽은 믿음

1. 광주대단지사건

1971년 8월 10일, 서울시의 무허가주택 철거 계획에 따라 경기도 광주군에 강제이주하게 된 주민 5만 명이 생존을 위한 투쟁을 벌였다. 줄곧 '폭동', '난동'으로 불리다가 50년이 지나서야 '8·10 성남민권운동'이라는 어엿한 이름을 갖게 된 해방 이후 최초의 도시빈민투쟁이었다. 그 시절 없는 사람들이 겪어야 했던 만고풍상의 현장에 서고 보니 마음이 무겁다. 갈수록 배부른 자들의 횡포는 모질어지고, 불운한 약자들은 하루하루 시들어 가고 있다. 광주대단지에 휘몰아쳤던, "이게 아닌데", "이건 아니야", "이렇게 살 수는 없어" 하던, 생존을 위한 '격정激情'이 다시금 솟구쳐서 가슴에 응어리진 한을 말끔히 태워주기를 기도한다.

좋은 쪽으로 기운이 모아지기만 하면 신바람이 나서 못 해낼 게 없는 한국인데 방향을 잘못 잡는 바람에 생명을 억누르고 서로를 짓밟으며 공동체를 파괴하고 있다. 그 책임을 대통령에게 묻는다. 한

때 손바닥에 '임금 왕王' 자를 그려 다녔다는 그의 이마에서 지금 우리는 다른 글자를 보고 있다. '미칠 광狂'.

2. 155밀리 포탄 오십만 발

자주국방의 상징, K-9 자주포에 들어가는 155밀리 포탄 오십만 발이 사라지고 있다. 전시 대비를 위한 전방 이동이 아니다. 지구상 어디서도 구하기 어려운 '희귀 자원'이 러시아와 전쟁 중인 우크라이나를 향하고 있다. 교전 당사국에 살상 무기를 지원할 수 없도록 해둔 현행법 위반이다. 때문에 155밀리 포탄은 이제 한반도에 없다. 육군이 무장해제를 당하는 황당한 일이 벌어진 것이다. 포탄 지원에 이어 대통령의 '말폭탄'까지 터졌다. 외신과의 인터뷰에서 우크라이나 무기 지원을 귀띔한 것이다. 미국은 반색했지만 러시아는 "적대적 반러 행위"라며 즉각 반발했다. 그러자 대통령실은 "앞으로 우리가 어떻게 할지는 러시아 행동에 달려 있다"며 도발했다. 남의 집에 불내놓고 거기다가 부채질까지 한 셈이다. 대법 판결을 무시하고 피해 당사자들을 울려가며 '제3자 변제안'을 들고 일본에 건너가더니, 이번에는 오천만의 생명과 생계를 무시하고 '포탄 오십만 발'을 선뜻 미국에 헌납한 것이다.

한술 더 떠서 중국과의 경제 협력도 아주 어렵게 만들었다. 대만 해협의 긴장에 대해 공연한 훈수를 두었다가 "대만 문제에서 불장난하는 자는 스스로를 불태울 것"이라는 험악한 경고를 들은 것이다. 가만히 있는 주변 강국들의 눈을 찔러 가면서까지 일본과 미국의 비위를 맞추려고 하니 장차 우리가 어떤 세상을 맞게 될지 생각만 해도 아찔하다.

사탄의 본질은 분열이다. 사탄을 가리키는 그리스어 '디아볼로스'
는 '분열시키다'라는 뜻이다. 자신을 위해서라면 얼마든지 하느님과
사람, 사람과 사람, 사람과 자연을 분열시키고 반목을 일으키는 트
러블 메이커가 사탄이다. 반면 "이 사람들이 하나가 되게 해주십시
오."(요한 17:11) 하고 기도하면서 화해와 일치를 위해 십자가마저 수
락하는 피스 메이커가 예수 그리스도다. 남북을 가르고, 여야를 가
르고, 동서를 가르고, 남녀를 가르고, 노동자와 사용자를 가르고, 그
리하여 상대를 적대하게 만듦으로써 권력 유지를 꾀하는 분열의 술
수. 마침내 친일과 친미, 반중과 반러의 갈라치기로 선린우호 관계
를 파탄내서 한반도에 전쟁을 부르는 광기를 우리는 신앙과 양심의
이름으로 단죄한다.

3. 한 사람의 죄가 멸망을 불러

어둠이 몰려오는 세상에 한줄기 빛을 보여주어야 할 지도자가
7천만 겨레를 수렁에 빠뜨리고 있다. 착한 사람에게는 좋은 사람이
마주 오고, 좋은 사람을 만나니 좋은 일이 생기더라 했는데 어째서
우리에게 '윤석열'이라는 악연이 나타났을까. 도대체 우리가 무슨
잘못을 저질렀기에 이런 역경이 닥쳤는지 원망스럽기 그지없으나,
더이상 기대할 것도 기다릴 수도 없게 됐으므로 당장은 그에게 맡겼
던 권한을 거둬들이는 게 급선무다. 국가공동체를 파멸로 잡아끄는
저 어둔 힘을 방관하거나 용납하는 것 또한 죄의 장본인과 공모하는
크나큰 잘못이다.

"한 사람의 범죄로 그 한 사람을 통하여 죽음이 지배하게 되었다."(로마 5:17)는 말씀과 함께 "한 사람의 의로운 행위로 모든 사람이 의롭게 되어 생명을 받았다."(로마 5:18)고 하였으니 흥하고 망하고는 나 한 사람에게 달려 있음을 명심하자. 명운이 달린 비상한 때이니 더욱 절실하게 기도하고, 특히 어려움에 빠진 이웃을 보살피자. 사랑만이 세상을 구한다.

"어느 누구도 종교를 개인의 내밀한 영역으로 가두어야 한다고 우리에게 요구할 수 없습니다. 종교는 국가 사회생활에 어떠한 영향도 미치지 말라고, 국가 사회 제도의 안녕에 관심을 갖지 말라고, 국민들에게 영향을 미치는 사건들에 대하여 의견을 표명하지 말라고, 그 어느 누구도 우리에게 요구할 수 없습니다. …… 참다운 신앙은 결코 안락하거나 완전히 개인적일 수 없는 것으로서, 언제나 세상을 바꾸고 가치를 전달하며 이 지구를 이전보다는 조금이라도 나은 곳으로 물려주려는 간절한 열망을 지니고 있습니다. …… 교회는 정의를 위한 투쟁에서 비켜서 있을 수 없으며 그래서도 안 됩니다. 모든 그리스도인은 또 사목자들은 더 나은 세계의 건설에 진력하라는 부르심을 받고 있습니다."

복음의 기쁨 183항

2023년 4월 24일

8·10 성남민권운동을 기억하며, 성남동성당에서
천주교정의구현전국사제단
천주교 수원교구 정의평화위원회
천주교 수원교구 공동선사제연대

역사적 사명과 민족적 양심, 그리고 국민 주권의 이름으로 윤석열 정부의 대일 굴종 외교와 맹목적인 한미일 군사협력 강화를 규탄한다

윤석열 대통령은 3·1절 기념사에서 일본과 보편적 가치를 공유하고 협력하는 파트너가 되었다고 자평하면서, 일본과의 관계 정상화를 선언했다. 또한 3월 16일 한일 정상회담에서는 우리 대법원 결정을 무시하고 일본의 전범기업들을 대신해 국내 기업들이 강제징용 피해자들에게 배상금을 변제하게 하는 안을 제시했다. 이는 일본 침략전쟁의 부당성과 전범기업들의 반인륜적 행위를 눈감아주고 역사적 의제에서 제외하는 폭거이다. 이뿐 아니라 우리 정부의 선제 조치에도 불구 일절 과거사에 대한 사과나 유감 표명조차 하지 않은 일본 정부에 향후 구상권을 행사하지 않겠다고 선언하면서 징용 당사자들의 권리를 짓밟았으며, 국민적 자존심에도 큰 상처를 내었다. 이후 일본은 후쿠시마 원전 오염수 방류, 독도 영유권 문제 등이 정상회담에서 긍정적으로 논의되었다고 밝히며 뻔뻔하게도 한국의 더 많은 양보와 태도 변화를 요구하고 있다.

수많은 외세의 침탈과 시련을 극복하면서 한반도의 역사를 피로 지켜온 선열의 후예로서 우리는 윤석열 정권에게 다음과 같이 묻지 않을 수 없다.

- 상호존중과 호혜적 파트너십이 전제되지 않는 한일동반관계가 도대체 무슨 의미가 있단 말인가?
- 여전히 아물지 않은 식민의 상처를 도외시한 채 피해국 스스로 국익을 포기할 만큼 '한미일 3자 군사협력 강화'가 최선의 대안이고 보편적 가치란 말인가?
- 북한의 핵 위협에 대응한다는 명분으로 냉전적 대결 구도와 긴장을 고조시켜 한반도를 미중 갈등의 최전방으로 만들고 일본의 군사 재무장과 군국주의 부활의 길을 열게 할 맹목적인 한미일 군사협력의 위험성을 정녕 인식하지 못하는 것인가?

한반도의 평화와 통일, 자주적 주권과 공존적 번영의 보편 대의를 지지하는 우리 건국대학교 교수와 연구자들은 윤석열 정부에게 다음과 같이 요구한다.

- 일본의 독도 영유권 주장과 후쿠시마 원전 오염수 방류가 정상회의에서 긍정적으로 논의되었다는 일본발 보도가 되풀이되고 있는 만큼 이 부분에 대한 정부의 명확한 원칙을 천명하고 강력히 대응하라.
- 개인의 자유와 인권은 천부적이며, 어떤 정부나 정치권력도 개인의 손해 배상 청구권 요구를 묵살하면서 희생을 감내하도록 강요

할 권한은 없다. 따라서 피해자의 아픔에 공감하고 구상권 포기 발언을 철회하라.

   - 다가오는 한미 정상회담에서, 도청과 같은 동맹의 신뢰와 협력을 훼손하는 도발적 행위의 재발 방지를 강력히 요구하고, 반도체 기술 정보 공유와 중국과의 무역 중단 요구 등 미국의 국익에만 충실한 한미 경제협력의 불균형을 해소하기 위해 노력하라.

   - 인류 보편의 가치와 상생을 위한 호혜적이고 성숙한 동맹 관계를 구축하고, 국익을 최우선으로 하여 주권을 지킬 의지나 능력이 없다면 국민이 부여한 통치권을 내려놓고 퇴진하라.

   우리의 요구는 엄혹한 시대의 어둠을 밝히고 한없이 무너지고 비뚤어지는 현재 상황을 바로잡으려는 역사적 소명의식에 기반한 절박한 외침이다. 이러한 요구가 받아들여지지 않는다면 향후 모든 양심 세력과 연대하여 민족적 자존감과 주권을 지키는 역사적 투쟁에 동참할 것임을 강력히 천명하는 바이다.

2023년 4월 25일

건국대학교(서울캠퍼스·글로컬캠퍼스) 교수·연구자 115명 일동

윤석열 정부는 굴욕적인 외교 정책을 당장 바로잡으라!

지난 삼일절 기념식을 보는 마음은 참담했다. 윤석열 대통령은 강제동원(징용), 위안부 등 여전히 해결되지 않은 과거사에 대해 나 홀로 '통 큰' 태도를 보였다. 여전히 침략의 상처가 선연한데, 그날 일본은 '군국주의 침략자'에서 과거사를 도외시한 맹목적 '협력 파트너'가 되었다. 일제가 국제법을 위반하고 강제로 위안부를 끌고 간 역사적 사실을 부인하고 또 강제로 끌려간 징용 피해자에 대한 사죄와 배상을 회피하는 상황에서 윤 대통령은 어떤 변화의 신호를 읽었다는 말인가?

이어 놀랍게도 윤석열 정부는 한일 정상회담에서 '양국 관계 정상화'를 위해 강제동원 제3자 변제안을 제시하였다. 한국인 강제동원 피해자들에 대한 손해 배상을 가해자인 일본 기업이 아니라 우리 기업의 기금으로 하자는 이 제안은 실로 충격적이다. 많은 이들의 반문처럼 윤 대통령은 어느 나라의 대통령인가? 한국 대통령이 앞장서 일본의 반인륜적 군국주의 전쟁범죄와 당연한 배상책임에 대해 면죄부를 주면서까지 시급히 해치워야 할 한일 양국의 현안이 무엇인가? 지난 2018년 우리 대법원의 전원합의체 판결을 행정부 수반이 스스로 뒤집을 만큼 긴급한 현안이 무엇인지 알 수 없다.

윤 대통령은 강제동원 피해자들의 손을 들어준 2018년 대법원 판결이 1965년 한일청구권협정과 엇갈리는 부분이 있다고 말했다. 이는 삼권분립을 훼손하는 반민주적이며 반헌법적인 주장이다. 더구나 개인의 손해배상 청구권이 국가 간 협정으로 '최종적이고 완전히' 소멸되었다는 것은 식민지배의 불법성과 과오에 대한 책임과 배상을 회피하려는 일본 정부의 주장일 뿐이다. 강제동원은 심각한 인권침해이다. 이에 대한 배상은 단지 돈으로 해결할 수 없다. 가해자의 배상은커녕 이전 내각의 사죄조차 번복하는 일본 정부에 내민 '통 큰' 선물은 윤 대통령이 스스로 가해자 편에 서기를 자청한 것과 다를 바 없다.

정상회담 후 복수의 일본 언론은 기시다 총리가 위안부 합의 이행, 후쿠시마 수산물 수입 재개, 독도 영유권 문제 등에 대한 요구를 윤 대통령에게 전달했다고 한다. 하지만 우리 대통령실은 그것이 회담 의제가 아니었다고 하면서 윤 대통령의 답변 내용을 제대로 밝히지 않고 있다. 강제동원 사실을 부인하고 독도 영유권을 주장한 일본의 '역사 왜곡 교과서'가 통과된 후에서야 대통령실은 일본이 뒤통수를 친 것과 한일 정상회담의 연관성을 부인하며 마지못해 항변했을 뿐이다. 악화된 국민 여론에 놀라 국민 건강권을 운운하며 허겁지겁 후쿠시마 수산물 수입 금지를 언급하지 않았던가. 최근 불거진 'I-Japan' 주어 논란은 일본에 대한 윤 대통령의 상식 밖 역사관을 보여준다. 윤 대통령은 '100년 전 일'로 (일본에게) '무조건 무릎을 꿇으라'할 수 없다고 했다. 그러나 일본이 100년 전에도 그리고 지금도 강제동원 등 식민지배 시절 자행했던 자신들의 반인권적인 행위에 대해 사과는커녕 인정도 하지 않고 있음을 윤 대통령은 알지 못하고 있단 말인가. 윤 대통령이 말하는 '미래지향적' 한일 관계는 대통령실의 의지로 가능하지 않다. 그것은 과거사에 대한 일본의 반성과 진심 어린 사과를 전제로, 과거의 잘못을 용서하는 열린 태도가 우리 국민의 감정일 때야 비로소 가능하다. 일본의 뻔뻔한 몰염치가 요지부동인 현 상황에서 도대체 어떤 '미래'를 지향한다는 말인가!

과거사를 정의롭게 다루면서도 국제정치에서 균형 있는 외교를 가능하게 하는 것이 주권 정부의 정치적 역량이다. 러시아-우크라이나 전쟁, 중국-대만 간 양안 대립 등으로 한반도 주변의 군사적 긴장이 높아지고 있는 상황에서 어느 한쪽으로 과도하게 치우친 외교를 행하는 것은 재앙을 자초할 위험이 크다. 국익을 지키고 국민의 안위를 위태롭게 하지 않고 한반도 평화를 이루기 위해서는 대결 일변도의 냉전적 사고와 미국과 일본에 분별없이 밀착하는 굴종적 자세부터 버려야 할 것이다. 군사적 의미의 한미 동맹과 한일 관계는 구분되어야 하는 바, 한미일 관계의 수직적 구조에 맹목적으로 참여할 일이 아니다. 무엇보다도 우리 스스로가 능동적인 균형의 주체가 되는 국제무대의 외교를 펼쳐야 한다. '동맹/관계'를 이유로 스스로 국제정치에서 '을'의 자리를 자처하지 말라. 일본의 역사 왜곡 논란뿐만 아니라 최근 불거진 미국의 도청 정황에 대해서도 우리 정부는 당당한 자세로 시시비비를 가려야 한다. 더 이상 우리를 부끄럽게 만들지 말라.

　우리 인제대학교 교수 연구자 일동은 아래와 같이 요구한다. 윤석열 정부는 오만과 편견을 버리고 국민의 목소리를 귀담아들어야 한다. 모든 권한에는 말 그대로 한계가 있고 대통령의 권한도 예외일 수 없다. 윤 대통령은 위임된 권력을 자의적으로 오용하고 남용하는 권한 밖의 무모한 행위를 중단해야 한다. 우리는 바른 변화가 있는지 현 시국을 엄중히 지켜볼 것이다.

　하나. 몰역사적 반인권적 제3자 변제안을 즉각 폐기하라!
　하나. 굴욕 외교에 대해 대통령은 국민 앞에 사과하고, 책임자를 즉각 파면하라!
　하나. 국민의 목소리를 귀담아 들으며 균형 잡힌 외교정책을 수립하라!
　하나, 정부는 강제징용 피해자 개개인에 대한 일본 정부의 통절한 사죄와 온전한 배상을 요구하는 태도를 취하라!

2023년 4월 27일
인제대학교 교수·연구자 및 전·현직 교직원 62명 일동

윤 대통령의 망국 외교와
폭력적 정부 운영의
대전환을 요구하는 시국성명서

최근 윤석열 정부는 일본의 강제동원 피해자들이 30여 년간 피눈물로 쟁취한, 2018년 대법원의 확정판결을 멋대로 뒤집는 외교 행태를 벌였다. 한국의 대통령이라면 마땅히 대법원 판결의 조속한 이행을 위해 모든 외교적 노력을 기울여야 함에도 불구하고, 윤석열 대통령은 자국민의 권리를 보호해야 할 지도자의 책무를 저버린 채 일본 전범기업을 두둔하고 나섰다.

윤 정부의 '제3자 변제 해법'과 구상권 포기 선언은 일본이 과거에 저질렀던 노동자 강제동원의 불법성과 군국주의 침략전쟁에 면죄부를 주는 결과를 가져왔다. 이는 1999년에 국제노동기구ILO가 일본의 대규모 징용이 강제 노동을 규제하는 ILO의 29호 협약 위반이자 반인도적 범죄임을 명확히 밝힌 것에 반하는 조치이기도 하다.

윤 대통령은 조문 외교 실패, 바이든 욕설 파문, 퍼주기식 한일 정상회담, 미국의 도청 사실에 대한 저자세 대응, 북한 핵 위협 앞에서 최소한의 '전략적 자율성'조차 발휘하지 못하는 안보 무능, 아군 아니면 적이라는 이분법적 태도로 한반도 평화를 훼손하고 전쟁 위기를 고조시키는 도발적 외교, 한반도 정세의 불안정화로 막대한 사회적 비용과 경제적 손실 초래, 21세기 식량 전쟁의 위기를 간과하는 무지와 농민들의 탄식을 외면하는 비정함 등 수많은 실정을 이어가고 있다. 더욱이 심각한 외교 실책이 터질 때마다 책임 있는 해명과 사과 없이 부정과 변명으로 일관하여 한국 내통령과 정부에 대한 국민의 신뢰는 물론 국제적 신뢰가 추락하며 대통령이 입버릇처럼 말하는 '국격'과 '국익'을 스스로 훼손하고 있다.

우리 숙명여대는 대한제국의 명운이 다할 때, 민족정신을 보전하고 시대적 사명에 앞장서는 여성 인재를 양성하기 위해 설립된 여성 사학이다. 우리 숙명여대의 교수들은 윤 대통령의 망국적 외교 행태와 일방적 정부 운영 방식 그리고 무능한 관료들의 무책임한 태도에 깊은 우려를 표하며 국정 운영의 대전환을 강력히 요구한다.

윤 대통령은 방일외교 중 "일본은 아름답고 일본인은 정직하다"라면서 한국이 먼저 채운 반 컵의 물을 일본이 마저 채워줄 것으로 기대하였다. 하지만 이는 곧바로 윤 대통령의 판단 오류이며 망상으로 드러났다. 일본은 위안부 문제, 여성과 사회적 약자에게 가하는 전쟁의 폭력성 고발과 평화의 상징인 소녀상 철거, 독도 소유권 주장, 방사능 오염수 방출, 한국에 후쿠시마 수산물의 수출 요구 등 일본의 숙원과제 해결을 획책하며 윤 대통령의 기대를 여지없이 깨트리고 있다.

더욱이 윤 대통령은 자신의 어리석은 외교행태를 감추기 위해 억지 논리로 국민을 우롱하고 있다. '식민지 콤플렉스'에서 벗어나 대승적으로 일본을 용서하자고 주장하는데, 국민에게 가해자 용서를 종용하기 전에 일본이 용서를 받고 싶어 하는지 먼저 확인할 일이다. 정작 대통령과 그 측근 관료들이야말로 열등의식과 패배주의, 무능력과 무사안일에 젖어 국가의 안위를 제대로 돌보지도 못한 채 허둥대고 있다. 이번 방미 길에서는 전 세계를 대상으로 한 해외 언론 인터뷰에서, 반인륜적 침략 범죄에 대한 부끄러움과 반성은커녕 적반하장의 태도를 보이는 일본에 '100년 전 일'이므로 사과를 요구할 수 없다고 말했다. 역사에 대한 윤 대통령의 무지한 인식이 참담하다 못해 경악스러운 지경이다.

이 땅의 시민들은 꿋꿋한 자립과 당당한 저항정신으로 환란의 시기마다 나라를 일으켰을 뿐 아니라 서로 단결하여 국난을 극복해 온 독립군들의 후예들이다. 우리 모두는 이 나라 대한민국에서 사람답게 살 수 있는 권리가 있다. 아울러 우리는 국민의 뜻에 반하는 정치권력의 무능과 횡포를 바로잡고, 대한민국을 함께 이뤄 가야 할 의무와 책임이 있다. 이에 우리는 윤석열 정부에게 다음을 요구한다.

하나, 대법원의 확정 판결을 그대로 시행하라!

하나, 일본 전범기업의 악행에 면죄부를 주는 '제3자 변제 해법'을 철회하고, 강제노동 피해자들의 모든 권리를 보장하라!

하나, 저자세 굴욕 외교를 당장 중단하고, 주권 국가로서의 자긍심을 드높일 수 있는 외교 정책을 시행하라!

하나, 대통령의 아집에 근거한 국정 운영을 중단하고, 국민의 뜻과 국익에 기반한 정책을 시행하라!

하나, 위기에 처한 사회적 약자들과 환경 생태계를 돌보는 정책을 올바로 시행하라!

2023년 4월 28일

공정과 상식, 상생과 평화의 국정 운영을 요구하는
숙명여자대학교 교수 114명 일동

나라가 혼돈에 빠져들고 있다

언론이 쉬쉬하고 있지만 모든 경제지표가 곤두박질치는 중이다. 나라 살림 거덜 나고 있는데 대통령이라는 자는 그저 "군/건/한/한/미/일/안/보/동/맹", 열 글자를 되뇌며 사방팔방 헤매고 다닌다. 그에게 천하의 중심은, 천하의 전부는 일본과 미국뿐이다. 일본을 위해서라면, 미국이 원하는 것이라면 살을 베고 뼈를 깎고 제 발등을 찍어서라도 아낌없이 남김없이 바칠 태세다. 대한민국의 생존과 발전이 두 나라 손에 달려 있다고 확신하므로 앞뒤 가리지 않는다. 어째서 느닷없이 대만을 두둔해서 중국의 뒤통수를 치고, 보란 듯이 수십만 발 포탄을 보내서 러시아의 따귀를 때리는지, 그렇게 해서 벌어지는 일이 무엇인지 그는 설명하지 않는다. 그리고 아무도 묻지 않는다. 그리하여 멀쩡하던 나라는 조용히 허물어지고 있다.

1. 배 주고 배 속 빌어먹는다

북한이 핵무기를 가졌으니 우리도 핵무장을 해야겠다며 미국으로 날아갔다. 때마침 '한미동맹 70주년'이라는 구실이 마련되어 있었다. 대가가 얼마든 상관하지 않았다. 이미 1천억 달러, 자그마치 133조 투자를 계약해 둔 터였으니 청나라 건륭제의 칠순을 축하하러 연경으로 향하던 그 시절 짐바리와는 차원이 달랐다. 백악관과 의회는 미소와 박수로 보답했다. 하지만 돌아와 보니 빈 수레였다. 미국의 심술 때문에 다 망하게 된 반도체·배터리·전기차 문제는 입도 벙긋 못했고, 받아온 투자 규모는 고작 59억 달러, 8조에 그쳤다. 배 주고 배 속 빌어먹는 한국 정부의 미련함이 안타까웠는지 미국 기자가 물었다. "중국 반도체 제조 확장에 반대하는 미국의 원칙 때문에 중국에 크게 의존하고 있는 한국이 피해를 입고 있다. 주요 동맹국에게 해를 입히는 것은 아닌가?"

이 나라 대통령은 "아무러면 어떠냐, '실질적 핵공유'라는 성과를 거두었는데…" 하며 의기양양했다. 떡 줄 사람은 생각도 안 하고 있는데 김칫국물부터 마시자 백악관 고위당국자가 나서서 선을 그었다.

"핵 공유가 아니다!" 그러자 툭하면 없는 말 지어내고 거짓을 늘어놓는 대통령실이 "한미 간 인식 차이는 없다"고 말을 얼버무렸다. 어느 쪽이 가짜뉴스인가.

'핵우산'은 몰라도 '핵공유'라는, 주기도 하고 받기도 할 수 있는 물건이 세상에 존재한다고 믿는 그 자체가 허무맹랑하다. 차라리 남편이나 아내를 함께 갖자고 하는 편이 나을는지 모르겠다. 오죽하면 "우리 등불이 꺼져가니 기름을 좀 나누어 다오" 하는 처녀들은 미련하다 했겠는가. "너희가 쓸 것은 너희가 장만하라."(마태 25:8-9)고 했던 처녀들이 슬기로웠다 했겠는가. 일각에서는 "그래서 우리가 핵무기를 개발하자고 하지 않았던가" 할 것이다. 미안하지만 그만한 호기도 부릴 수 없게 됐다. 그런 위험천만한 일은 하지 않겠다고 〈워싱턴 선언문〉에 서명했기 때문이다. 한국경제의 핵심 유망분야를 포기하면서까지 '큰 주먹'을 빌리려고 했던 대통령의 손에 들린 것은 "더욱 강화된 상호방위관계"라는 한 줄이었다.

2. 선의보다 신의가 훨씬 낫다

거의 꼴을 갖춘 한미일 군사동맹 덕분에 미국은 한국을 중국과 러시아를 견제하는 방패, 전초병으로 부릴 수 있게 되었다. 그러면서도 "한반도에서 지속적인 평화를 달성할 수 있는 유일한 수단은 북한과의 외교"(한미동맹 70주년 한미정상 공동성명)라는 훈계를 빼놓지 않았다. 지상최대의 무기시장을 위해 한반도의 군사적 긴장은 언제나 필요하지만 판을 뒤엎을 파국은 원하지 않는다는 뜻이다. 그러면 어쩌란 말인가? 영영 두 동강이로 지내면서 형과 동생이 미워하고 대결하고, 저 혼자서는 감당하지 못하니 남에게 손 내밀고, 그때마다 큰 빚져가며 증오의 비용을 지불해야 한단 말인가. 형제를 가르고 저만 살겠다고 시작한 우리는 결국 밑도 끝도 없는 안보를 위한다며 경제를 파탄내고 말 것이다.

대통령의 말처럼 "확장억제를 획기적으로 강화"하고 "압도적인 힘의 우위"를 이룬다고 하더라도 평화가 오지 않는다. 상대는 잠시 주춤했다가 더 큰 힘으로 돌아온다. 폭력이 폭력을 키우는 악순환이다.

놀랍게도 그는 이런 말까지 했다. "상대방의 선의에 기대는 평화는 가짜 평화다." 이 말을 그에게 돌려준다. 지난날이야 그랬다고 하더라도 더이상 미국의 선심에 매달려선 안 된다. 평화를 위한 참된 행동은 누군가의 선의善意에 기대는 수동이 아니라 형제와 신의信義를 나누는 능동이다. 그러잖아도 남북이 믿음과 의리를 키워가고 있었는데 이를 훼방한 것은 미국이었다는 사실을 아는가 모르는가?

2023년 4월 26일자 〈워싱턴 선언문〉보다 2018년 4월 27일자 〈판문점선언〉이 훨씬 아름답고 강력한 '확장억제'다. 남과 북은 이미 "그 어떤 형태의 무력도 서로 사용하지 않기로 불가침 합의를 재확인하고 엄격히 준수해 나가기로 하였다." 아울러 "종전을 선언하고 정전협정을 평화협정으로 전환하며 항구적이고 공고한 평화체제를 구축"하기로, 그리고 "완전한 비핵화를 통해 핵 없는 한반도를 실현한다"는 공동의 목표를 만방에 약속하였다. 화해와 공생이라는 쉬운 길을 버리고 한사코 증오와 대결의 전장으로 내뛰고 있으니 애통하고 절통하다.

3. 폭력 대 생명력

자기들끼리 호의호식하는 걸 좋아하는 자들은 '그들의 나라'를 고집하고, 모두 함께 고루 살자는 민중은 '우리 모두의 나라'를 동경한다. 하나는 폭력으로 유지되는 나라, 다른 하나는 생명력을 발휘하는 나라다. 폭력은 억누르는 힘이고, 생명력은 살리고 모시고 키우는 힘이다. 역사상 두 힘은 언제나 거대한 충돌을 일으켰다. 승리는 대개 폭력의 차지였으나 구원은 언제나 생명력의 몫이었다. 올해

43주년을 맞이하는 5.18은 국가기구의 폭력과 시민들의 생명력이 대립하고 충돌한 사건이었다. 군인들은 광주를 죽였지만 시민들은 군대를 구원하였다.

'그들의 나라'일 때 우리는 쇠했고, '우리 모두의 나라'일 때 우리는 흥했다. 저 홀로 세상 주인이 되려는 자들이 권력을 잡으면 나라는 병들고 전쟁이 온다. 너도나도 주인 되고 서로를 세워주려는 사람들이 권력을 잡아야 평화가 온다. 힘센 이가 힘없는 이를 누르고 짓밟는 그런 나라가 아니라, 경쟁에서 승리하는 사람만 살아남는 나라가 아니라 강자가 약자를 보호하고 지켜주는 나라, 자기 안위만 찾는 지도자의 나라가 아니라 지혜롭고 착한 사람이 다스리는 떳떳한 나라가 일어선다. 그러므로 이대로 주저앉지도 물러서지도 말자.

4. 연대를 촉구하는 영원한 부름

유례없는 성장을 이룬 기적의 코리아가 바야흐로 유례없는 내리막길에 들어서고 있다. 미친 듯 비탈길을 내리달려 물속에 빠져 죽었다던 '돼지떼 이천 마리의 질주'(마르 5:13)가 떠오른다. 다시 한번 역사상 가장 이성적인 집단이 출현해야 할 때가 왔다. 광주항쟁 마지막 날, "시민 여러분, 지금 계엄군이 시내로 들어오고 있습니다. …… 우리는 끝까지 싸울 것입니다. 함께 나와서 싸워주십시오" 하던 울부짖음, 그리고 "불을 켜주세요, 여러분. 제발 불이라도 켜주세요" 하던 간절한 호소가 메아리치고 있다.

"유다와 함께 대사제들이 보낸 무리가

칼과 몽둥이를 들고 떼지어 왔다." (마르 14:43)

가난한 민중의 눈물겨운 수난과 용감한 저항
그 역사적 현장, 빛고을 광주에서
2023년 성모성월 첫날에

천주교정의구현전국사제단
광주대교구 정의평화위원회

2023년
시일야방성대곡

　윤석열 정부 출범 이후, 외교 참사가 거듭되더니 급기야 굴욕적인 외교 행보를 보이기에 이르렀다. 한국외국어대학교 교수들은 윤석열 정부의 거듭되는 외교 참사와 굴욕적인 외교 행보에 참담함을 금할 길 없다. 지난 4월 24일 윤석열 대통령이 워싱턴포스트와의 인터뷰에서 "100년 전 일을 가지고 '무조건 무릎 꿇어라'고 하는 것은 받아들일 수 없다"고 발언한 내용은 도저히 믿을 수 없는 충격과 분노 그 자체였다. 일제의 식민 지배로부터 해방된 지 78년이 지난 오늘에 을사늑약乙巳勒約(1905년)의 부당함을 규탄한 장지연의 시일야방성대곡是日也放聲大哭을 되풀이할 것이라고 누가 예상했겠는가?

　지난 3월 6일, 윤석열 정부는 "일본 전범기업이 강제 징용 피해자에게 배상해야 한다"는 우리 대법원의 판결(2018. 10. 30)을 무시한 채, 한국 기업의 기부금을 받아 배상하겠다는 제3자 변제 방식을 발표하였다. 일본 정부의 공식 사과나 일본 전범기업의 배상 참여는 배제된 상태였다. 이는 우리 대법원의 판결을 원천무효화했다는 점에서 민주주의의 근간인 삼권분립을 어긴 것이고, 윤석열 정부가 그토록 내세웠던 공정과 법치에도 정면으로 위배되는 행위이다.

우리 대법원의 판결 논거는 "일본의 식민지 지배는 원천적으로 불법이고 무효"이며, "1965년에 국가 간 한일 협정이 체결되었으나 개인 손해 배상청구권은 여전히 유효하다"는 것이었다. 이에 따라 강제 징용 피해자들의 청구권 소멸 시효는 끝나지 않았고, 피고 적격에 아무 하자가 없다는 것이다. 강제노역에 동원된 피해자들에게 손해를 입힌 일본 정부와 강제 징용을 실시한 일본 기업이 청구에 따른 배상의 책임을 지는 것은 당연한 의무이고, 피해자들의 기본 권리인 것이다.

이러한 당위성에도 불구하고, 윤석열 정부는 아무런 국민적 동의도 거치지 않고 제3자에 의한 변제 방식을 피해자들과 국민에게 강요하고 있다. 게다가 지난 3월 16일 기시다 일본 총리와의 정상회담에서는 우리 정부가 자체적으로 배상 문제를 해결하겠다고 자청함으로써 일본에 면죄부를 주는 굴욕적인 외교 행보를 보였다.

윤석열 정부의 이러한 친일적 외교 행보는 이번이 처음이 아니다. 윤석열 대통령은 지난 3.1절 기념사에서 "우리가 세계사의 변화에 제대로 준비하지 못해 국권을 상실했다"며 "일본은 과거 군국주의 침략자에서 우리와 보편적 가치를 공유하고 안보와 경제, 그리고 글로벌 어젠다에서 협력하는 파트너로 변했다"라고 발언했다. 이는 국권 상실의 원인이 우리한테 있다는 논리로 일제의 식민사관이나 친일파의 주장과 거의 동일하다. 식민 지배에 대해 일본의 책임을 더는 묻지 않고, 보편적 가치를 공유하는 파트너 관계를 강화하겠다는 것이다. 과연 대한민국을 대표하는 대통령의 발언인지 의심하지 않을 수 없다.

지난 1년간 윤석열 정부가 보여준 친일적 행보와 외교적 실수는 일일이 열거하기 힘들 정도로 많다. 윤석열 정부는 일본의 과거사 왜곡이나 독도 영유권 주장, 일본군 '위안부' 피해자와 강제 징용 피해자들의 배상에 대해서는 일체 함구하며, 마치 일제의 과거 만행을 부정하는 듯한 어처구니없는 모습을 보여주었다. 이와 더불어 윤석열 정부는 '날리면' 발언을 비롯하여 미국 정보기관의 도·감청에 대한 옹호성 발언, 우크라이나 무기 지원에 대한 공개 발언 등 수많은 외교 참사를 일으켜 대한민국의 국격을 떨어뜨리고, 국익을 저해하고 있다.

이에 한국외국어대학교 교수들은 윤석열 정부와 대통령에게 다음 사항을 이행할 것을 강력히 촉구하는 바이다.

하나. 윤석열 정부는 국민의 뜻에 역행하고 반인륜적이고 반민주적인 '일제 강제 징용 피해자들에 대한 제3자 변제 방식'을 즉각 철회하라.

하나. 윤석열 정부는 굴욕적인 친일 외교 행보를 중단하고, 대한민국의 국격과 국익에 부합하는 한일관계의 수립 방안을 즉각 마련하라.

하나. 윤석열 정부는 '공정과 실리의 추구'라는 외교 원칙을 준수하고, 더 이상 외교 참사가 일어나지 않도록 중장기 외교정책을 마련하라.

하나. 윤석열 대통령은 조국의 독립을 위해 장렬히 목숨을 바치신 선열들께 눈물로 참회하고, 역사와 국민 앞에 사죄하라.

2023년 5월 2일

한국외국어대학교 교수·연구자 85명 일동

윤석열 정부 1년에 부치는 기독교 목회자 1000명 시국선언

도끼가 나무뿌리에

놓였으니 어찌 두렵지 않으랴? (마태 3:10)

두렵다. 온 나라에 재앙이 몰려오고 있다. 하나님의 심판이 두렵다. 윤석열 정부 1년, 민생은 파탄 나고 평화는 무너지고 민주주의는 후퇴일로에 있다. 엉망진창, 지금 나라꼴을 무슨 다른 말로 표현할 수 있겠는가? 애초에 기대보다는 우려가 컸다. 촛불민의가 좌절되고 다시 과거로 회귀하는 현상에 대한 우려였다. 물론 그 우려가 현실이 되지 않기를 바라는 기대마저 없었던 것은 아니다. 그러나 윤석열 정부 1년간 펼쳐진 일들은 우려했던 것보다 훨씬 심각한 지경에 이르고 있다.

1년 전 대통령 선거에서 드러난 바와 같이 우리 사회의 정치적 양극화는 극에 달했고, 따라서 어느 때보다도 국민적 통합을 위한 정치가 요구되는 상황에서 윤석열 정부는 출범했다. 하지만 국민적 통합을 위한 정치는커녕 아예 정치가 실종되었다. 검찰권력이 온 사회를 속속들이 지배하고 일체의 정치행위가 사법적 판단에 맡겨지고 있다. 야당과의 협치는 말할 것도 없고 자당 소속 정치인들에게까지도 편 가르기 패악을 일삼고 있으니 대통령의 머릿속에 국민통합의 개념이 존재하기나 한 것인가?

공공성을 구현해야 할 국가의 책무는 뒷전으로 밀렸다. 9년 전 4.16 세월호 참사를 겪고 그 진상규명과 책임소재도 가려내지 못한 터에 지난해 10.29 이태원 참사를 다시 겪어야 했다. 그 자리에 국가는 없었다. 아니 국가는 참사를 사고로, 희생자를 사망자로 부르며, '근조' 없는 리본으로 억울한 이들을 조롱했다. 천벌을 받을 일이다.

사회적 양극화는 더욱 심화하고 민생이 파탄 나고 있다. 성별 갈라치기는 여전하고, 사회적 약자들은 더욱 궁지로 내몰리고 있다. 장시간 노동과 산재, 불안정 고용과 임금격차 등 산적한 노동현실은 외면당하고 오히려 노동개혁 미명 아래 노동자들이 압박당하고 있다. 농업 정책은 고사작전 외에는 대책이 없으며, 사회적 서비스는 시장에 맡겨지고, 교육은 경쟁을 더욱 가속화해 사유화, 상업화가 심화되고 있다. 부자감세와 긴축재정의 엇박자로 양극화 해소 방안이 묘연한 가운데 연금개혁은 또 어찌 될지 의심스럽기만 하다.

에너지와 환경 정책도 뒷걸음질이다. 탈원전 정책은 범죄시되고 있으며, 세계적 추세인 탄소중립 정책은 보이지 않는다. 인류가 기후위기에 대응할 시간이 촉박하다는 세계 공통의 우려에도 불구하고 윤석열 정부는 그에 대한 긴박한 위기의식이 없다. 장기적인 경제 전망도 없이 그저 단기적인 경제 득실만 따지며 허둥대고 있는 꼴이다.

한반도에는 전운마저 감돈다. 윤석열 대통령은 취임 전부터 선제

공격 운운하더니 급기야 강 대 강의 벼랑 끝 전술에 집착하면서 남북관계를 파탄 내고 있다. 더욱이 말끝마다 진영간의 대결을 자극하는 언사로 한반도 주변정세를 더욱 불안하게 만들고 있다. 언제 전쟁이 일어나도 이상하지 않을 만큼 긴장이 고조되고 있는 상황이다.

일방에 치우친 외교는 국가의 위신을 추락시킬 뿐 아니라 오히려 경제적·군사적 안보의 위협 요인이 되고 있다. 민족의 여린을 건드린 대통령의 3.1절 기념사, 일제강점기 강제동원 노동자 문제에 대한 해법, 국가안보실 도청사건에 대한 대처 등은 주권국가에서 있을 수 없는 일로, 미국과 일본에 치우친 사대적이며 굴욕적인 외교 가운데 빚어진 참사이다. 신냉전의 격랑 가운데서 그 일방적 외교는 오히려 경제적·군사적 안보를 위태롭게 한다.

윤석열 정부 1년, 우리는 권력에 눈먼 무능한 지도자가 한 나라를 얼마나 망가뜨리고 민생을 도탄에 빠트리는지 똑똑히 보고 있다. 분노와 증오를 부추기는 언사가 넘쳐나고 걸핏하면 거짓말과 변명으로 둘러대는 것만이 익숙한 풍경이 되었으니, 국민통합의 전망은 요원해 보인다. 대통령의 거친 언사로 전쟁의 불안까지 겹쳐 이 땅에 어떤 미래가 펼쳐질지 아득하기만 하다. 민주주의와 인권, 자유와 평등의 보편적 대의를 따르지 아니하고 정파적 이해에 몰입한 윤석열 정부가 초래한 이 나라의 불안한 미래이다. 임기 초반부터 현재에 이르기까지 현저히 낮은 지지율은 윤석열 정부가 국민적 요구를 받드는 정부가 아니라 특정세력의 이해관계를 관철하는 집행부에 지나지 않는다는 것을 명백히 보여주고 있지 않은가? 그 폐해는 고스란히 온 국민의 몫이 되었다. 오죽하면 취임 1년 만에 각계각층에서 퇴진요구가 빗발치는 상황이 되었겠는가? 국민의 인내가 한계를 넘어섰기 때문이다.

나라 꼴이 이토록 망가지게 내버려두어서는 안 된다. 합법적 절차로 대통령이 되었는데 무엇이 문제냐고 여기지 말라. 국민으로부터 위임받은 정부는 절차상의 정당성을 지녀야 할 뿐 아니라 마땅히 통치상의 정당성을 지녀야 한다. 윤석열 대통령은 아슬아슬한 표차로 선출되었음에도 불구하고 승자의 도취상태에 빠져 패악을 저지르고 있다. 역사는 똑똑히 기억하고 있다. 가장 극악한 권력의 하나였던 히틀러 정권마저도 합법적 절차를 통해 탄생하였다. 윤석열 정부가 정녕 그 길을 가고자 하는 것인가? 잘못하면 바로잡을 수 있고, 스스로 그 잘못을 바로잡을 때 또다시 기회는 주어진다. 그러나 잘못을 바로잡으라는 빗발치는 요구에도 아랑곳하지 않고 제 갈 길만 간다면 그것은 스스로 기회를 저버리는 것과 다름없다.

윤석열 대통령은 지난 1년간의 행적을 엄중히 돌아보고 향후 진퇴를 분명히 하기 바란다. 온 국민이 겪게 될 불행한 사태를 예방하고 국민이 안도할 수 있는 길을 찾지 못한다면, 지금 이 순간 스스로의 운명이 다했음을 깨달아 알아야 할 것이다. 이미 도끼가 나무뿌리에 놓였다(마태 3:10).

2023년 5월 4일
윤석열 정부 1년을 앞두고

발본색원이 답이다

"예언자들은 거짓으로 예언을 하며

제사장들은 거짓 예언자들이 시키는 대로 다스리며

나의 백성은 이것을 좋아하니,

마지막 때에 너희가 어떻게 하려느냐?"(예레 5:31)

1. 기시다가 왔다

〈월요시국기도회〉가 전주, 서울, 마산, 수원, 광주를 거쳐 오늘 춘천에 이르렀다. "도대체 신부들이 왜 이러는 거요?" 하는 항의를 듣곤 한다. 사실은 하루를 여는 새벽마다 우리 스스로 던지는 물음이다. 우리는 왜 이러고 있는가? 그런데 우리도 묻고 싶다. 지금이 가만히 있어도 좋은, 아니 가만있어야 하는 그런 때인가? "가만있으라 세월호에"(2014. 4. 16.) 하던 박근혜도, "가만있으라 서울에"(1950. 6. 27.) 하던 이승만도 가고 없는데 날 저무는 것도 모르고 어째서 빈둥거리기만 하는가?

물론 참고 기다려 주어야 할 때가 있다. 그래서 연이은 '외교 실패' / 숱한 논란에 대한 '거짓 해명' / 경제위기 속에서 부자 감세·복지 축소를 강행하는 '민생 이반' / 대통령 부부의 비리는 눈감아주고 야당 대표 수사에만 몰두하는 '공작 검찰' / 대통령 전용기 MBC 탑승 배제, YTN 민영화 추진 등 '언론 자유' 파괴 / 공공 자산 '민영화' / 중대재해처벌법·노란봉투법·안전운임제 등 '노동인권' 묵살 / 사고 예방과 구조에 실패했으면서 진상규명을 외면하는 '이태원 참사'를 지켜보면서 우리는 그저 묵묵히 기도할 수밖에 없었다. 무능·독선 행보로 정치·외교·경제·사회 각 분야에 일대 혼란을 일으켜도, "한국 대통령은 기본을 배워야 한다"(이코노미스트)는 외신의 잔소리를 접하던 날에도 얼굴이 화끈거렸지만 기다려 주었다. 어서 대통령이 자신의 본분을 깨닫고 도리에 충실하기를, 그래서 피와 눈물로 이룩한 민주국가의 체계와 제도를 무너뜨리지 않기를 바랐다. 그리고 사람들의 울화와 환멸이 낙심과 무관심으로 이어지지 않도록 빌었다.

그러나 윤석열 그는, 번뇌와 망상을 키웠을 뿐 잘못을 뉘우치거나 마음을 바로잡으려는 아무런 성의도 보여주지 않았다. 어제 드디어 일본 총리 기시다가 왔다. 윤석열이 일본, 미국과 손잡고 아무도 모르게 벌이는 모종의 거래들에 비하면 대다수 국민을 대경실색케 만든 저 끔찍한 일들은 어쩌면 빙산의 일각에 지나지 않을지 모른다. 분명한 것은 그가 대한민국을 어둡고, 위험하고, 가난한 나라로 만들고 있다는 사실이다. 하여 양심이, 그리스도의 사랑이 우리를 재촉한다. 그만 침묵을 깨고 어서 행동하라고.

2. 화근인 사람

자기가 무슨 '말'을 하고 있는지도 모르고, 그 '말'이 어떤 재앙을 부르는지조차 알지 못한 채 마구 떠벌이기만 하는 그는 화근禍根, 재앙의 가장 큰 뿌리다. 실성하지 않고서야 저럴 수 없다. 어느 집 가장이기만 했다면 일가의 풍비박산으로 끝날 일이겠으나, 망나니 칼춤 추듯 하는 그가 남북 칠천만 거레의 앞날을 좌지우지하는 자리를 차지하고 있으니 하루하루 살얼음판을 걷는 듯 오금이 저린다. 발본색원이 답이다. 1597년 7월 16일 칠천량 해전의 패배를 교훈 삼아 결단해야 한다. 당시 모든 전투에서 압도적인 격차를 보이며 일본 수군을 갖고 노는 수준의 최강 조선 수군은 멍청한 지휘관 한 명 때문에 어이없이 괴멸되다시피 했다. 판옥선만 무려 122척이 소실되었고 1만여 명의 경험 많은 조선 수군이 죽거나 행방불명되었다. 그날의 패전은 새로운 전쟁을 불렀다. 곧바로 정유재란이 일어났다.

대통령의 입만 화를 부르고 키우는 게 아니다. 언론을 공모자로 지목하지 않을 수 없다. 멸칭, '기레기'의 장본인들에게 말해서 무엇 하랴만 권력자의 비위를 맞추느라 말과 글로써 사실을 비틀고 진실을 가려서 시민들을 속이고 있는 언론 종사자들이라도 1980년 5월 20일, 광주 문화방송이 불타버린 일을 모르지 않을 것이다. 대법원은 그날의 방화에 대해 "헌정질서를 수호하기 위한 정당행위"라며 무죄를 판결한 바 있다. 언감생심 지조와 기개를 기대하겠는가마는 국민들 눈에 그저 실리와 사욕만 추구하는 집단으로 비칠까 염려스럽다.

3. 아이들을 보아라

그러면 남은 것은 나와 너의 입이다. 흙으로 발암물질을 대충 덮고는 '용산어린이정원'이라 부르고, 후쿠시마 오염수가 아무 문제없다더니 해군은 매일 1천만 원가량의 비상 식수를 준비하고 있다. 이것이 어린이들과 젊은이들이 처한 현실이다. 죽도록 피곤한 일상에 지칠 대로 지쳤겠으나 우리가 진실을 말하지 않으면 새싹 같은 어린이들은 물론이고 지금 우람한 젊은이들도 머잖아 낙심의 벽에 갇히고 말 것이다.

동화작가 권정생은 누구라도 자살을 하거나 자기 몸밖에는 아무것도 생각할 수 없는 고질병에 시달렸으나 오로지 아이들의 앞날과 평화를 걱정했다. 그래서 몽실언니처럼, 억압받는 처지를 분노하거나 슬퍼하는 것으로 끝나지 않고 서로 보살피고 아껴주면서 삶의 근원적인 행복과 기쁨을 찾아가는 아름다운 주인공들을 탄생시켰다. 선생은 오늘도 말하리라. 강아지 똥이라도 환한 민들레꽃을 피우거늘 하물며 사람이 사람 속에 피우는 꽃은 얼마나 눈부시랴. 뜻 있는 이들의 작은 실천이 모여 역사의 흐름을 바로 잡았던 것이 한국 현대사다. 비바람 부는 날이라도 토요일이면 빌고 바라는 행동을 멈추지 않는 촛불시민들에게 경의를 표한다. 나라가 위태로우니 "뭐라도 해야지, 나라도 나가야지" 하는 그들, 희망이 보이지 않아도 나부터 희망이 되면 된다고 믿는 그들이야말로 시대의 예언자다.

더 늦기 전에 교회도 목소리를 들려주어야 한다. "내 백성은 목자를 잘못 만나 이 산 저 산 헤매다가 흩어진 양떼처럼 되었었다. 보금자리를 잃고 산과 언덕을 헤매었다."(예레 50:6) 하시던 주님의 탄식이 온 산하에 메아리치고 있다. 아직 옳은 것과 그른 것을 식별하지 못하고 있거나 용기가 없어서 침묵하는 이들을 격려해야 한다. 그것이 교회의 선포이며 봉사다. 자애로운 어머니이면서 엄격한 교사인 교회의 사명이다.

4. 아버지들의 투쟁을 기억하고 행동하자

일주일 전 철근공 양회동 미카엘(춘천교구 청호동본당) 형제가 분신하여 스스로 목숨을 끊었다. 노조 탄압을 일삼는 대통령이 '건설 조폭'을 운운해서 노동자의 명예를 더럽힌 것에 대한 항의였다. 이태원 참사 때도 건성이었던 대통령실은 "다시는 이런 불행한 사태가 되풀이되지 않기 바란다"고 마치 남 말하듯 했다. 하지만 아는가? 철옹성 같은 권력이라도 보잘것없는 사람 하나를 함부로 대했다가 별안간 무너졌다는 사실을. 구약의 성전도, 신약의 성전도 그래서 불탔고 그래서 무너졌다. 가난하고 힘없는 사람 안에서 그리스도의 현존을 알아채는 것이 참 지혜요 믿음이다.

갑오년 시월, "추수가 끝난 마을마다 곳간 속 묻어 뒀던 창, 엽총, 없는 사람은 쇠스랑, 낫까지 닦아 들고 나섰다. 만삭 아내의 귀밑머리 만져주며, 병든 아버지의 머리맡에서 무릎 나온 아들딸들의 코를 닦아 주며, 그리고 정든 기둥나무에 눈인사를 보내며 우리의 조상들은 서리 내린 아침 집을 나섰다."(신동엽, 금강) "왜적을 몰아내자", "썩은 왕실을 도려내자"는 깃발들이 펄럭였다. 안타깝게도 우금티 고개에서 악전고투했다. 상봉 능선에 일렬로 늘어선 왜군 제5사단의 최신식 화력. 야전포, 기관총, 연발 소총이 불을 뿜었다. 흰옷을

입은 사람들 수백 명이, 그 흰옷들이 붉게 물들어가는 것을 본 수천 명이 차례차례 달려가고 뛰어들었다. 저 고개만 넘으면 새 세상이 열리는데 이 한목숨을 아끼랴, 하면서. 그날 3만에 달하는 농민들이 목숨을 잃었다. 오늘 우리가 누리는 품위와 권리는 옛 어른들의 수고로 거저 받은 것들이니 우리도 우리의 수고를 거저 내놓음으로써 자라나는 세대를 복되게 하자.

2023년 5월 8일 어버이날

춘천교구 애막골성당에서
천주교정의구현전국사제단

민생파탄·민주실종·평화파괴 윤석열 퇴진을 요구하는 부산 시민사회 시국선언

민생파탄·민주실종·평화파괴 윤석열 퇴진을 위한 투쟁을 시작합시다.

윤석열 정권 1년, 잘못된 정권 하나가 민주주의 민중생존권 한반도 평화를 말살시키고 있습니다. 이런 윤석열 정권을 규탄하는 각계각층의 목소리도 날로 커가고 있으며 윤석열 퇴진 시국선언은 들불처럼 번지고 있습니다. 민심의 요구는 윤석열 정권 퇴진입니다. 이제 민생파탄·민주실종·평화파괴 윤석열 퇴진을 위한 투쟁을 시작합시다.

1. 굴욕적인 강제동원 해법을 당장 폐기하고 친일굴종외교 중단하라!

일본의 사죄를 받기 위해 수십 년간 싸워온 피해자들을 짓밟은 친일굴욕 강제동원해법은 우리 국민들을 분노로 들끓게 하였습니다. 연이어 진행된 한일정상회담은 한마디로 사죄도 배상도 없이 일본에 완벽하게 면죄부를 주는 특대형 외교 참사였습니다. 파렴치한 일본은 윤석열 정권에게 한일 '위안부' 합의, 후쿠시마 오염수 방류 문제, 역사교과서 문제, 독도 영유권 주장까지 청구서를 들이밀고 있습니다. 윤석열 정권의 친일굴종외교는 한미일군사동맹으로 가는 수순으로 나라의 주권을 송두리째 팔아넘기려 하고 있습니다. 이완용마저 웃고 갈 매국노 윤석열은 당장 퇴장해야 합니다.

2. 경제위기, 민생파탄 조장하는 윤석열 정권 퇴진하라!

민생파탄 고용위기가 현실화되고 있습니다. 대출이자 인상, 가스, 전기, 교통요금 폭등으로 민생이 파탄 났지만, 이 정권은 아무런 대책이 없습니다. 재벌들은 국내고용확대 노력은 없으며, 윤석열 정권은 민영화와 공공부문 축소로 오히려 일자리 마련에서 역행하고 있습니다. 윤석열 정권에게 민생은 없습니다. 미국의 호구임을 자처하고, 재벌의 앞잡이로 노동자 민중을 희생시키는 윤석열 정권은 퇴진해야 합니다.

3. 주69시간제로 대표되는 시대착오적 노동탄압에 투쟁으로 답하자!

중대재해기업처벌법을 무력화해 일터에서의 죽음을 조장하고, 수십 년간 저임금 장시간 노동에 시달려온 노동자에게 주 69시간제라는 시대착오적 굴레를 씌우려 합니다. 권력기관과 언론을 대동해 노동조합을 악마화하며 무노조, 무권리 시대로 가기 위한 탄압의 칼날을 휘두르고 있습니다. 노예처럼 일하거나, 과로사 산재로 죽거나 둘 중 하나를 택하라는 것이 윤석열 정권의 노동정책입니다. 윤석열 정권과 노동자들은 이미 한 하늘을 이고 살 수 없습니다. 탄압에는 투쟁입니다.

4. 윤석열 정권의 극단적인 대미종속 경제정책 중단하라!

미국에겐 아부 굴종하며 중국과의 관계는 엉망으로 만든 윤석열 정권의 대미 대중 정책으로 인해 무역적자가 사상 최대로 쌓이고 반도체 수출이 반 토막이 났습니다. 윤석열 정권의 미국 중심 경제정책이 우리의 경제, 무역, 산업을 망치고 있습니다. 미국은 자국의 경제위기 타개를 위해 우리 반도체 배터리 산업을 집어삼키려는 것을 국민은 다 아는데 윤석열은 미국에게 아무말도 못하고 있습니다. 과연 윤석열 정권는 누구를 위한 정권입니까?

5. 검찰독재정권 퇴진시키자!

윤석열 정권은 정적과 정권에 저항하는 국민을 탄압하는 데 검찰독재의 칼날을 휘두르고 있습니다. 국민 속에서 이 정권이 할 줄 아는 건 압수수색뿐이라며 조롱 섞인 말들이 나오고 있습니다. 자기 정권의 안위를 위해 칼을 쓰는 자는 그 칼로 망할 것입니다. 윤석열 검찰독재정권을 몰아냅시다.

6. 여성과 성평등 지우기, 성별 갈등 조장하는 반여성 정책 중단하라!

윤석열 정권은 오랜 기간 여성들이 투쟁으로 일궈온 국가 및 지자체의 성평등 추진체계와 성평등 정책을 수십 년 전으로 후퇴시키고 있습니다. 성별임금격차 1등, 유리천장지수 만년 꼴등을 기록하는 등 여전히 성평등에서 후진적인 상황이지만, '구조적 성차별은 없다'라는 궤변으로 국정 전반에서 '여성'을 삭제하고 있습니다. 정치적 위기마다 '여성가족부 폐지' 운운하며 여성인권과 성평등 정책을 후퇴시키고, 여성혐오를 정권유지, 국면전환용 정치도구로 악용하는 윤석열 정권은 퇴진해야 합니다.

7. 생명안전 무시하는 원전 확대 정책 중단하라!

윤석열 정권은 겉으론 에너지 안보와 탄소중립을 내세우고 있으나 실상 온실가스 추가 감축은 없으며 원전 비중의 무리한 확대만 강조되고 있을 뿐입니다. 또한 수명이 다한 노후 원전 고리2호기를 무리하게 재가동시키려 하고 있으며 고리원전 부지 내 방사성 폐기물 저장시설을 설치하려고 있습니다. 윤석열 정권은 시대에 뒤떨어진 에너지 정책, 경제적 효과도 없는 수명이 다된 위험한 고리2호기 수명연장, 부·울·경 주민들과 전체 국민의 생명과 안전을 위협하는 핵폐기장 건설 추진을 즉각 중단해야 합니다.

8. 윤석열 정권이 이태원 참사 책임자다!

작년 10월 29일 서울 도심 한복판에서 길을 걷던 수많은 시민이 죽임을 당했습니다. 참사가 있고 계절이 두 번 바뀌었지만, 참사의 원인과 책임 소재에 대해 밝혀진 것이 없습니다. 경찰특수본, 국회 특별감사로 드러난 것은 정권의 무능, 무책임 그리고 여당과 정권의 진실을 은폐하기 위한 만행뿐이었습니다. 참사의 책임자는 윤석열 정권입니다. 시, 도 경계를 넘어 희생자들을 뿔뿔이 흩어놓고, 대규모 인파 관리가 아닌 마약 단속에만 경찰이 골몰하도록 원인을 제

공한 것 역시 윤석열 정권입니다. 참사의 책임을 낱낱이 규명하고 책임을 지도록 만들어야 합니다.

9. 국가보안법과 반북 색깔론을 앞세운 공안통치를 뿌리 뽑자!

세상은 변하고 있는데 국가보안법을 앞세운 수구세력들의 색깔론과 공안탄압은 과거에 머물러 있습니다. 윤석열 정권의 공안탄압은 오히려 이 정권이 위기에 빠져있다는 것을 반증합니다. 저들의 위기는 우리의 기회입니다. 이번 기회에 국가보안법을 역사의 박물관으로 보내버리고 반복되는 공안 조작을 뿌리 뽑아 버립시다.

10. 민주주의에 반하는 반헌법적 폭거를 일삼는 윤석열 정권 퇴진하라!

윤석열 정권은 검찰선진화법 등 기존 법률을 부정하면서 시행령을 개정해 법의 취지를 무색하게 하는 시행령 정치를 펼치고 있습니다. 이는 국회의 입법권을 행정부의 시행령으로 무력화시키는 시행령 쿠데타입니다. 또한, 대법원의 강제동원 배상 판결을 전면 부정하는 제3자 변제라는 기괴한 방식으로 일제의 강제동원 문제를 해결하겠다고 한 것은 대법원의 사법 결정을 대통령이 부인한 것으로 삼권분리 위반일뿐만 아니라 민주주의에 반하는 것이며 반헌법적 폭거입니다. 민주주의에 반하는 반헌법적 폭거를 자행하는 윤석열 정권 퇴진을 이뤄내 민주주의를 수호합시다.

11. 정부 여당은 이 땅의 민주주의 역사를 부정하는 역사 왜곡 중단하라!

여당 인사들이 제주 4·3 항쟁과 5.18 광주항쟁을 왜곡하는 망언을 쏟아냈습니다. 역사의 진실이 정부와 여당 인사들의 노골적인 왜곡으로 무참히 유린당하고 있습니다. 대한민국 민주주의 역사를 부정하고 헌법적 가치를 훼손하는 여당은 역사 왜곡을 당장 중단해야 합니다. 역사 왜곡 세력을 옹호하고 역사를 부정하는 윤석열 정권과 국민의힘은 해체가 답입니다.

12. 이대로 가면 전쟁난다. 한미일 전쟁동맹 막아내고 한반도 평화 지켜내자!

미국의 신냉전 돌격대, 일본의 재무장 촉진자 역할을 자임하며, 대북적대정책의 충실한 집행자로 나선 윤석열 정부는 외세에 굴종하며 이 땅에 전쟁을 불러오고 있습니다. 미국의 패권과 일본의 이익을 지켜주기 위해 한반도를 전쟁터로 만들려 합니다. 하지만 한반도에서의 전쟁은 곧 핵전쟁이며, 나라의 파멸을 의미합니다. 유례없이 격동하는 세계정세, 고조되는 한반도 위기를 헤쳐갈 자질과 능력이 없는 윤석열 정부를 하루빨리 역사 무대에서 퇴장시켜야 평화도 있고, 번영의 미래도 있습니다.

윤석열 퇴진에 동의하는 모든 세력은 단결해 싸웁시다.

윤석열 정권 1년, 한반도 평화체제구축과 불평등체제를 교체하기 위한 새로운 대장정을 시작합시다. 윤석열 정권에 분노하는 민심은 하늘을 찌르고 있습니다. 갈라져 싸우면 각개격파 당하지만 단결해 싸우면 이깁니다. 퇴진에 동의하는 모든 단체는 함께 힘을 모읍시다. 광장을 열고 분노한 시민들과 함께 거리로 나갑시다. 윤석열 퇴진 부산운동본부를 결성하고, 부산에서부터 윤석열 퇴진 투쟁에 앞장섭시다.

2023년 5월 10일

참가 단체(부산민중행동 외 66개 단체) 일동

"윤석열 대통령은
국민에게 무릎 꿇어라"

1. 검찰공화국의 오명을 쓴 윤석열 정권이 오늘로 취임 1주년을 맞이했다. 지난 1년, 이 정권에 혹시나 기대했던 희망은 더 기댈 곳이 없는 절망밖에 없음을 확인하는 시간들이었다.

윤석열 정권에서 노동자들은 신명나게 일할 수 있는 환경을 조성해준 것이 아니라 탄압해야 할 대상으로 삼고 있다. 급기야 건설노동자의 죽음까지 야기하면서 노동계는 정권과의 결전을 준비하고 있다.

양곡관리법 등 농민들의 기본권을 지키기 위한 절절한 요구 역시 거부의 대상으로 전락하면서 농민들도 투쟁을 예고하고 있다.

'대한민국 1호 영업사원'을 내세웠지만 최대 무역 적자, 경상수지 11년 만에 최악, 국민소득은 2018년 이전으로 회귀, 물가 급등 등 서민들의 삶은 파탄지경에 이르고 있다. 꽃다운 청춘들을 앗아간 10·29 이태원 사회적 참사에 대해서는 정부가 제대로 책임지지 않았다. 본인들의 잘못은 인정하지 않은 채 언제나 언론 탓, 국민들의 탓으로 돌리는 일이 반복되고 있다.

지지율이 급락하자 노동자들을 탄압하고 구시대적인 공안정국을 조성하고, 한반도의 긴장을 고조시키는 일을 되풀이하고 있다.

2. 외교 문제는 굴욕 그 자체였다. 미국 CIA에 의해 용산 대통령실까지 도청됐는데도 주권국가로서 당당하게 제대로 항의조차 하지 못하는 정권이다. 최근 한미정상회담 역시 소리만 요란했을 뿐 한반도의 평화는 거리가 먼 회담에 그쳤다.

특히 일제강점기 강제징용 문제에 대해서는 과연 어느 나라 대통령인지 의문을 제기하게 한다.

윤석열 정권이 추진하는 강제동원 제3자 배상안은 위헌이자 민족적 자존심까지 팔아넘기는 국정농단에 불과하다.

그럼에도 윤석열 대통령은 지난달 하순 미국 방문길에서 행한 언론과의 인터뷰에서는 "100년 일을 가지고 '무조건 무릎 꿇어라'라고 하는 이거는 저는 받아들일 수 없습니다"고까지 했다. 도대체 누구를 위해 일하는 대통령인지 알 수 없는 행위의 반복이다. 미국, 일본 눈치 보느라 나라를 송두리째 결단내고 있는 대한민국 영업사원 1호가 윤석열 대통령이다.

3. 대학생, 교수사회뿐만 아니라 이제 주권자인 국민들은 전국 방방곡곡에서 윤석열 대통령의 퇴진을 자연스럽게 외치고 있다. 검찰공화국, 민생파탄, 민주실종, 평화파괴, 더 이상 무능한 정권을 연장하는 것은 국민들에게는 재앙일 뿐이다.

오늘 시국선언에 참여하는 우리들은 이제 망설일 것도 없이 국가와 국민의 이름으로 윤석열 대통령에게 해고통보를 내린다.

권좌에 앉자 민생을 버리는 정권은 더 이상 존재가치가 없다. 이제라도 스스로 국민들에게 무릎을 꿇고 떠나는 일이 역사에 대한 책임을 다하는 일일 것이다.

제주도민들과 제주지역 제 시민사회에도 제안 드린다. 우리는 1987년 거리에서 시민의 힘으로 6월 항쟁을 만들어냈다.

시민들과 함께 촛불혁명으로 잘못된 권력을 끌어내렸다. 윤석열 정권 취임 1주년은 새로운 임기의 시작이 아니다. 새로운 시민혁명의 시작이다. 열거하기도 힘들 정도의 윤석열 정권의 폭정을 시민의 힘과 지혜로 멈춰야 한다. 이제 함께 윤석열 정권 퇴진을 위해 다시 광장으로 나서자!

2023년 5월 10일

제주지역 사회원로 및 전직 사회운동가 175인, 천주교제주교구 사제 37인 일동

십자가의 사람

금년에도 우리는 망월동 묘역을 찾아와 어제와 오늘 그리고 내일의 사제직에 대하여 생각하고 있다. 부르심에 응답하려 집 떠나던 날의 초심, 사제품을 받고 세상으로 돌아오던 날의 다짐을 떠올리면서 지금의 나를 돌아본다. 1980년 5월 17일 전두환 신군부가 비상계엄령 아래 한반도 전역을 얼어붙게 만들었을 때, 유일하게 침묵을 깨고 피 흘려 저항하였던 도시, 광주. 우리나라의 민주주의는 빛고을의 옆구리에서 흘러나온 피와 물을 마시며 자라났거니와, 사제들에게도 '오월광주'는 타성에 젖은 자아를 채찍질하고, 다시금 세상을 위한 헌신을 맹세하게 해주는 일종의 성사이다.

1. 십자가, 사람의 사람다움

무엇이 사제를 사제로 만들어 주는가? 아니 사람은 언제 사람다운가? 십자가를 짊어질 때다. "나를 따르려는 사람은 자기를 버리고 제 십자가를 지고 따라야 한다."(마태 16:21)는 말씀은 궁극적으로는 사람다움의 조건을 알려 준다. 인간은 자주 목마르고 배고프지만 바위 같은 자기 몸을 깨뜨려 물을 쏟아 주고, 제 허벅지의 살을 베어서라도 누군가의 허기를 채워 줄 수 있는 존재다. 그리하여 사람은 서로를 필요로 하고 서로에게 빚지고 있다. 사제는 "남을 위해 사는 것이 자연의 법칙이며 우리 모두는 서로를 돕기 위해 태어났다"(교종 프란치스코)는 사실과, 그리고 "자신이 행복할 때도 좋지만 자기 때문에 다른 사람이 행복할 때 더 좋아지는" 인생의 신비를 말없이 삶으로 보여주는 교사다. 동시에 자신의 물을 마시지 않는 강으로부터/자신의 열매를 먹지 않는 나무로부터/스스로를 비추지 않는 태양으로부터/참 삶의 비결을 배우고 또 배우는 학생이다. 그리하여 사제는 자기를 비우고 버리는 사람, 마침내 십자가의 사람이고자 한다.

　현실의 십자가는 감당하기 두렵고 꺼려지는 그 무엇이다. 훗날 스승과 똑같은 최후를 자원했던 용맹의 제자조차 "주님, 결코 그런 일이 있어서는 안 됩니다."(마태 16:22) 하고 반발했고, 사실은 예수님부터 피할 수 있기를 기도하셨으니 못나고 겁 많은 우리로선 엄두가 나지 않는다. 지난날을 돌이켜 보건대 너무나 자주 "나는 그를 알지 못하오."(마르 14:71) 하고 잡아떼면서 달아났으며, 그때마다 "몸을 돌려 제자를 똑바로 바라보셨던"(루카 22:61) 스승의 시선을 느꼈다. 하지만 그분은 아침이슬 같은 보잘것없음이 사람의 전부가 아니라면서 "내 몸이다 먹어라, 내 피다 마셔라" 할 수 있는 사람의 진면목을 깨우쳐 주셨다. 그리고 나날이 그렇게 살아가라며 우리에게 자신의 살과 피를 제물로 삼는 사제의 직분을 맡겨 주셨다. 부당한 죄인인 줄 알면서 오늘 우리가 십자가를 마주하는 것은 오직 주님의 사랑에

붙들렸기 때문이다.

2. 십자가, 하늘의 뜻을 실어 나르는 멍에

수난의 십자가는 누구라도 기피할 불상사지만 "아버지의 뜻이 땅에서도 이루어지소서." 하고 기도하는 사람에게는 피할 수 없는 잔이다. 하늘의 뜻은 하늘에, 땅에서는 그저 땅의 뜻을 펼치고 이루런다 하는 사람은 십자가를 만날 일이 없다. 사실 세상은 그와 같은 이분법을 주장한다. 악령 들린 사람이 "예수님, 어찌하여 우리를 간섭하시려는 것입니까? 나는 당신이 누구신지 압니다."(마르 1:24 공동번역) 하고 대들었던 것도 그런 이유 때문이었다. 그의 반항은 하늘과 땅의 경계를 허문 하느님을 겨냥한 것이었다. 악령의 목소리는 지금이 순간에도 교회 안팎으로부터 호응을 얻고 있다. 그렇다고 해서 아버지 뜻을 땅에서 이루라는 천명天命이 바뀌는 것은 아니다.

한 노인이 하느님 나라를 땅에 세우려 태어난 아기의 앞날을 두고 했던 말은 우리를 서글프게 한다. "이 아기는 많은 사람을 쓰러지게도 하고 일어나게도 하며, 또 반대 받는 표징이 되도록 정해졌습니다."(루카 2:34) 그러면 어쩔 셈인가? 그럴듯하게 시늉만 내고 속으로는 거리를 두거나 멀리 내빼는 것도 한 가지 방법이다. 하지만 우리는 여럿이 함께 주님이 가신 길을 걷고자 한다. '예' 할 것에는 '예' 하고, '아니오' 할 것에는 '아니오' 하는 십자가의 도道. 해야 할 일이라면 하기 싫어도 기어코 해내며, 하지 말아야 할 일이라면 아무리 하고 싶어도 꾹 참아내는 십자가의 덕德을 포기하거나 빼앗기지 않을 것이다. 어깨를 누르는 십자가가 하늘의 뜻을 나르는 거룩한 멍에임을 우리는 안다.

3. 십자가의 위력

"그들이 예수님을 나무에 매달아 죽였지만 하느님께서는 사흘 만에 일으키셨습니다."(사도 10:39-40) 하였을 때, 그 '나무'는 종교의 위선과 불의한 권력이 야합하여 깎아 세운 폭력의 산물이었다. 그래서 부활은 종교권력과 국가권력이 저지른 폭력에 대한 하느님의 심판일 수밖에 없었다. 하늘의 이치에 순종하고 하늘의 뜻을 살피는 이들과 땅의 권력을 차지한 자들의 격돌은 지금도 계속되고 있다. 한편 십자가를 개인의 희생으로 축소하거나 현재와 무관한 과거의 기념비 정도로 여기는 도도한 흐름은 어찌된 일일까. 대놓고 십자가를 "비위에 거슬리거나 어리석은 일"(1코린 1:23 공동번역)이라고 불평하지는 않지만, "예수를 따라가다가 붙들리게 되자 삼베를 버리고 알몸으로 달아났다."(마르 14:52)던 그날 밤의 도주를 변명하려다 보니 그런 변형이 벌어진 것은 아닐까. 그래서는 안 된다. 땅의 아들이 하늘의 아들로 거듭나는 수는 오직 십자가의 길에 있다. 십자가 없는 사제의 삶은 허영이거나 허세이기 쉬우니 거기서 무슨 보람이나 기쁨을 찾으랴.

저항과 대동, 두 정신으로 악마의 군대를 물리친 광주는 십자가와 부활의 표상이다. 항쟁 직후 김준태 시인이 109행의 장시를 지었으나 신문에는 고작 33행밖에 실리지 않았다. 사전검열을 자행하던 계엄군은 〈아아, 광주여! 우리나라의 십자가여〉라는 제목에서 "우리나라의 십자가여"를 잘라 버렸다. 본문 세 곳에 나오는 "십자가"라는 시어를 모조리 들어냈다. 그래서 "아아 광주여, 이 나라의 십자가를 짊어지고 무등산을 넘어 골고다 언덕을 넘어가는 아아, 온몸에 상처뿐인 죽음뿐인 하느님의 아들이여" 하는 노래도, "이 나라의 십자가를 짊어지고 골고다 언덕을 다시 넘어오는 이 나라의 하느님 아들이여" 하는 노래도 지워졌다. 마지막 연에서 광주와 무등산을 "아아, 우리들의 영원한 깃발이여/꿈이여"라고 부르는 것은 허락했지만 "십자가여"하고 호명하는 것을 용납하지 않았다. 왜 그랬을까? 오월의 광주에서 "죽은 자/죽어서 살아 있고/산 자는/살아서 죽어 있었다."(고은)고 하였듯이 죽어도 죽지 않게 하는, 아니 죽어서 영원히 살게 하는 십자가의 위력을 감추고 싶었던 것이다.

일찍이 "진세를 버렸어라. 깨끗이 한 청춘을 부르심에 바쳤어라"(서울) 하였으니, "몸 마음 갈고 닦아 착한 목자 되리라"(부산) 하였으니, "주님 먼저 가신 길 그 길을 나도 가네"(대전) 하였으니, 그리하여 "겨레를 섬겨나갈 자랑도 크다"(광주) 하였으니 우리 다시 십자가의 분투를 다짐하자. 신음하는 피조물들의 호소에 공명하는 참여로서, 병든 세상을 책임지려는 적극적인 행동으로서, 하느님의 뜻에 운명을 맡기는 투철한 복종으로서 십자가를 부둥켜안기로 굳게 다짐하자.

2023년 5월 15일
광주민중항쟁 43돌을 맞이하여
5·18 민족민주열사묘역에서
천주교정의구현전국사제단

윤석열 퇴진
시국선언문

1. 오늘 우리는 만해의 길을 나선다

종교가 왜 정치에 관여하냐고 비판하는 이들도 있다. 하지만 3.1 운동 당시 33인 민족대표 모두 종교인이었다. 암울한 시대에 등불을 들고 길을 밝히는 것은 종교인의 의무다. 모두가 침묵할 때 진실을 외치는 것은 종교인의 사명이다.

3.1 운동 당시 만해 한용운 스님은 기미독립선언서 공약 3장에서 이렇게 밝혔다.

하나. 오늘 우리의 이번 거사는 정의, 인도, 생존, 존영을 위한 민족의 요구이니, 오직 자유로운 정신을 발휘할 것이요, 결코 배타적 감정으로 치닫지 말라.

하나. 최후의 1인까지, 최후의 일각까지 민족의 정당한 의사를 쾌히 발표하라.

하나. 일체의 행동은 무엇보다 질서를 존중하여, 우리의 주장과 태도를 어디까지나 떳떳하고 정당하게 하라.

오늘 우리는 만해스님의 길을 따라나선다. 제2의 독립운동을 벌인다는 각오로 윤석열 퇴진의 죽비를 든다. 오늘의 만해 정신은 미국에는 굽신하고 일본에는 쩔쩔매는 윤석열을 퇴진시키는 데 있다. 민생을 파탄내고 경제를 침몰시키는 무능한 정권을 끌어내리는 데 있다. 미국의 인도-태평양 전략에 가담해 전쟁 위기를 고조시키는 반평화세력을 끝장내는 데 있다.

2. 윤석열 정부 출범 1년, 현실은 참담하다

대통령실이 도청 당해도 미국에 항의 한번 못했다. 항의는커녕 1년 동안 미국에서 무기를 18조 원어치나 사들였다. 문재인 정부 5년보다 7배나 더 많은 액수다. 미국 눈치만 보다 대중국 무역적자는 눈덩이처럼 불고 있다. 우크라이나에 살상무기를 보내 러시아의 반발을 사고, 양안 관계 발언으로 중국과 틀어져도 잘못한 게 없다고 한다. 이런 윤석열을 보면서 국민들은 통탄하고 있다. 바이든의 푸들, 글로벌 호구라는 웃음거리를 왜 우리 국민이 받아야 하는가.

강제징용과 위안부 문제 해법은 또 어떤가. 윤석열은 일본의 사과와 배상 없이 한국 기업의 돈으로 해결하는 제3자 변제안을 내세웠다. 한마디로 피해자와 가해자를 뒤바꾸어 버린 꼴이다. 또 일본이 독도를 자기네 땅이라 하는데 따지지도 못한다. 후쿠시마 방사능 오염수 방출도 '시찰단'을 보내 면죄부를 주려 한다. 120년 전 친일 매국노들도 탄복하고 갈 내선일체의 부활이다. 영업사원 1호가 나라

312

를 팔아먹고 있다는 비판이 하나도 틀린 게 없다.

3. 윤석열에게는 인간의 품격과 양심이 없다

윤석열은 '바이든 날리면'에서 보듯 욕설을 하고도 사과할 줄 모른다. 오히려 국민의 듣기 실력을 따지고, 언론이 가짜뉴스를 만든다며 호통쳤다. 이태원 참사에서 보듯 인간의 아픔에 공감할 줄 모른다. 위패도 없고 영정도 없는 거짓 위령제에는 참석하면서 정작 통곡하는 유족은 만나주지도 않았다. 심지어 희생자들을 마약 범죄자취급했다.

공정과 정의를 강조했지만, 행동은 정반대였다. 윤석열은 정적 제거를 위해 깡패처럼 수사권을 남용해왔다. 야당 대표는 300번 넘게 압수수색하고, 장모와 아내의 주가 조작과 논문 표절은 유야무야 넘어갔다. 국가 요지은 검사들이 죄다 차지했다. 협치는 사라지고 독선과 불통으로 일관하고 있다.

대통령의 멘토라는 천공을 보라. 천공은 "대한민국은 노동자가 있으면 안 된다"는 허무맹랑한 발언을 했다. 그러자 대통령은 노조를 조직폭력배 취급했다. 이에 저항한 양회동 조합원이 분신해 끝내 사망했다. 온 국민을 범죄자 취급하는 검사독재, 이것이 오늘의 현실이다.

4. 파사현정의 등불을 밝히려 거리에 선다

불교는 파사현정破邪顯正의 정신으로 불의에 항거해온 역사를 갖고 있다. 윤석열 정부의 무능력, 무대책, 무책임을 지켜본 우리는 더 이상 윤석열을 대통령으로 인정할 수 없다. 그가 대통령의 자리를 지키면 지킬수록 대한민국은 끝없이 추락할 뿐이다. 하루빨리 내려오는 것이 국가와 국민을 위한 길이다.

또한 우리 불자들은 국민 앞에 진심으로 참회한다. 대선을 코앞에 두고 강행한 승려대회는 명백한 선거 개입이었다. 야당 의원의 '봉이 김선달' 발언을 문제 삼아 스님들의 63%가 반대하는데도 종단은 승려대회를 밀어붙였다. 그 결과 윤석열 정부가 근소한 표 차이로 탄생했다. 종교권력과 정치권력이 결탁한 최악의 사례다.

우리는 불교계가 윤석열 정권 탄생에 결정적 역할을 한 것을 깊이 참회한다. 결자해지의 심정으로 윤석렬 퇴진을 위해 용맹정진할 것이다.

5. 최후의 1인까지, 최후의 일각까지 윤석열 퇴진에 나서자

부처님의 '전도선언'에는 이런 대목이 나온다.

"수행자들이여, 많은 이들의 이익을 위하여, 많은 사람들의 행복을 위하여, 세상을 연민하여 길을 떠나라!"

'많은 이들의 이익과 행복'은 공익共益을 말한다. 세상을 연민하는 것도 세상 사람들의 아픔에 공감하고 공익의 입장에 서는 것이다. 우리는 부처님의 말씀을 따라 대한민국 국민의 이익과 행복을 위해 나설 것이다.

오늘의 공익은 윤석열 퇴진이다. 우리는 윤석열의 퇴진을 위해 이웃 종교와 연대하고, 민주주의와 평화를 염원하는 국민과 함께할 것이다.

불자여, 만해스님의 가르침대로 최후의 1인까지, 최후의 일각까지 윤석열 퇴진을 위해 함께하자. 그것이 오늘 우리가 가야 할 불국정토의 길이다. 이를 위해 우리는 다음과 같이 외친다.

민생은 파탄, 경제는 침몰, 윤석열은 내려오라!
외교는 굴욕, 평화는 위기, 윤석열은 퇴진하라!
정치는 실종, 민중은 탄압, 윤석열을 탄핵하자!

2023년 5월 20일
윤석열 퇴진 시국법회 야단법석 참가자 일동

분단, 겨레의 원한怨恨

앞을 보지 못하는 자가 앞을 맡긴 수천만을 이끌고 오늘도 파멸의 진창을 향해 일로매진하고 있다. 살얼음판 위에서도 그는 태연하고 과감하다. "눈먼 사람이 어떻게 눈먼 사람을 인도할 수 있겠느냐? 그러면 둘 다 구덩이에 빠지지 않겠느냐?"(루카 6:39) 하는 탄식이 밤낮 그치지 않는다. "설마 저러다 말겠지"라거나 "나와 무슨 상관인데…" 하는 것은 망국적 재앙을 키우는 위험천만한 방관이다. 거리의 촛불도, 골방의 기도도 좋다. 맨 앞이 아니라도 된다. 곁이라도 좋고 맨 뒤라도 괜찮다. 함께하기만 하면 된다. 예사롭지 않은 위기가 목전에 닥쳤다.

1. 바다도 끝났다

또 무슨 일이 벌어지고 있는가. 아무리 못난 바보라도 제 식구가 마시는 우물에 누군가 침을 뱉거나 오물을 쏟으면 가만있지 않을 것이다. 더군다나 버리는 그것이 독이 든 것이라면 말이다. 침략과 살육의 전력을 가진 일본이 뭇 생명의 고향이며 인류 공동의 우물인 바다를 영영 오염시킬 태세다. 이웃나라에 후쿠시마 수산물 수입을 강요하는 일본 총리가 자국 어민들의 반발을 무시하고 '핵 폐수' 투기를 예고했다. 덩달아 마셔도 되는 '처리수'라면서 방사성 오염수의 무단 방류를 두둔하는 자가 우리 가운데 있다. 골수 친일파라고는 하나 인류 전체의 생존과 직결된 범죄의 하수인이 되고 싶어 안달이니 어째야 옳은가? 삼면의 바다 어디에서도 육신과 영혼을 위한 소금을 마련하기 힘들어졌다. 바다란 낮은 자리에서 기다리고 있다가 세상의 모든 더러움을 꿀꺽꿀꺽 삼켜서 맑디맑은 생수로 돌려주는 겸손과 사랑의 화신. 그런데 시시각각 우리 영혼을 습격하여 정신을 더럽히는 그가 어머니의 자궁이나 다름없는 저 검푸른 시원始原마저 욕보이려고 한다.

2. 허약하고 부실한 한국 민주주의

1인당 국민소득 3만 불 이상, 인구 5천만 명 이상인 나라들을 일컫는 '30-50클럽'. 미국·일본·영국·프랑스·독일·이탈리아가 여기에 해당한다. 사실상 '강대국'이라고 불릴 만한 나라들 중에 일곱째로 이름을 올린 나라가 있다. 대한민국이다(2019년). 어디 그뿐인가. 스웨덴의 '민주주의 다양성 연구소'가 조사한 결과에 따르면 그 7개국 중에서 한국 민주주의가 1등이었다(2019년). 영국·이탈리아·독일이 우리 뒤를 이었고, 그다음 등급으로 프랑스·미국이 뒤따랐는데 일본은 일곱 나라 중 꼴찌였다. 얼마 전까지만 해도 어변성룡魚變成龍의 어엿하고 듬직한 나라, 한국이었다니 잘 믿기지 않는다.

코로나의 습격으로 인류사회가 혼란에 빠졌을 때에도 한국은 경이로운 경제성장률을 달성했다. 시민들이 대대적으로 협조하고, 서민들이 고통을 전담해 준 덕분이었다. 그런데 바이러스 대유행이 사그라지기도 전에 미중이 패권 경쟁을 본격화하면서 세계화라는 종래의 질서에 금이 갔다. 양쪽에서 하나를 취하고 하나를 버려서 될 일이 아니었다. 하기에 따라서는 도약의 계기로 삼을 수 있었다. 고도의 직관과 용기를 가진 지도자가 필요했다. 하필 그런 시점에 어떤 기준으로든 보통 이하인 자가 대한민국 제20대 대통령이 되었다. 그 후 '눈 떠보니 선진국'이었다던 나라는 날이 갈수록 '헬조선'으로 되돌아가고 있다.

4·19는 1년 만에 5·16 군사반란으로 무너졌고, 5·18은 전두환의 학살과 만행으로 짓밟혔다. 6·10 항쟁으로 대통령 직선제를 쟁취했으나 그 결과는 또 다른 군인의 집권이었다. 그리고 나서 2016년 촛불대항쟁이 일어났다. 기무사령부가 계엄령 포고를 설계했지만 촛불의 위세에 눌려 슬며시 감추었다. 2017년 5월 일명 '촛불정부'가 등장했다. 민주화 원년인 1987년 이후 20년 만에 찾아온 '재민주화'의 기회였다. 시민들은 '정권교체'가 아니라 '체제교체'이기를 바랐다. 더 이상 타락한 기득권 집단의 노예로 살지 않기를 바랐고 새로운 나라에서 다른 삶을 살고 싶었다. 하지만 기대했던 적폐청산도 삶의 근본적 개선도 없었다. 오히려 권력의 시녀였던 검찰 일당이 권력의 주체가 되면서 '적폐정권 시즌2'가 도래하였다. 왜 한국 민주주의는 감개무량하면서도 허무한가?

3. 체제가 된 분단

겪고 보니 '검찰독재'보다 '군사독재'가 덜 나쁘다. 군사독재는 경제 하나만큼은 책임지겠다고 했고, 정치민주화는 좀 기다려달라고 할 만큼 인간적인(?) 데가 있었다. 반면 검찰독재는 어른들이 천신만고 끝에 거둔 성장과 민주화의 결실을 남의 나라 손에 넘기고는 국익을 챙겼다고 우길 정도로 반민족적·반국가적이다. 군사독재든 검찰독재든 정전 70년, 한미동맹 70년 동안 이 땅에서 요지부동의 체제가 된 분단의 산물이다. 뚜렷이 의식하지 못했을 뿐 극단적으로 우경화한 정치 지형 속에서, 그리고 사람 잡아먹는 야수자본주의의 옹벽에 갇힌 채로 우리는 먹고 마시고 일하며 아이들을 키웠다.

그래서 대한민국에는 불가사의한 일들이 넘쳐난다. '안보국가'에서 '발전국가'로 성장했고, 발전국가를 넘어서 '민주국가'로 거듭 성숙하였지만 집권자들은 '복지국가'로 나아가는 정상 진로를 바라지도 용납하지도 않는다. 군비확장에 아무리 돈을 쏟아 부어도 가만히 있는 교수들이 복지예산이 손톱만큼만 늘어나면 곧 나라가 망할 것처럼 악을 쓰고 난리를 부린다. 재래시장의 가난한 상인들은 "나라를 팔아먹어도 우리는 무조건 무슨 당!" 하며 제 발등 찍는 소리를 늘어놓는다. "삼중수소도 못 걸러내고 다른 방사성 물질도 기준치 일만 사천 배"라고 하던 민족정론지 조선일보는 느닷없이 말을 바꿔 별 거 아니라고 일본 편을 든다. 미국에 천억 불을 쏟아 놓고 와서는 "튼튼한 안보, 탄탄한 경제"라는 현수막이 나부끼게 만들기만 해도 국정 지지율이 쑥쑥 올라간다. 돈, 권력 다 가진 극소수가 기회마저 독점해서 자산과 소득의 불평등을 키우고 또 키워도, 나머지

99%를 각자도생의 살벌한 지옥으로 내몰아 노인자살, 청년자살이 세계 최고인데도 믿을 건 그래도 그들이라며 착한 사람들이 표를 몰아준다. 심지어 교종의 가르침 〈모든 형제들〉을 공부하는 자리에서조차 "언제부터 교회가 빨갱이였느냐?", 따지고 대드는 목소리가 갈수록 기세등등하다. 이 모든 비극과 비정상은 분단이라는 원천적 결손에서 비롯한다.

4. 꾸짖을 용기

가난한 제 동생을 의심하고 미워하고 따돌렸던 칠십 년을 다시 살아보겠다면서 미군도 모자라 왜군까지 끌어들이고, 그러려고 주권마저 팔아넘기는 고질적인 어리석음을 교회조차 꾸짖지 못한다면 우리의 복음 선포란 도대체 무엇이란 말인가? 세상에 봉사하는 사목은 또 어떤 일이 되는가? 바로 보자. 착한 사마리아인 비유에서 "노상강도들은 흔히 반대쪽을 보면서 길을 지나쳐 가는 자들과 은밀히 동맹을 맺고 있다."(모든 형제들, 75항)는 저 무서운 진실을.

2023년 5월 22일
분단의 선을 넘어 평화의 손을 잡는 의정부교구 주교좌성당에서
천주교정의구현전국사제단
의정부교구 정의평화위원회

믿음의 형제들에게

모내기 마친 논을 바라볼 때마다 "그리스도 예수께서 지니셨던 그 마음을 간직하라."(필리 2:5) 하시는 예수성심성월의 목소리를 듣는다. 하지만 우리 근심어린 심중에는 곰팡이가 번지고 있다. 사람이 도대체 왜 이러는가? 사람이 사람에게 이럴 수도 있는가, 하는 개탄이 그칠 날이 없다. 급기야 '경계경보 오발령' 사태까지 벌어졌다. 발령하는 이유와 구체적 행동요령을 알려주지 않은 채 "대피하라. 어린이와 노약자가 우선 대피하라", 이게 전부였다. 아닌 밤중에 홍두깨를 얻어맞은 서울 시민들은 일대혼란에 빠졌다. 우발적 실수였을까? 머잖아 닥칠 파국을 미리 보았는지도 모른다.

1. 변모일신 대한민국

침몰하는 난파선, 대한민국. 막연한 불안이 아니라 각종 지표와 수치가 시시각각으로 경고하는 바다. 세계경제가 불황이므로 우리도 어쩔 수 없다는 변명은 거짓말이다. 코로나 이후 경제협력개발

기구 주요국들의 성장률은 크게 향상되었는데 우리만 장기 침체국면에 빠져들고 있다. 일본마저 제칠 기세였던 수출 강국 코리아가 15개월 연속 무역적자/수출 8개월째 감소/세수마저 크게 줄어서 1분기에만 마이너스 24조 원이다. "대한민국 1호 영업사원"을 자임하는 대통령이 미국과 일본 따르기에만 골몰하는, 속칭 '몰빵외교'을 감행하면서 벌어진 참사다. 그가 한미일 삼각동맹을 기정사실로 만들자 지난 30년간 최대 흑자를 안겨 주던 중국은 최대 적자국으로 돌아섰다. 소득/소비/소매/생산/수출/재정/복지 모두 감소 추세다. 늘어난 것은 팔지 못해 쌓이는 재고뿐이고 가계와 기업의 소득, 정부의 수입이 뚝뚝 떨어지고 있다. 이 와중에도 그는 무기구매로 18조 원, 투자 명목으로 133조 원을 미국에 쏟아 주었다. 그런데 미국은 중국 배터리 기업까지 보조금 지급 차종에 포함시켜 주면서 한국만큼은 제외시켰다.

한국이 중국과 등지기로 작정한 것과 달리 '두 동맹'은 이상한 행보를 취하고 있다. 미국은 중국을 변함없이 교역의 최고 최대 파트너로 중시하고 있으며, 누군가 팽개치고 떠난 중국 시장에서 뜻밖의 횡재를 만난 일본은 '잃어버린 30년'을 끝낼 대반전의 서막이 열렸다며 고무돼 있다. 일본이 정상회담을 목표로 북한과 고위급 협의를 제안하고, 북한이 이에 선뜻 화답하고 나섰다는 사실은 더욱 놀랍다. 어느 장단인지도 모르고 최전방 돌격대로 나섰던 한국만 허공에 주먹질하는 꼴이 됐다.

2. 제 정신이 아니다

한 달 후 일본이 방사능 오염수 해양 투기를 개시한다. "오염수 방류는 인접국에 대한 폭거"라며 규탄 결의안까지 냈던 국민의힘이 얼굴을 바꾸었다. "후쿠시마 오염수를 1리터 마셔도 된다"는 영국 교수를 불러다가 자민당이나 할 법한 망언을 대신 해주었다. 이에 정부는 용어부터 처리수로 바꾸는 방안을 검토하겠다고 맞장구쳤다. 괴이하고 야릇하다. 시늉으로라도 국민 건강과 생명을 책임지겠다고 해야 할 정부와 여당이 대놓고 일본 앞잡이 행세를 한다. 언론들도 손바닥을 뒤집었다. "삼중수소 못 걸러낸다. 방류시 7개월 만에 제주에 온다. 일본은 오염수를 처리수라 부르지만 전문가 생각은 다르다"(조선일보)고 떠들던 신문이 "후쿠시마 오염수 방류 앞두고 괴담으로 어수선하다. 당장 삼중수소 오염수가 우리 바다를 오염시켜버릴 것처럼 야단법석"이냐며 꾸짖고 있다. 시찰단은 검증 장비를 가져가지도, 민간 전문가를 동행하지도, 오염수 시료를 채취하지도 않았다. 명단도 일정도 꽁꽁 감추었다.

드디어 일본 군함이 전쟁범죄의 상징 '욱일기'를 달고 부산에 입항했다. 그런데 정부가 나서서 "욱일기와 다르다. 약간 기울어져 있다"며 어물어물 덮어 버렸다. 일본이 "욱일기가 맞다. 무슨 문제냐?"고 되레 따졌다. 보다 못했는지 언론이 중재에 나섰다. 그것은 "욱일기 똑 닮은"(YTN), "욱일기 판박이"(KBS), 혹은 "욱일문양"(중앙)이다. 아니 "햇살무늬의 자위함기"(헤럴드경제)라고 해야 맞다. 매사가 이 모양이다. 이거 도청 아니고, 그거 오염수 아니고, 저거 전범기 아니고.

3. 뱀이 하자는 대로 하려느냐

사적욕망 외에 아무 철학도 능력도 없는 자가 어떻게 그 자리를 갖게 되었을까? 한사코 미국과 일본의 꼭두각시처럼 굴신, 굴종하며 굴욕을 안기는 이유가 무엇일까? 만일 2016년 겨울 촛불혁명으로 박근혜가 물러나지 않았다면 문재인과 윤석열의 집권은 불가능했을 것이다. "이대로는 더 못 산다"는 대중의 호소가 문재인 정부를 탄생시켰다면, 촛불대항쟁 이후 감지된 사회적 변화에 기득권 세력이 극도의 불안을 느끼고 급한 불부터 끄고 보자는 식으로 만들어 낸 것이 윤석열 정부다. 여기에 한반도 평화체제를 용납하지 않는 미국과 일본의 강력한 동조가 있었음은 새삼 말할 나위가 없다.

역사의 고비마다 벌어졌던 싸움이기도 하지만 국가를 사유물로 여기는 그들과 너도나도 고루 잘사는 대동세상을 바라는 보통 사람들이 지금 일대 격돌을 벌이고 있다. 저들은 나라를 팔아서라도 촛불 이전으로 돌아가고 말겠다는 뜻을 분명히 밝혔다. 그러면 우리는 어쩔 셈인가.

문제의 열매를 따먹던 그날 저녁 하느님께서 첫사람들에게 물으셨다. "너희가 어쩌다가 이런 일을 했느냐?" 아담은 "하와가 하자는 대로 했을 뿐", 하와는 "뱀이 하자는 대로 했을 뿐"이라고 대답했다. 뱀에게는 묻지 않으셨다. 스스로 생각해서 운명을 정하는 것은 사람의 일이지 배로 땅을 기어다니는 뱀의 소관이 아니기 때문이었다. "어쩌다가 그랬느냐?" 이 질문에는 어찌하여 뱀으로 하여금 인간에게 무엇인가를 벌이도록 내버려두었느냐는 탄식이 전제되어 있다. 스스로 진로를 결정할 권한을 망각하고 남이 하자는 대로 끌려가는 인생을 하느님은 슬퍼하신다.

성무일도 화요일 끝기도를 마칠 때마다 모골이 송연해진다. "정신을 바짝 차리고 깨어 있으십시오. 여러분의 원수인 악마가 으르렁대는 사자처럼 먹이를 찾아 돌아다닙니다. 굳건한 믿음을 가지고 악마를 대적하십시오."(1베드 5:8-9)

사람들이 죽어가고 있다. 우리가 다 모를 뿐 오늘도 죽고 매일 죽고 있다. 마을을 습격한 맹수를 제압하는 위험한 일은 이성을 가진 사람들의 몫이고, 사람들의 이성을 회복시킬 책임은 누구보다 세상의 빛과 소금으로 살기로 서원한 그리스도인들에게 있다. 대전환이 필요한 때에 대환란이 닥쳤다. 실망하고 비관하며 관망하는 태도로는 위기를 돌파할 수도 복음의 원수를 몰아낼 수도 없다. 깨어 기도하며 사방을 살피자. 우리 곁의 가장 가난한 자, 고통 받는 자 가운데 하느님이 계신다.

2023년 6월 5일
1985년 5·3 항쟁을 기억하며
인천 주안1동성당에서
천주교정의구현전국사제단

반생명, 반평화,
매국굴종외교 윤석열 규탄
원불교 시국법회 성명서

촛불은 여전히 불타고 있다.

대한민국은 민주공화국이고 모든 권력은 국민으로부터 나온다.

국민의 요청을 무시하고, 정치의 기본을 망각한 채 정권 유지에만 몰두한 어설픈 칼춤과, 거짓과 위선으로 포장한 공정과 정의는 자유를 억압하는 독재일 뿐이다.

어리석은 윤석열은 자신이 지은 죄업들을 돌아보라.

지켜야 할 생명을 159명이나 길 위에서 죽게 하고, 그 죄를 숨기기 위해 위로받아야 할 유가족을 모욕하고 애도의 시간을 빼앗긴 채 진실을 찾아 외치게 내몰았다.

우리 사회 근간을 이루는 노동자를 폭력배라 모욕하여 스스로 목숨을 끊게 한 것도 모자라 군부 독재정권 이후 유례 없는 노동자 탄압을 지속하고 있다.

원전 마피아를 위해 핵 산업을 늘리는 데 눈이 멀어, 정의로운 에너지 전환을 후퇴시키고 한반도를 핵위기와 기후재앙으로 떠밀고 있다.

국외로는 어떠한가.

미국에 아첨하기 위해 국가의 기반사업마저 넘겨주고, 미국의 꼭두각시인 양 한반도를 강대국들의 전쟁터로 만들 무책임한 약속을 남발한다.

일본에게 아첨하기 위해 강제 징용 피해자들이 나라가 지켜주지 못한 권리를 스스로 되찾으려 하자 삼권분립을 위반하면서까지 일본의 변호사 노릇을 자청하였다. 또, 국민의 건강과 생명을 위협하는 후쿠시마 오염수 방류를 묵인, 방조하고 있으니, 역사를 퇴보시키고, 대중의 삶을 파괴하는 몰인정한 정권이 되었다.

평화의 성자 정산종사께서는 '역사는 세상의 거울이라 어느 시대를 막론하고 흥망성쇠가 다 역사에 나타난다 하시고, 의로운 일에 고난과 굴곡이 많은 역사는 많을수록 만고에 영예로우나 옳지 못하게 환락에 젖었던 역사는 만고에 부끄러움만 남게 된다'고 가르치셨다.

언제나 역사는 힘없는 백성들의 지치지 않는 굳은 의지로 바로 세워졌다.

피맺힌 통한을 견디며 되찾은 해방된 조국과, 맨주먹으로 맞서 싸워 이룩한 민주주의와, 처절한 아픔으로 지켜온 자유 대한민국의 자긍심을 정치적 수단으로 헐값에 넘겨서는 안 된다.

준비 안 된 지도자의 무능함과 반성 없는 정권의 무모함으로 무기의 노예가 되어 평화를 저당 잡힌 국민의 고통은 더해가고, 강대국의 허울 앞에 스스로 머리 숙여 경제의 파탄을 초래한 지금, 기타 하나 달랑 얻어 노래 장단에 취할 때가 아니다.

　권력은 약자를 보호하는 데 사용되어야 하고 정의는 잘못을 번복하지 않는 결단이 있을 때 가능하다. 배부른 돼지처럼 끈적한 기름을 뒤집어쓰고 불 속으로 들어가면서도 용산 철조망 속에 숨어 주위에서 흔드는 꼬리에만 미소 짓고, 탐욕의 흔적들을 걱정하는 국민의 충심을 외면한 체 비겁한 아첨꾼들의 달콤한 속삭임에 현혹된다면, 눈과 귀가 멀고 정신마저 잃게 되어 마침내 아첨꾼들의 박수가 비수가 되어 꽂힐 것이다. 잘못된 정의는 시대가 바뀌어도 바로 서고, 진실은 더욱 빛나는 것을 역사는 증명하고 있지 않은가. 국민을 저버린 잘못된 권력과 강자에게 굴욕적인 나약한 정치인을 향해 자유민주주의를 열망하는 간절한 촛불은 여전히 불타고 있음을 잊지 않아야 한다.

　소태산 대종사께서는 작은 재주로 작은 권리를 남용하는 자들에게 엄중히 경고하였다. 대중을 어리석다고 속이고 해하지 말라. 대중의 마음을 모으면 하늘 마음이 되며, 대중의 눈을 모으면 하늘 눈이 되며, 대중의 귀를 모으면 하늘 귀가 되며, 대중의 입을 모으면 하늘 입이 되나니, 대중을 어리석다고 속이고 해하지 마라!

　오늘 우리는 전국에서 모이고 있는 하늘의 목소리에 한 목소리를 더해 윤석열 정권을 강력히 규탄한다.

　- 이태원 참사 책임지고 고개 숙여 사과하고 이태원 참사 특별법 제정하라!

　- 고 양회동 열사 죽음에 사과하고, 초법적인 노동자 탄압 당장 중

단하라!

　- 매국굴종외교 중단하고, 전쟁위기 조장하는 미국의 신냉전체제 거부하라!

　- 성주, 김천 주민들의 삶을 파괴하고 한반도 평화 위협하는 미국 전략무기 사드 배치 중단하라!

　- 역사 왜곡, 주권 훼손, 망국적인 대일외교 정책 전면 철회하라!

　- 핵발전은 기후위기 대안이 될 수 없다. 핵진흥정책 중단하라!

2023년 6월 13일

원불교 시국법회 동참자 일동

"내가 하겠다"는 결기로
긴 성공을 도모하자

강기석
시민언론 민들레 고문

　"구관이 명관"이요, "옛날이 좋았다"는 말이 지난 1년여처럼 실감나던 때도 없었다. 그래도 박근혜, 이명박 때가 낫지 않았나? 심지어 살인마 전두환마저도 이자보다 잘한 것이 있지 않았나? 그런 착각이 착각이 아닌 것처럼 느껴졌을 정도다. 윤석열 이야기다. 그래서 어떤 눈 밝은 이가 "이자의 무지막지한 포악성은 전두환, 교활하고 남 탓하는 야비함은 이명박, 제대로 아는 것도 없고 제대로 하는 것도 없는 무능은 박근혜, 셋을 합쳐 나누어 놓은 것 같다"라고 평가했을 때 박장대소와 함께 공감하면서도 한편으론 맹렬하게 슬픈 감정을 억누를 수 없었다. 우리가 해방 이후 얼마나 많은 피와 눈물을 흘리며 키워 온 민주주의인데, 어느 날 다른 누구도 아닌 우리 자신의 선택으로 이런 처참한 상황으로 되돌아왔단 말인가! 그건 그냥 가슴 아픈 슬픔이 아니라 가슴을 헤집는 깊은 고통이었다.

　그 고통이 머리를 짓눌러 부르르 떠는 손끝으로 전달돼 쓰인 것이 시국선언문이고, 그 선언문들을 정리해 엮은 것이 이 책이다. 그러므로 책의 첫 장에서 마지막 장에 이르기까지 이 나라의 민주주의가 처한 비참한 현실에 대한 분노와 비통함이 가득하고, 바람 앞에 촛불 신세가 된 나라 운명에 대한 안타까운 한숨이 새어 나오는 듯하다. 동시에 어떻게든 민주주의와 나라를 지키겠다는 민주시민들의 결기가 번뜩인다.

중고등학생들이 시작해 들불처럼 퍼져 나간 분노의 함성

그동안 〈시민언론 민들레〉 현장기자로서 촛불집회를 거의 빠짐없이 취재하고 각계각층의 시국선언을 취합해 온 김성진 기자에 따르면, 지난해 11월 3일 촛불중고생시민연대가 주도한 전국 중고등학생 1511명의 시국선언이 윤석열 정권에서의 첫 시국선언이었다. 어린 학생들이 가장 먼저 닥쳐온 위기를 감지하고 경고음을 낸 셈인데, 얼마나 기특하고 동시에 미안한 일인지 모르겠다. 그 이래 대학가와 시민사회, 문화예술계, 여성단체, 해외에서 이태원 참사 진상규명과 책임자 처벌을 촉구하는 시국선언이 이어졌고, 2023년 들어서도 한일역사정의평화행동 등 시민단체와 강제동원 피해자 대리인, 야당 국회의원 등이 참여한 시국선언(1월 12일)에 965개 단체와 3123명의 시민들이 연명으로 참여했다.

3월 정부의 강제동원 해법 발표 이후 본격적으로 '시국선언 정국'이 조성됐다. 윤석열 정권 출범 이후 발표된 총 105건의 시국선언

중 85.7퍼센트(90건)가 3월 6일 강제동원 해법 발표 뒤에 이뤄져 5월 10일까지 66일 동안 하루 평균 1.36건에 이르렀다.

시국선언의 주체도 다양하고 지역도 광범위하다. 그만큼 윤석열 정권에서 이루어진 거의 모든 사안에 대해, 우리 사회 모든 층위의 사람들이, 서울에 살든 지역에 살든 심지어 해외에 살든, 1년이 채 안 된 윤석열 정권에 대한 평가를 이미 끝냈다는 뜻이다. 그 평가는 실로 혹독한 것이어서 더 이상 우리 국가 리더십으로 인정할 수 없다는 강력한 의사표시로 나타났다.

교수들과 종교계가 등 돌린 정권
오래 갈 수 있을까

특히 강제동원 해법 발표 뒤 교수들의 시국선언이 그 상징성으로 인해 주목을 받았다. 대학에서 이뤄진 시국선언 34건 중 교수·연구자 시국선언이 28건(이 중 2건은 교육정책 관련)이었으며, 전체 시국선언 중에서 단일 직군으로는 가장 비중이 높았다. 교수들은 총체적으로 한 사회의 지식과 지성을 대표한다. 따라서 좀처럼 자신의 정치 성향을 드러내지 않으며 정치 현안에 대해 의견을 밝히는 것을 극도로 꺼린다. 이런 교수들이 각 대학별로 집단으로 시국선언을 발표했다는 것은 그 의미가 각별할 수밖에 없다. 4.19 혁명의 불길은 고등학생, 대학생들의 희생으로 타올랐으나 이승만 살인 독재정권을 완전히 태워버린 것은 교수들의 성명과 집단 시위였음을 상기할 필요가 있다. 지식인들이 등 돌린 정권이 오래 지탱할 수는 없는 법이다.

　천주교 등 종교계에서 동시다발적으로 시국선언이 표출된 것도 주목할 만하다. 물론 천주교 기독교 불교 등의 상층부를 장악하고 있는 종교계의 수구 기득권세력은 박정희 전두환 군사독재정권 아래에서도 그랬듯 "종교는 현실 정치에 관여하면 안 된다"는 그럴듯한 명분 뒤에 숨어 윤석열 정권도 용인하고 있다. 그러나 천주교정의구현전국사제단 등 각 종교의 양심세력은 민주주의가 아니라 나라 자체가 망가질 위기를 맞아 다시 한번 제단이 아닌 거리로 나와 민주시민과 함께 항쟁의 대열에 섰다. 천주교정의구현사제단은 지난 3월 20일 약 9년 만에 시국 미사를 부활했으며, 이후 매주 월요시국기도회를 열고 있다. 지난 5월 4일엔 기독교 목회자 1,000명이 민생 파탄, 민주주의 후퇴, 전쟁위기, 굴욕외교 등을 비판하는 시국선언문을 발표했다. 불교계는 5월 20일 서울시청 인근에서 시국법회를 열었다. 이날 법회에서 스님들은 만해스님을 앞세우면서 시국선언문의 앞머리에 "3.1 운동 당시 33인 민족대표 모두 종교인이었다. 암울한 시대에 등불을 들고 길을 밝히는 것은 종교인의 의무다. 모두가 침묵할 때 진실을 외치는 것은 종교인의 사명"이라고 밝혔다.

　동서고금을 통해 역사적으로 분쟁과 억압이 있을 때마다 이에 저항하는 시국선언은 늘 있었다. 마르크스와 엥겔스의 〈공산당 선언〉도 자본주의가 압도하는 시대에 항쟁의 깃발을 든 시국선언이라고 할 수 있을 것이다. 20세기 들어 나라 안팎의 권력자들에게 끊임없이 침탈당한 우리에게는 수없이 많은 시국선언문이 있다. 장지연의

〈시일야방성대곡〉, 안중근 의사의 〈법정 최후 진술〉, 최남선·한용운의 〈기미독립선언문〉, 도산 안창호의 〈동포에게 고하는 글〉, 조봉암의 〈진보당 창당 선언문〉, 그리고 서울대 문리대의 4·19 혁명 선언문인 〈자유의 종을 난타하라〉를 기억한다.

시국선언이 떨리는 손끝에서 나온다고 했지만, 그 떨리는 손은 분노나 안타까움뿐 아니라 두려움 때문일 수도 있다. 옛날 군사독재정권 시절에는 잡혀가서 고문당하고 감옥살이하지 않을까 하는 두려움이 있었지만, 지금의 검사독재 시절에도 직장에서 불이익을 받지 않을까, 블랙리스트에 오르지 않을까, 회사가 압수수색을 받지 않을까, 그런 두려움이 있었을 것이다. 각각의 선언문에 그런 두려움을 이겨낸 용감함, 정의로움을 또한 높이 사지 않을 수 없다.

떨리는 손끝으로 써 내려간 시대의 명문들

모든 시국선언문이 하나의 기준, 하나의 수준으로 명문일 필요는 없지만, 각자 자신의 처지에서 가장 절실하게 시대를 해석하고 그 해결책을 제시한다는 점에서 저마다 명문이 아닐 수 없다. 그러므로 이 책에 실린 모든 시국선언문도 이 시대를 가장 절실하게 외친 최고의 명문으로 남을 것이다. 그중에서도 천주교정의구현사제단 성명서 한 구절을 오래 기억하고 싶다.

"슬프다! 너도 잘살고, 나도 잘살되 올바로 잘사는 아름다운 세상을 만들자는 꿈. 너만 목숨이 있다더냐. 하늘을 날아다니는 것들, 땅 위를 기어다니는 것들, 물속에서 헤엄치며 살아가는 것들도 제각각 귀한 목숨을 가졌으니 다 같이 잘살되 올바로 잘사는 세상을 이루자 는 아름다운 꿈이 왜 이렇게 어려운가. 사람이 사람답기란 이토록 힘 든 일일까? 하지만 우리는 믿는다. 비극과 몰락의 시간 속에 환희와 영광의 때를 간직하는 무덤의 비밀을. 발악發惡하는 자에게는 발선發 善으로 맞서자. 사랑은 지치는 법이 없다. 꺾이지 않는 사랑을 나누어 갖자."

2023년 6월 12일, 원주교구 봉산동성당

아주 오랜 옛날에도 시국선언문이 있었던 모양이다. 예를 들어 879년 즈음 당나라 유학 중이던 최치원이 썼다는 〈토황소격문〉이 다. 반란군 토벌에 나선 당나라 장군 고비를 대신해 쓴 격문인데 반 란군 괴수 황소가 "너는 평민의 천한 것으로 태어났고, 농민으로 일 어나서 불지르고 겁탈하고 살상殺傷하여, 헤아릴 수 없는 큰 죄만 있 고, 속죄될 조그마한 착함은 없으니, 천하 사람들이 모두 너를 죽이 려고 생각할 뿐만 아니라不唯天下之人 皆思顯戮 아마도 땅 가운데 귀신까 지 너를 베어 죽이려고 의론하리라兼恐地中之鬼 已議陰誅"라는 대목을 읽 고 의자에서 굴러떨어졌다는 전설이 있다. 혹은 심장마비로 죽었다 고도 한다.

전설은 전설일 뿐, 이 시대에 그런 일이 또 벌어질 리야 있겠는가. 그저 시국선언문을 통해 불의와 불법, 부패와 부정, 무도함의 정체를 각자 분명히 밝혔으니 이젠 긴 호흡으로 함께 싸워 나아갈 일이다. 다시 천주교정의구현사제단의 성명서다.

> "1789년 인권선언 후 프랑스에서 왕정 복귀 위험이 사라진 것은 1870년에 이르러서다. 당장의 성과보다 '옳은 일이니 내가 하겠다. 나라도 하겠다'는 겨기로 긴 성공을 도모하자."
>
> 2023년 6월 19일, 청주시 흥덕성당

※ 에필로그에서 인용한 천주교정의구현전국사제단의 성명서(6월 12일, 6월 19일)는 본문에 수록할 성명서들의 마감 후 발표된 것이어서 책에는 수록되지 못했음을 밝혀드립니다. 이후 발표된 성명서의 전문은 천주교정의구현전국사제단 홈페이지(www.sajedan.org)에서 확인하실 수 있습니다.

부록

윤석열 정권 1년간의 시국선언문 리스트

순번	날짜	내용	분야	지역
0	2022. 3. 2	서울대 1만인 선언	대학	서울
1	2022. 11. 3	촛불중고생시민연대, 전국 중고등학생 1511명 시국선언	학생	전국
2	2022. 11. 4	윤석열퇴진대학생운동본부 시국선언	대학	서울
3	2022. 11. 6	미주 한인여성 1962명, 10·29참사에 대한 성명서 및 시국선언문 발표	여성	해외
4	2022. 11. 7	윤석열퇴진대학생운동본부 각 학교 시국선언문 게시	대학	전국
5	2022. 11. 7	부산 연제주민대회 조직위원회 시국선언운동	시민사회	부산
6	2022. 11. 9	문화민주주의실천연대 이명박·박근혜 정부 블랙리스트 사태 6주년 시국선언	문화예술	서울
7	2022. 11. 11	이태원 참사 진실규명 미주위원회 시국선언	시민사회	해외
8	2022. 11. 23	부산지역 40개 여성단체, 시국선언	여성	부산
9	2023. 1. 12	시민단체와 야당국회의원 비상시국선언 (단체 965곳, 개인 3123명)	시민사회	전국
10	2023. 1. 13	민생당 시국선언문 발표	정당	선북
11	2023. 2. 8	공공적 고등교육정책을 요구하는 전국교수단연대회 시국선언	대학	전국
12	2023. 2. 20	해외촛불행동 시국선언(세계 12개국, 42개 도시)	시민사회	해외
13	2023. 2. 22	원주비상시국회의 준비위원회 120명 원주비상시국선언문 채택 및 발표	시민사회	강원
14	2023. 2. 24	민주개혁국민행동운동본부 시국선언	시민사회	서울
15	2023. 3. 4	여성노동연대회의 시국선언문 채택	노동	서울
16	2023. 3. 7	강제동원 정부해법 강행규탄, 긴급 시국선언 (단체1464곳, 개인 9020명)	시민사회	전국
17	2023. 3. 9	더불어민주당 경북도당 6개 지역위원회 시국선언	정당	경북
18	2023. 3. 14	서울대 민주화교수협의회 비판성명	대학	서울
19	2023. 3. 14	전북지역 시민사회 원로 153인 비상시국선언	시민사회	전북
20	2023. 3. 15	평화나비네트워크, 전국 18개 대학 25개 단위 시국선언	대학	전국
21	2023. 3. 15	전북지역 기독교인 단체 시국선언	종교	전북

22	2023. 3. 17	동국대학교 민주화를위한교수협의회성명 발표	대학	서울
23	2023. 3. 20	전국교육대학생연합 전국 동시다발 시국선언	예비교사	전국
24	2023. 3. 20	전국참교육동지회 시국선언	퇴직교사	전국
25	2023. 3. 20	천주교정의구현전국사제단 시국미사 및 비상시국회의	종교	전북
26	2023. 3. 21	대구·경북 교수·연구자·전문직단체 시국선언	대학	경북
27	2023. 3. 21	경기중부 비상시국회의 시국선언	시민사회	경기
28	2023. 3. 22	부산 연제구 16개 노동자단체 시국선언	노동	부산
29	2023. 3. 22	한신대학교 교수협의회 및 전국교수노조 한신대 지회 비판 성명 발표	대학	경기
30	2023. 3. 22	고려대학교 교수 115명 성명 발표	대학	서울
31	2023. 3. 22	경북지역 퇴직교사 269명 시국선언	퇴직교사	경북
32	2023. 3. 24	성균관대학교 재학생 및 졸업생 시국선언	대학	서울
33	2023. 3. 24	더불어민주당 경남도당 대학생위원회 등 시국선언	대학	경남
34	2023. 3. 24	부산지역 개신교 목사 등 50여 명 시국기도회 및 시국선언	종교	부산
35	2023. 3. 27	동아대 전현직 교수 및 교직원, 졸업생 등 시국선언 발표	대학	부산
36	2023. 3. 27	경남민주교수연대,경남지식연대비상시국선언	대학	경남
37	2023. 3. 27	대구지역 254명 퇴직교사 시국선언	퇴직교사	대구
38	2023. 3. 28	전남참교육동지회 150명 시국선언	퇴직교사	전남
39	2023. 3. 28	한양대학교 교수 50명 시국선언	대학	서울
40	2023. 3. 29	문화예술인 시국선언(125개문화예술단체, 개인 930명)	문화예술	서울
41	2023. 3. 29	안동시민연대 시국선언	시민사회	경북
42	2023. 3. 29	인천퇴직교육자협의회 73명 시국선언	퇴직교사	인천
43	2023. 3. 30	충남대학교 교수 135명 공동성명	대학	대전
44	2023. 3. 30	전남대학교 교수 227명 시국선언	대학	광주
45	2023. 3. 30	경기지역 퇴직교사 270명 시국선언	퇴직교사	경기
46	2023. 3. 30	대전지역 퇴직교사 171명 시국선언	퇴직교사	대전
47	2023. 4. 3	더불어민주당 인천시당 대학생위원회	대학	인천
48	2023. 4. 3	인하대학교 교수, 직원, 연구자 148명 시국선언	대학	인천
49	2023. 4. 3	춘천공동행동 1000명 시국선언	시민사회	강원
50	2023. 4. 4	경희대학교 교수 125명 시국선언	대학	서울
51	2023. 4. 5	서울지역 퇴직교사 549명 시국선언	퇴직교사	서울

52	2023. 4. 6	충북지역 퇴직교사 155명 시국선언	퇴직교사	충북
53	2023. 4. 6	광주지역 퇴직교원 424명 시국선언	퇴직교사	전남
54	2023. 4. 7	기독교대한감리회 목사 343명 시국선언	종교	서울
55	2023. 4. 10	노동당·정의당·진보당 울산시당 시국선언	정당	경북
56	2023. 4. 10	천주교정의구현전국사제단 월요시국기도회(서울)	종교	서울
57	2023. 4. 10	세종충남지역 퇴직교원 279명 시국선언	퇴직교사	충남
58	2023. 4. 11	부산대학교 교수·연구자 280명 시국선언	대학	경남
59	2023. 4. 11	충북지역 시민사회 공동 시국선언	시민사회	충북
60	2023. 4. 13	경북대학교 교수·연구자 181명 시국선언	대학	경북
61	2023. 4. 13	중앙대학교 교수 113명 성명 발표	대학	서울
62	2023. 4. 13	역사학회 등 역사 관련 학회와 단체 53곳 성명발표	시민사회	서울
63	2023. 4. 13	목원대·배재대·충남대·침례신학대·한남대 민주동문회 대표자협의회 시국선언	시민사회	대전
64	2023. 4. 17	천주교정의구현전국사제단 월요시국기도회(마산)	종교	경남
65	2023. 4. 17	울산지역 29개 사회단체 연합시국선언	시민사회	경북
66	2023. 4. 19	전국 339개 대학·31개 연구소 소속 3298명 교수 및 연구자 시국선언	대학	전국
67	2023. 4. 19	한성대학교 교수 및 지원 83명 시국성명	대학	서울
68	2023. 4. 19	천안비상시국회의 시국선언	시민사회	충남
69	2023. 4. 19	충남도민 700여 명 시국선언	시민사회	충남
70	2023. 4. 19	부산지역 교수·연구자,문화·예술, 종교인 등 지식인 486명 시국성명	시민사회	경남
71	2023. 4. 20	포천깨시민연대 시국선언문 발표	시민사회	경기
72	2023. 4. 21	가톨릭대학교 교수 108명 시국선언	대학	경기
73	2023. 4. 21	전북대학교 교수 56명 시국선언	대학	전북
74	2023. 4. 24	아주대학교 교수 70명 시국성명	대학	경기
75	2023. 4. 24	성균관대학교 교수·연구자 248명 시국선언	대학	서울
76	2023. 4. 24	천주교정의구현전국사제단 월요시국기도회(성남)	종교	경기
77	2023. 4. 25	건국대학교 교수·연구자 115명 시국선언	대학	서울
78	2023. 4. 27	인제대학교 교수·연구자 및 전현직 교직원 62명 시국선언	대학	경남
79	2023. 4. 27	제주지역 교수·연구자 109명 시국선언	대학	제주
80	2023. 4. 27	여수시민 비상시국선언	시민사회	전남

81	2023. 4. 28	숙명여자대학교 교수 114명 시국성명	대학	서울
82	2023. 5. 1	천주교정의구현전국사제단 월요시국기도회(광주)	종교	전남
83	2023. 5. 1	민주노총 부산본부 노조원 시국선언	노동	경남
84	2023. 5. 2	한국외국어대학교 교수·연구자 85명 시국선언	대학	서울
85	2023. 5. 2	윤석열 정부 기후위기, 먹거리 정책 규탄 시국선언	시민사회	서울
86	2023. 5. 4	대구경북기독인연대, 1차 대구지역 목요시국기도회	종교	경북
87	2023. 5. 4	기독교 목회자 1000명 시국선언	종교	서울
88	2023. 5. 7	대전기독교 비상시국기도회	종교	충남
89	2023. 5. 8	민주개혁국민행동운동본부(민국본) 시국선언	시민사회	서울
90	2023. 5. 8	천주교정의구현전국사제단 월요시국기도회(춘천)	종교	강원
91	2023. 5. 9	전북민중행동 시국선언	시민사회	전북
92	2023. 5. 9	울산지역 시민사회단체, 주민회, 정당 등 40여개 단체 시국대회	시민사회	울산
93	2023. 5. 9	진주지역 시민사회단체 및 정당 지역위원회 23곳 공동시국선언	시민사회	경남
94	2023. 5. 9	윤석열 심판 경남운동본부 시국선언 (단체 205곳, 개별인사 333명)	시민사회	경남
95	2023. 5. 9	광주·전남 91개 시민사회단체 공동시국선언	시민사회	광주
96	2023. 5. 9	부산 지역 102개 여성단체 시국선언	여성	부산
97	2023. 5. 9	경남지역 청년 509명 시국선언	시민사회	경남
98	2023. 5. 10	선문대학교 교수 37명 시국선언	대학	충남
99	2023. 5. 10	여성가족부폐지저지공동행동, 전국여성노동조합 등 시국선언	여성	서울
100	2023. 5. 10	대전비상시국회의 등 34개 단체 시국공동선언	시민사회	충남
101	2023. 5. 10	제주지역 사회원로, 천주교 사제, 전직 사회운동가 시국선언	시민사회	제주
102	2023. 5. 10	울산지역 48개 제정당·노동·시민·사회단체 시국선언	시민사회	경북
103	2023. 5. 10	민주노총대구본부 등 25개 시민사회단체 시국선언	시민사회	경북
104	2023. 5. 10	윤석열정권 심판 서울시국회의, 너도나도 한 줄 시국선언	시민사회	서울
105	2023. 5. 10	민주노총 세종충남본부 등 충남민중행동 시국선언	시민사회	충남
106	2023. 5. 10	대구지역 25개 시민사회·노동단체·진보정당 시국선언	시민사회	경북
107	2023. 5. 10	부산지역 부산운동본부 준비위원회 시국선언	시민사회	경남
108	2023. 5. 10	전북기독교 목회자 200인 시국선언	종교	전북

109	2023. 5. 10	경남지역 퇴직교사 258명 시국선언	퇴직교사	경남
110	2023. 5. 15	천주교정의구현전국사제단 시국기도회(광주)	종교	광주
111	2023. 5. 20	불교 시국법회야단법석 시국선언	종교	전국
112	2023. 5. 22	천주교정의구현전국사제단 월요시국기도회(의정부)	종교	경기
113	2023. 6. 5	천주교정의구현전국사제단 월요시국기도회(인천)	종교	인천
114	2023. 6. 13	원불교 시국법회성명 발표	종교	전국

※ 이 리스트는 윤석열 정권 1년(2022년 5월 10일~2023년 5월 10일까지) 사이 발표된 105건의 시국선언에, 5월 10일 이후 발표된 종교계 성명서들, 2023년 3월 20일부터 시작하여 월요일마다 전국을 돌며 집전 중인 천주교정의구현전국사제단의 월요시국기도회에서 발표한 시국선언까지 포함한 것입니다. 이 중에서 색 표시된 항목은 주최측의 수록 허락을 받아 전문을 실은 선언서로, 총 57편입니다.

저자 소개

강기석 | 건국대에서 정치외교학, 언론홍보대학원에서 저널리즘을 공부했다. 1977년《경향신문》에 입사해 편집국장(2002~2003)을 지냈고, 신문유통원장(2005~2008), 뉴스통신진흥회 이사장(2018~2021)을 지냈다. 지금은 〈시민언론 민들레〉의 상임고문 겸 칼럼 에디터로 활동하고 있다.
2010년~2015년에 걸친 검찰의 한명숙 전 총리에 대한 표적수사와 재판 과정을 빠짐없이 기록하고 검언유착의 참담한 실상을 고발한《무죄-한명숙의 형거게임》(2016)을 펴냈다.

고일석 | 연세대학교 신문방송학과를 졸업하고《중앙일보》와《문화일보》기자로 일했다. SNS를 통한 언론과 정치 비평 활동을 하다 1인 미디어 〈더브리핑〉을 만들어 운영했고 〈시민언론 민들레〉에서 에디터로 활동하고 있다.
《언론해부실》(2018)을 발간했고《검찰개혁과 촛불시민(조국백서)》(2020),《표창장》(2021)을 공저했다.

김민웅 | 일본 오사카 태생으로 유년기 이후 한국에서 성장했다. 대학에서 정치철학을, 미국으로 건너가 국제정치학과 신학을 비롯해 인문학과 사회과학전반을 공부했으며 목회자, 언론인, 국제문제 전문가, 방송인으로 활동했다.
경희대 교수 시절, 미래학과 문명사의 결합을 통해 문명전환의 경로설계를 연구했고, 새로운 교육철학의 패러다임을 모색해왔다. 대학 퇴임 후 촛불행동 상임대표를 맡아 사회혁신 운동을 펼치고 있는 중이다.
지은 책으로는《동화독법》,《인간을 위한 정치》,《시대와 지성을 탐험하다》,《창세기 이야기》,《자유인의 풍경》등이 있다.

김성진 | 서울시립대 세무학과를 다녔다. 〈뉴시스〉에서 사회부, 정치부, 경제부 기자를 지냈으며, 현재 〈시민언론 민들레〉의 현장기자로 활동하며 지금까지의 촛불집회를 거의 빠짐없이 취재해왔다. 지속적으로 관심을 가져온 시국선언 전수조사 기획이 이 책의 단초가 되었다. 100여 편의 시국선언문 수록 허락을 받기 위해 주최 측과 소통하며 확인 작업했으며, 〈시민언론 민들레〉 홈페이지에 아카이빙 작업도 병행 중이다.

이명재 | 서울대에서 사회학과를 다녔다. 《동아일보》에서 10년간 편집국 기자로 일했으며, 공정보도위원회 간사로도 활동했다. 국가인권위원회 법제개선담당관, 뉴스통신진흥회 사무국장 등을 거쳤으며 2022년 11월 〈시민언론 민들레〉의 창간과 함께 대표 겸 에디터로 일하고 있다. 자유언론실천재단 기획편집위원, 민주언론시민연합 정책위원 등으로 활동하고 있다.

전지윤 | 20대 초반부터 대학을 중퇴, 편입, 졸업하는 과정에서 다양한 비정규, 불안정 노동을 경험하며 사회변혁 활동을 지속했다. 오랫동안 좌파 단체의 기관지 편집자로 있었고, 현재는 사회운동 단체 '다른세상을향한연대'의 실행위원으로, 이윤보다 사람이 목적인 세상을 꿈꾸며 함께 배우고 토론, 활동하고 있다. 《연속성과 교차성》을 집필했고, 〈오마이뉴스〉, 〈미디어오늘〉 등에 시사적인 글을 기고해왔다. 근래에는 〈시민언론 민들레〉의 편집위원으로 다양한 쟁점의 글을 기고하고 있다.

한승동 | 서강대 사학과를 다녔다. 《한겨레》 창간 때부터 정년까지 주로 국제부, 문화부 기자로 30년을 보냈다. 〈시민언론 민들레〉에서 국제분야 담당 에디터를 맡고 있다. '60+기후행동'에도 운영위원으로 참여하고 있다.

우리는 왜 시국선언을 하는가

초판 1쇄 발행일 2023년 8월 10일

지은이　　　김성진 외 6인
펴낸이　　　김현관
책임편집　　김미성
디자인　　　북디자인 경놈
종이　　　　세종페이퍼
인쇄 및 제본　올인피앤비
펴낸곳　　　민들레북
　　　　　　　주소 서울시 양천구 목동중앙서로7길 16-12 102호
　　　　　　　전화 (02) 2655-0166/0167
　　　　　　　팩스 (02) 6499-0230
　　　　　　　등록 2023년 4월 19일 제2023-000015호

ⓒ 2023 시민언론 민들레
ISBN 979-11-983628-0-3 03300

· 책값은 뒤표지에 있습니다.

민들레북은 인터넷 언론사 **시민언론 민들레**의 출판브랜드입니다.
시민언론 민들레에 게재된 기사 및 칼럼 등의 콘텐츠를 바탕으로 시의에 따라
필요한 내용을 편집하여 단행본으로 출간합니다.